기독교 명심보감
基督教 明心寶鑑

기독교 명심보감

편 저　오세종

초판 인쇄　2021. 7. 17.

펴낸이　박순복
펴낸곳　삼필문화사
편 집　이동원
디자인　박은영
인 쇄　대양기획

가격 : 12,000원

등 록　1991년 11월 1일 가 제17-76호
주 소　서울시 강동구 구천면로47길 78(암사동) 빛의교회
전 화　02. 441-2087　/　010. 5584-2602
팩 스　02. 429-8864

기독교 명심보감
基督教 明心寶鑑

오세종 편저

삼필문화사

일러두기

* 이 책에 사용된 부호와 기호는 다음과 같다.
   1) 서명(書名), 신문, 잡지 : 《 》
   2) 성경의 각 책(예, 마태복음), 동양 고전(古典)의 편명(篇名) : 〈 〉
   3) 다음의 경우, 예를 들어 '물[水]', '구름[雲]', '쓰촨[四川]' : [　]

서언(序言)

어떤 사실이나 사물에 대하여 설명할 때 요즈음은 4단어로 된 짤막한 사자성어로 말하는 것이 대체적인 추세다. 그 사자성어들은 대부분 중국의 옛 고전에서 인용한 '고사성어'들이다.

이 땅에 그리스도교(기독교)가 전래한지도, 어언 천주교 236년, 개신교 137년이 흘러오며 그리스도교회가 우리사회의 중심사상이 되어있는 현실이다. 그리스도교가 우리 사회의 중심사상이 되면서 그리스도인들이 사용하는 언어문화도 사회 구석구석에 널리 스며들게 되었다. 더욱이 서구(西歐)의 가톨릭 전교자들이 명말청초(明末淸初)에 중국에 입국하여 한문으로 번역한 서양서적들은 조선의 실학 형성에 크게 영향을 미쳤다. 일본 난학파(蘭學派)가 조어(造語)한 서구의 용어들은 오늘의 우리사회에 뿌리 깊게 자리 잡고 널리 사용되고 있다. 이러한 맥락에서 고찰해 보건대 그리스도교 방면의 사자성어의 보급은 당연한 일이라고 여겨져서 필자가 그리스도교의 사상과 한문성경을 토대로 그 사상들을 4자로 압축하여 '그리스도교(기독교) 사자성어'를 작성하였다.

이 책에서 사용한 '고사성어'에는 아래와 같은 용어들로 구성되어 있다. 하나는, 예부터 사용해온 '고사성어'를 차용하여 그 의미를 그리스도교 사상으로 풀이한 용어. 둘째, 한문성경에서 인구(引句)하여 사자로 조어한 것. 그리고 필자가 한문성경에 근거하여 조어한 신조어(新造語)들을 편집하였다.

책의 제호를 《기독교명심보감》이라 한 것은 옛 한학의 교과서인 《명심보감》에서 원용한 뜻도 있지만, 그보다는 '마음을 밝히는 보배로운 거울'이라는 일반적인 의미로 "명심보감(明心寶鑑)"이라 하였다.

이 책이 정확한 출전을 필요로 하는 학술도서나 논문이 아니고 일종의 교양서적인 까닭에 문장에 일일이 각 주를 달지 않았으며, 가독력(加讀力)을 높이기 위해 참고서적도 출판사와 발행연도와 페이지를 별도로 밝히지 않았다. 그리고 독자의 편의를 위하여 이 책에 게재한 '사자성어'들은 '가·나·다' 순으로 그 성어들을 배치하였다.

이 책을 집필하며 동학(同學)의 지인(知人) 김주황 신동수 신광철 오세도 오세주 오세범 이동원 임상권 한규준 김두영 오홍석, 등 여러 목사들의 글도 함께 실었다.

필자가 책을 낼 때마다 물심양면으로 후원하는 박순복 윤성희 임보빈 김희숙 박천근 김희영 조장숙 김정숙 김영숙 김해숙 조명숙 이진화 방수정 김영주 박은임 오순정 등, 문서선교위원에게도 감사함을 전한다.

아울러 편집책임을 맡은 이동원 박사(인자교회), 교정 작업에 참여한 김두영 박사(삼청교회) 박은영 사모에게도 감사한 마음을 표한다.

이 책에는 모두 159개의 한자성어가 실려 있다. 이 짤막한 '그리스도교 사자성어'가 이(利)한 검처럼 읽는 이의 폐부를 찌르고 가슴에 깊이 새겨져서 행여나 잊을 수 없는 촌철살인의 교훈이 될 수 있기를 기대한다.

2021년 매천(梅天)
무불달 오세종

차례

- 서언(序言) … 5
- 가언여은(嘉言如銀) ; 좋은 말은 금은과 같다 … 19
- 개 오륜[견오륜犬五倫] ; 개에게도 오륜이 있다 … 21
- 개종일신(芥種一信) ; 겨자씨 한 알만한 믿음 … 23
- 걸개입천(乞丐入天) ; 걸인은 천국에 가고 … 25
- 결파라망(決破羅網) ; 죄악의 그물을 끊어버려라 … 27
- 경경위사(經經緯史) ; 성경을 날줄로, 역사를 씨줄로 … 29
- 경천애인(敬天愛人) ; 하나님을 공경하고 이웃을 사랑하라 … 31
- 계유오덕(雞有五德) ; 닭에게는 다섯 가지 덕이 있나니 … 33
- 골중지골(骨中之骨) ; 뼈 중의 뼈 … 35
- 골하성태(骨何成胎) ; 뼈가 태중에서 어떻게 형성되는가? … 37
- 공관신민혜(恭寬信敏惠) ; 공손하고 관대하며 믿음이 있고 민첩하고 은혜롭게 … 39
- 공수신퇴(功遂身退) ; 공을 이루고는 거기에 머물지 마라 … 41
- 과유불급(過猶不及) ; 지나친 것은 오히려 좋지 않다 … 43
- 관간용결(寬簡勇決) ; 너그럽고 심플하게 용감하고 결단력 있게 … 45

- 관풍망운(觀風望雲) ; 풍세를 살피며 구름만 바라보는 자 … 47

- 교병필패(驕兵必敗) ; 교만한 군대는 반드시 패한다 … 49

- 구즉득지(求則得之) ; 구하면 얻으리라 … 51

- 금수오덕(禽獸五德) ; 동물에게도 다섯 가지 덕(德)이 있다 … 53

- 금운서성(琴韻書聲) ; 비파의 운율, 글 읽는 소리 … 55

- 기독교(基督敎) ; 그리스도교 … 57

- 기독교(그리스도교)의 주요건물과 풍수지리설 … 59

- 기산즉멸(氣散則滅) ; 기가 흩어지면 물체는 사라진다 … 61
  '입관예배는 왜 드리는가?'

- 끽인지교(喫人之敎) ; 사람을 잡아먹는 종교 … 63

- 내복의상(乃服衣裳) ; 비로소 옷을 입기 시작했다 … 65

- 노아초부(老兒肖父) ; 늙어가는 자식 모습 어버이 꼭 닮았네 … 67

- 다죄다은(多罪多恩) ; 죄가 많은 곳에 은혜가 더 많다 … 69

- 단비구법(斷臂求法) ; 팔뚝을 자르며 진리를 추구하다 … 71

- 당도여시(當禱如是) ; 이렇게 기도하라 … 73

- 도성인신(道成人身) ; 말씀이 육신이 되었다 … 75

- 독초성미(篤初誠美) ; 시작할 때부터 성실하게 하라 … 77

- 동기연지(同氣連枝) ; 동기지간이요 부부니라 … 79

- '두사(陡斯)' 하나님 … 81

- 득어일백오십삼미(得魚一百五十三尾) ; 물고기 153마리를 잡았다 … 84

- 등입야도(燈入夜逃) ; 등불 빛이 들어오니 어둠이 달아나네 … 86

- 마율야은(摩律耶恩) ; 모세의 율법 예수의 은혜 … 88

- 만민위도(萬民爲徒) ; 모든 족속으로 제자를 삼아라 … 90

- 멸사개생(滅死開生) ; 죽음을 멸하고 생명을 여셨다 … 92

- 명호(命號)의 원리(原理) ; 호(號) 짓는 법 … 95

- 묘오섭리(妙奧攝理) ; 오묘한 섭리 … 98

- 무가무영(無架無榮) ; 십자가 없이 영광 없다 … 101

- 무공적자(無孔笛子) ; 구멍 없는 피리 … 103

- 무신불립(無信不立) ; 믿음[信]이 없으면 설 수가 없다 … 105

- 무재칠시(無財七施) ; 재물이 아닌 것으로 베푸는 일곱 가지 적선 … 107

- 무죄자 선투석격지(無罪者 先投石擊之) ; 죄 없는 자가 먼저 돌로 치라 … 109

- 무탐위보(無貪爲寶) ; 탐욕하지 않음이 보배니라 … 111

- 미새아(彌賽亞) ; 메시야 … 113

- 발해(渤海) 불상의 십자가 목걸이 … 115

- 방휼상쟁(蚌鷸相爭) ; 조개와 도요새가 싸우는 통에 … 118

- 백경천도(百經千禱) ; 백 번 성경을 읽고 천 번 기도하자 … 120

- 백운당묘비문(白雲堂墓碑文) ; 감람산 산기슭에 웃는 백합 되었다가 … 122

- 보원이애(報怨以愛) ; 사랑으로 원수를 갚으시오 … 124

- 부건고양(負愆羔羊) ; 죄를 지고 가는 어린 양 … 126

- 부불삼대(富不三代) ; 3대 가는 부자 없다 … 128

- 부작불식(不作不食) ; 일하기 싫거든 먹지도 말라 … 130

- 분면대장부(奮勉大丈夫) ; 힘써 대장부가 되라 … 133

- 불여인화(不如人和) ; 인화(人和)가 제일이다 … 135

- 불변응만변(不變應萬變) ; 변하지 않는 것으로 온갖 변화에 대응하자 … 137

- 불휵장획(不畜臧獲) ; 노비를 두지 않았다 … 139

- 비룡소비아(飛龍少飛阿, 필로소피아) ; 철학 … 143

- 사어병직(史魚秉直) ; 사어(史魚)는 직간(直諫)을 잘했다 … 146

- 사유칠십부 이칠상승야(赦宥七十復以七相乘也) … 149
  ; 일흔 번 씩 일곱 번이라도 용서하시오

- 삼의재(三宜齋) ; 마땅히 해야 할 일 세 가지 … 151

- 산곡연화(山谷蓮花) ; 나는 골짜기의 백합화로다 … 153

- 삼강육륜(三綱六倫) … 155

- 생기사귀(生寄死歸) ; 이 세상에 거하다가 저 세상으로 돌아간다 … 157

- 생자망우은(生子忘憂恩) ; 나실 제 괴로움 다 잊으시고 … 159

- 서당에서 쓰는 용어 … 162

- 서도동기(西道東器) ; 서양의 도(道), 동양의 그릇(器) … 165

- 서방성자(西方聖者) ; 서방에 성자(聖者)가 있다 … 167

- 선구천의(先求天義) ; 먼저 하나님의 의(義)를 구하라 … 170

- 선립근기(先立根基) ; 그리스도를 기초로 삼는 것이 우선이다 … 173

- 성경(聖經)인가? 성서(聖書)인가? … 175

- 성경의 용(龍) 동양의 용(龍) … 178

- 《소학》의 태교법(胎敎法) … 181

- 송죽신의(松竹信義) ; 솔과 대쪽 같은 신의 … 183

- 수가단두 불가단발(不可斷髮 雖可斷頭) … 185
 ; 머리를 자를지언정 머리카락은 자를 수 없다

- 수유사덕(水有四德) ; 물의 네 가지 덕 … 187

- 수출서물(首出庶物) ; 천지의 수장(首長)께서 사물을 산출하셨다 … 190

- 슬골삼천(膝骨三穿) ; 무릎 뼈가 세 번이나 짓무르도록 … 192

- 승풍파랑(乘風破浪) ; 거친 풍파를 타고 파도를 헤쳐나가라 … 194

- 시미종대(始微終大) ; 시작은 미약하나 끝은 창대하리라 … 197

- 시은물구보(施恩勿求報) ; 은혜를 베풀고는 보답을 구하지 마라 … 200

- 시지미자 즉지어굉(施之微者卽之於宏) ; 작은 자에게 행한 것이 굉장한 일이다 … 202

- 시지인길(尸至人吉) ; 큰 집은 흉하고 작은 집은 길하다 … 204

- 신래지사(神來之師) ; 하늘로부터 온 선생님 … 206

- 신천옹(信天翁) … 208

- 십승지지(十勝之地) ; 십자가로 이기는 곳 … 210

- 애산(愛山)과 다석(多夕) … 212

- 애산 목사의 조선인 십계명 … 214

- 애인여기(愛人如己) ; 네 이웃을 네 몸같이 사랑하라 … 215

- 야소방향(耶穌芳香) ; 그리스도의 향기 … 217

- 약슬득몽(約瑟得夢) ; 야곱이 꿈을 꾸다 … 219

- 역려과객(逆旅過客) ; 인생은 나그네길 … 221

- 연경기종(延頸企踵) ; 학수고대 … 223

- 연무앵가(燕舞鶯歌) ; 제비 날고 꾀꼬리 노래하고 … 225

- 연저휼인(吮疽恤仁) ; 피고름을 입으로 빨아준 사랑 … 227

- 열공융창인관(熱攻融創忍關) ; 야망의 DNA 6가지 … 229

- 영언여작(靈言蠡勺) ; 스콜라 철학의 영혼론 … 231
  "표주박으로 영혼의 세계를 측량하며 말하다"

- 오불의(五不宜) ; 다섯 가지 마땅치 않은 일 … 233

- 욕대사인(欲大事人) ; 크고자 하면 남을 섬겨라 … 235

- 용맹정진(勇猛精進) ; 용맹정진하라 … 237

- 유비무환(有備無患) ; 미리미리 준비해 두면 걱정이 없습니다 … 239

- 육사자책(六事自責) ; 여섯 가지 조목을 따라 자책하다 … 241

- 은광연세(恩光衍世) ; 은혜의 빛이 온 세상에 퍼지다 … 244

- 의인물용(疑人勿用) ; 의심나면 등용하지 마시라 … 246

- 이마두(利瑪竇, 마테오 리치)의 묘소에서 … 249

- 이신득영(以信得永) ; 믿음으로 영생을 얻는다 … 251

- 인기외천(認己畏天) ; 자신을 알고 하나님을 경배하라 … 253

- 일념통천(一念通天) ; 마음을 다하면 하늘과 통한다 … 255

- 일노일로(一怒一老) ; 한 번 성내면 한 번 더 늙는다 … 257

- 일도벽천(一禱闢天) ; 크게 기도하면 하늘 문이 열린다 … 259

- 일안사목(一顔四目) ; 한 얼굴에 눈이 네 개 … 261

- 일엽지추(一葉知秋) ; 낙엽 한 잎 떨어지네, 가을이로구나 … 264

- 일이신지(一以信之) ; 한결 같은 믿음으로 … 266

- 일일우신(日日又新) ; 날마다 새롭고 또 새롭게 … 268

- 일일일생(一日一生) ; 하루하루가 모두 한 생애 … 270

- 임심이박(臨深履薄) ; 깊은 연못가를 가듯이 살얼음판을 걷듯이 … 272

- 재이천견(災異天譴) ; 재난은 하늘의 꾸짖음이다 … 274

- 적선여경(積善餘慶) ; 선을 쌓으면 경사가 있으리라 … 276

- 조상신[鬼]의 수명(壽命)이 줄어들고 있다 … 279

- 줄탁동시(啐啄同時) … 281
 ; 안에서 주도적으로 쪼고 밖에서 동시에 협조하여 알에서 나온다

- 지과위무(止戈爲武) ; 창(戈)을 멈추는(止) 것이 무(武)다 … 284

- 지과필개(知過必改) ; 잘못을 알았으면 반드시 고쳐라 … 287

- 지령총증(智齡寵增) ; 지혜도 자라고 은총도 더하고 … 289

- 진신풍(眞神風) ; 하나님의 참 바람 … 292

- 처세육연(處世六然) ; 처세의 여섯 가지 자세 … 294

- 처세훈(處世訓) ; 이 한 몸 처신하기를 천금보다 중히 여기라 … 296

- 천국이림이의(天國已臨爾矣) ; 천국은 이미 너희에게 임하였느니라 … 298

- 천행건(天行建) ; 하나님은 건강하시다 … 300

- 청나라 황제의 '십자가' 한시(漢詩) … 302

- 청호무성(聽乎無聲) ; 소리 없는 소리가 들리는가 … 305

- 체득야심(體得耶心) ; 예수님의 마음을 품어라 … 307

- 추고조금(推古釣今) ; 옛 것을 추고하여 오늘을 낚는다 … 309

- 출이반이(出爾反爾) ; 부메랑 … 311

- 충즉진명(忠則盡命) ; 죽도록 충성하라 … 313

- 칠궐팔기(七蹶八起) ; 일곱 번 넘어져도 여덟 번 일어난다 … 315

- 칠죄칠극(七罪七克) ; 그레고리 7대 죄와 7가지 극복의 길 … 317

- 침잠완색(沈潛玩索) 체인법(體認法) ; 동양학 공부법 … 319
  푹 잠겨 즐기며 탐색하여 체득하라

- 타입침공(駝入針孔) ; 낙타가 바늘귀로 들어가는 일 … 321

- 탁도족장(濯徒足掌) ; 제자들의 발을 씻기시다 … 323

- 탁사(濯斯), 탁영탁족(濯纓濯足) … 325
  ; 갓끈도 씻고 발도 씻고, 유교도 씻어내고

- 토고납신(吐故納新) ; 묵은 기운은 토해 내고, 새 기운을 마시자 … 327

- 투입화호(投入火湖) ; 불 못에 던지리라 … 330

- 포공영 선생(蒲公英 先生) ; 민들레 선생님 … 332

- 필작어세(必作於細) ; 작은 일에서 시작하라 … 335

- 하준약법(何遵約法) ; 간략한 법률 3장 … 337

- 학이불염(學而不厭) ; 배우고 또 배워도 싫증나지 않는다 … 339

- 한역서학서(漢譯西學書) ; 조선의 학자들이 읽은 … 341

- 항룡유회(亢龍有悔) ; 높이 오른 용은 후회하게 된다 … 343

기독교 명심보감 15

- 허심자(虛心者) 복의(福矣) ; 심령이 가난한 자는 복이 있나니 ··· 345

- 허지우허(虛之又虛) ; 헛되고 또 헛되다 ··· 347

- 호규득천(號叫得泉) ; 부르짖으니 샘물이 솟아올랐다 ··· 351

- 호리진상(毫釐盡償) ; 호리라도 남김없이 다 갚으리라 ··· 353

- 호주위망(豪酒謂亡) ; 술을 좋아하면 망(亡)이다 ··· 356

- 홍로점설(紅爐點雪) ; 시뻘건 화로불에 한 줌의 눈덩이 ··· 359

- 화복시린(禍福是隣) ; 화(禍)과 복(福)은 이웃이다 ··· 361

- 화평자(和平者) 복의(福矣) ; 화평케 하는 자는 복이 있나니 ··· 364

- 활연관통(豁然貫通) ; 탁 트이고 시원하게 뚫리다 ··· 366

- 황색 십자군(黃色 十字軍) ; '엘라골짜기'의 전투 ··· 368

- 휼황경의(恤恍驚疑) 약하한지무극(若河漢之無極) ··· 371
  ; 그 경이로움은 캄캄한 밤하늘의 은하수를 바라보는 것 같았다

- 흥관군원(興觀群怨) ; 시와 음악으로 ··· 373

기독교 명심보감
基督教 明心寶鑑

가언여은

嘉言如銀

|

좋은 말은 금은과 같다

"의인의 입은 생명의 샘이요, 악인의 입에는 독이 있느니라."
〈잠언 10:11〉

요즘 젊은이들이 자기들끼리 말하는 것을 곁에서 듣노라면, 쌍욕을 일상어처럼 입에 달고 있습니다. 쌍스러운 말뿐 아니라 어른들이 잘 알아듣지 못하는 자기들끼리만 통용하는 용어를 쓰고 있어서 소통이 안 될 때가 많습니다.

서양속담에 '개구리는 입 때문에 먹히며, 꿩은 울지 않으면 잡히지 않는다'는 말이 있습니다. 말하지 않아도 될 말을 경솔히 내뱉어서 화를 불러들이는 것을 경계하는 속담입니다.

《귀곡자》는 불건전한 말 다섯 가지를 지적했습니다. ① 투덜거리는 말[怨원], ② 병든 말[病병], ③ 징징거리는 말[憂우], ④ 핏대를 올리며 하는 말[怒노], ⑤ 히히덕거리는 말[喜희]을 좋지 않은 말이라고 했습니다.

《명심보감》에도 "입은 화(禍)와 복(福)이 드나드는 문이고(禍福之門화복지문), 몸을 망치는 도끼라(滅身之斧멸신지부)"고 했습니다.

당나라의 시인 '풍도(馮道, 882-954)'는 "입은 재앙을 불러들이는 문이고(口是禍之門구시화지문), 혀는 몸을 자르는 칼이라(舌是斬身刀설시참신도)"고 했습니다.

'김수환 추기경'이 "머리와 가슴의 간격 차이는 불과 40-50cm에 지나지 않는데, 사랑이 머리에서 가슴으로 내려올 때에는 목구멍에 걸려서 70년이 걸린다"는 말을 했습니다.

　내공이 깊은 사람은 군더더기 말을 떨쳐내고 단도직입적인 짤막한 한 마디로 촌철살인으로 표현합니다. 명언은 짧은데서 힘이 나타납니다.

　사람이 하루에 하는 말은 5만 마디가량 된다고 하는데, 그중에서 정성이 담기거나 소망이 있는 말은 10%에 불과하다고 합니다.

　'노자'는 "진실한 말은 꾸밈이 없고(信言不美신언불미) 아름답게 꾸민 말은 진실성이 없다(美言不信미언불신)"고 했습니다.

　30초 입술이 마음속에 30년 남습니다. '찰스 웨슬리'는 "내게 만 개의 입이 있다면, 그 모든 입으로 하나님을 찬미하리라"고 노래했습니다. 말 한 마디는 천금같이 귀합니다. 더욱이 그리스도인의 말 한 마디는 생명을 구원할 수 있습니다.

■ 嘉: ①아름다울 가. ②좋을 가, 착할 가(善也). ③칭찬할 가. ④즐거워할 가.
■ 言: 말씀 언 / ■ 如: 같을 여 / ■ 銀: 은 은

개 오륜

犬五倫(견오륜)

|

개에게도 오륜이 있다

"오직 말과 행실과 사랑과 믿음과 정절에 있어서
믿는 자에게 본이 되어라."
〈디모데전서 4:12〉

　동양의 전통윤례는 '삼강오륜(三綱五倫)'이었습니다. '임금은 신하의 벼리가 되고, 아비는 자식의 벼리가 되고, 남편은 아내의 벼리가 되는' 윤례가 삼강(三綱)이고, '부자유친, 군신유의, 부부유별, 장유유서, 붕우유신'이 오륜(五倫)입니다.
　'삼강'은 서한의 '동중서(董仲舒, BC. 179-104)'가 처음으로 제시하였고, '오륜(五倫)'은 《맹자(孟子)》·〈등문공(藤文公)〉·'상편(上篇)'에 나오는 윤례입니다. 두 윤례는 제각기 다른 경서에 나오는 것을 후대에 '동중서'가 하나로 묶은 것입니다. 특히 '주자(朱子)'가 이를 두드러지게 강조한 이래 천 수백 년을 준수해 왔습니다. 그 골격은 '수직적 윤례(vertical ethics)'입니다.
　개는 인간에게 사랑을 받는 매우 친숙한 동물입니다. 지금 우리 사회에서 애완동물을 기르는 이가 1천만 명을 넘어섰습니다. 예부터 우리의 일상에서 상대를 부정적으로 낮춰 부를 때 대체로 '개[犬]'자를 붙였습니다. '하룻 강아지 범 무서운 줄 모른다', '죽 쒀서 개 좋은 일 시킨다'고 하는 것 따위가 그것입니다. 그뿐 아니라 식물에도 '개'자를 붙여서 토종의 동식물들을 괄시했습니다. '개복숭아', '개살구', '개통참외', '개나리' 등입니다.

예부터 민간에서는 '개 오륜[犬五倫]'이란 것이 유행했습니다. '개도 오륜을 지키는데 어찌 사람이 개만도 못하냐?'는 교훈입니다.

첫째, 지주불폐(知主不吠)하니 군신유의(君臣有義)요. 주인을 알아보고 짖지를 않습니다. 군신유의입니다.

둘째, 생자초부(生子肖父)니 부자유친(父子有親)이요. 새끼는 영락없이 그 애비와 닮은꼴입니다.

셋째, 비잉불교(非孕不交)이니 부부유별(夫婦有別)이요. 암캐는 새끼를 배면 그날부터 다른 개와 일체 교제를 하지 않습니다.

넷째, 일폐군응(一吠群應)하니 붕우유신(朋友有信)이라. 한 마리 개가 짖으면 온 동네 개가 다 짖습니다.

다섯째, 소불적대(小不敵大)하니 장유유서(長幼有序)라. 작은 개는 큰 개에게 덤비지 않습니다. 이를 장유유서로 표현하였습니다.

옛 팔레스타인지역에서는 가축으로 기르는 개가 흔치 않았습니다. 그래서 성경에는 개에 대해 대부분 부정적인 모습으로 묘사되어 있습니다. 바울은 개들을 조심하라(빌립보 3:2)고 했습니다. 그런 한편, '산 개가 죽은 사자보다 낫다'(전도서 9:4)는 긍정적인 구절도 있습니다. 《동몽선습》에는 '사람이 오상(五常, 오륜)을 모르면 짐승에 가깝다'고 했습니다.

몇 년 전의 한 통계조사에서 우리나라의 도덕지수가 아시아 18개국 중에서 18번째로 꼴찌이라고 발표된 일이 있습니다. 수천 년 내려온 동양의 윤례 강령이 무너져 버린 오늘의 세태를 바라보면서, '개 오륜'을 상기해 보았습니다.

〈오세주 목사〉

....
- 犬: 개 견 / ■ 五: 다섯 오 / ■ 倫: 윤례 륜

개종일신

芥種一信

|

겨자씨 한 알만한 믿음

"우리가 하나님의 나라를 어떻게 비교하며 또 무슨 비유로 나타낼까
겨자씨 한 알과 같으니 땅에 심길 때에는 땅위의 모든 씨보다 작은
것이로되 심긴 후에는 자라서 모든 풀보다 커지며 큰 가지를
내나니 공중의 새들이 그 그늘에 깃들일 만큼 되느니라."
〈마가복음 4:30~32〉

'개자씨'는 아주 작은 씨앗입니다. 눈을 크게 뜨고 보아야 보일 정도로 먼지처럼 작습니다. 예수님께서는 하나님의 나라는 마치 겨자씨 한 알을 땅에 심는 것과 같다고 비유하셨습니다.

'주흥사' 《천자문》에 '채중개강(菜重芥薑)'이라는 문구가 있습니다. '채소 중에서는 개자와 생강이 소중한 것이라'는 말입니다. '개자(芥子)'와 '겨자'는 다른 식물입니다. 개자는 배추처럼 생긴 채소류로 털이 있다고 되어 있습니다.

한편, 겨자는 성경에 나오는 나무류의 식물입니다. 냉면을 먹을 때 쳐서 먹는 매콤한 양념은 본래 '겨자'가 아니고 '개자'로 말해 왔지만 지금은 혼용해서 쓰고 있습니다. 한문성경은 '겨자'도 '개자(芥子)'로 적었습니다.

감리교 원로목사이신 '벽해(碧海) 오세주' 목사는 농사에 전문성이 있어서, 이스라엘을 순례하면서 겨자씨 씨앗 몇 개를 가져와 집안 뜰에 심어

크게 키운 일이 있습니다.

송(宋)나라 '석보제(釋普濟)'의 글에 대한 '주자(朱子)'의 주(注)에 '티끌 한 점 휘날려도 하늘을 가리고(一塵飛而蔽天일진비이폐천), 겨자씨 한 알이 떨어져도 땅을 뒤덮는다(一芥墮而覆地일개타이복지)'는 말이 있습니다.

성경에서 말하는 겨자씨 한 알과 같은 믿음의 역사는 이렇습니다. ① 보잘 것 없는 시작이 놀라운 열매를 가져옵니다. ② 생명이 있는 씨앗은 자라납니다.

예수 그리스도 안에서의 믿음이 바로 그 생명입니다. 겨자씨 한 알의 믿음만 있어도 그것은 반드시 큰 나무로 성장하는 것을 기대할 수 있다는 말씀입니다.

겨자씨 한 알 같은 믿음의 역사는 놀라운 결과를 가져옵니다.

....

- 芥: 개자 개, 티끌 개 / ■ 種: 심을 종, 씨앗 종, 종류 종
- 信: 믿을 신

걸개입천

乞丐入天

|

걸인은 천국에 들어가고

"부자는 음부(陰府)에서 고통을 당하고,
걸인은 하늘로 돌아갔느니라."
〈누가복음 16:22〉

'단테'의 《신곡》에는 지옥을 이렇게 묘사했습니다. '이곳은 소망이 없는 곳입니다'라고 적혀있는 지옥문을 지나면, 1계단에서 7계단까지 무절제의 지옥이 있습니다. 그곳에는 음란, 탐욕, 인색, 분노, 나태, 이교도들이 가는 곳입니다. 그 다음의 제8지옥에는 불한당 폭력배가, 제9지옥에는 사기꾼과 배신자들이 들어가는 지옥입니다.

스페인의 성 미구엘 성당 벽화에는 지옥을 묘사한 그림이 있습니다. 그 그림은 한편에는 심판이 끝난 한 착한 영혼이 베드로에게 인계되고 있는 모습이 그려져 있고, 그 아랫부분에는 악한 영혼이 지옥에 떨어져서 매우 심한 고통을 당하는 장면이 그려져 있습니다. 그 그림 위쪽 왼편의 그림은 미가엘 천사장이 저울대를 들고 천성문 앞에서 착한 바구니와 악한 바구니의 저울을 달며 한 영혼의 믿음의 열매를 저울질하는 장면이 있습니다. 악한 바구니 밑에는 마귀가 달라붙어서 악한 쪽의 무게가 많이 나가도록 잡아당기고 있습니다.

모든 사람에게는 지옥으로 향하는 사다리가 있습니다. 어떤 이에게는 돈, 어떤 이에게는 음란, 어떤 이에게는 이성, 어떤 이에게는 명예욕, 어떤 이에게는 탐욕이 그를 지옥에 떨어지게 합니다. 신학자 '하비 콕스'는 '지옥에는 웃음이 없다'고 했습니다.

〈누가복음〉 16장 22절 본문에 등장하는 그 부자는 겉으로 보기에는 아무 잘못이 없는 듯합니다. 다만 한 가지를 지적한다면 그것은 거지 '나사로'에 비하여 그가 하나님을 의지하지 않았다는 점입니다.

나사로는 세상에 사는 동안 누구도 의지하지 못하고 오직 하나님만 의지했습니다. 부자는 그 반대의 경우로 살았습니다.

이 세상 이후의 저 세상에서 우리의 모습은 어떤 모습으로 그려질런지요?

....
- 丐: 거지 개 / ■ 乞: 거지 걸 / ■ 歸: 돌아갈 귀, 돌아올 귀.

결파라망

決破羅網

|

얽혀있는 죄악의 사슬을 끊어버려라

"너희의 죄가 주홍 같을지라도 눈과 같이 희어질 것이요,
진홍 같이 붉을지라도 양털 같이 희게 되리라."
〈이사야 1:18〉

인간은 원죄로 인하여 대대로 이어져 내려온 죄악의 사슬에 얽매어 있습니다. 그리스도교(기독교)의 신조에는 한 사람(아담)으로 말미암아 죄가 세상에 들어오고 인간은 하나님과의 관계가 단절되었으며, 죄의 종이 되었고, 결국 사망에 이르게 되었다고 봅니다. 원죄란 피조물인 인간이 인간됨을 거부하고 하나님과 같이 되려고 하는 교만의 죄입니다.

율법은 모든 인간에게 죄가 있음을 알게 하였으나, 율법으로는 인간에게 얽혀 있는 근원적인 죄의 문제를 해결해 줄 수가 없습니다. 오직 율법을 성취하신 예수 그리스도를 믿는 믿음으로만 구원을 얻을 수 있습니다.

하루는 '루터'의 꿈에 그가 평생에 지은 모든 죄과를 하나도 빠짐없이 일일이 기록해 놓은 장부를 가지고 마귀가 나타났습니다.

마귀가 말했습니다. "이것은 그대가 지은 죄의 목록이다."

루터가 살펴보니, 아주 오래 전 일이어서 기억에도 없는 죄들도 그 책에는 기록되어 있었습니다. 루터는 그 기록을 모두 인정하면서 '이게 전부냐?'고 물었습니다.

"천만에, 또 있지." 마귀는 계속해서 여러 권의 책들을 더 내놓으며, 루터에게 지옥으로 떨어질 죄인이라고 의기양양하게 외쳤습니다.

그때에 예수님이 나타나셔서, 붉은 잉크로 죄의 조목들을 모조리 지워버리셨습니다.

"너희 죄가 주홍 같을지라도 흰 눈같이 희어지리라!"
구속의 은혜입니다.

'결파라망!'
그리스도의 은혜로 얽히고설킨 죄악의 모든 사슬을 끊어내는 자유함를 얻어야겠습니다.

▪ 決: 터질 결, 터놓을 결 / ▪ 破: 깨뜨릴 파 / ▪ 網: 그물 망.

경경위사

經經緯史

|

말씀을 날줄로, 역사를 씨줄로

"주의 말씀은 내 발에 등이요, 내 길의 빛이니이다."
〈시편 119:105〉

서예의 명인 '추사 김정희'의 글씨 중에 '경경위사(經經緯史)'라는 편액이 있습니다. '말씀[經]을 날줄[經]로 삼고, 역사[史]를 씨줄[緯]로 삼으라'는 내용입니다. 필자는 이 말을 '하나님의 말씀[經]을 날줄[經]로 하고, 역사[史]를 씨줄[緯]로 삼자'는 뜻으로 사용하고 있습니다.

'칼 바르트'는 '한 손에는 성경, 한 손에는 신문을 들라'고 했고, 중국의 '명덕(明德)'은 '왼손에는 사기(史記), 오른손에는 삼국지'라고 했습니다.

만주 명동촌의 '김약연 목사'는 《맹자》를 1만 번 이상 읽은 대학자입니다. 그는 예수를 영접하고 함경북도 회령, 종성에 거주하는 대소가(大小家) 식솔 141명을 인솔하여 북간도로 집단 이주하였습니다. 그는 총 600만 평의 땅을 구입하고 4-5만 평의 땅을 개간하여 마을과 교회와 학교를 세웠습니다. '동쪽을 밝힌다'는 뜻의 명동마을, 명동학교, 명동교회를 세우고, 일제 강점기로 나라 잃은 백성에게 민족의식을 일깨웠습니다.

그는 1년 농사의 전부를 독립운동 자금으로 내어놓았으며, 1917년 초부터 독립운동 기관지인 《자유의 종》을 발간하였습니다. 아울러 청년들을 모아 충열대(결사대), 단지동맹, 애국부인회 등 독립단체를 결성하여 나라 찾기 운동을 전개했습니다.

김약연은 시인 '윤동주'의 외삼촌이기도 합니다. 그는 학교에서 《성경》을 가르치면서 '자유와 신앙'을 가르쳤으며, 여성 차별로 이름이 없던 여인들에게 앞장서서 이름을 지어주기도 했습니다. 그래서 만주인들은 너나 할 것 없이 그를 '북간도 지도자의 대명사'로 부르며 따랐습니다. 그는 '경경위사'를 실천한 표본이었습니다.

철학은 역사에서 그 이론이 힘이 되어야 하고, 말씀은 역사의 현장에서 역사해야 합니다.

"경경위사(經經緯史)!"
"성경을 날줄로, 역사를 씨줄로!"
이것이 복음 전파의 역사입니다.

■ 經 날줄 경 / ■ 經 글 경 / ■ 緯 씨줄 위 / ■ 史 역사 사

경천애인
敬天愛人
|
하나님을 공경하고 이웃을 사랑하라

"네 마음을 다하고 목숨을 다하고 뜻을 다하여 주 너의 하나님을
사랑하라 하셨으니 이것이 크고 첫째 되는 계명이요,
둘째도 그와 같으니 네 이웃을 네 자신과 같이 사랑하라."
〈마태복음 22:37~39〉

이스라엘 사람들은 문설주에 손가락만한 크기의 도톰한 '쉐마'를 붙여 놓고, 문을 드나들 때마다 거기에 입도 맞추고 경의를 표하고 있습니다. '쉐마'에는 〈신명기〉 6장 4절에서 9절까지의 말씀이 기록되어 있습니다. "네 마음을 다하고 목숨을 다하고 뜻을 다하여 주 너희 하나님을 사랑하고, 네 이웃을 네 몸과 같이 사랑하라"는 말씀입니다. 이 말씀을 사자성어로 표현하면 '경천애인(敬天愛人)'이 됩니다.

한자문화권에는 예부터 하나님을 '믿는다[信]'는 표현이 없습니다. 하나님은 믿음의 대상이 아니라 경배의 대상이었기 때문에, '신천(信天)'이라고 쓰지 않고 '외천(畏天)' 또는 '경천(敬天)'이라고 써 왔습니다. '외천(畏天)'은 '하나님을 두려움으로 공경한다'는 뜻으로 중국에서 한역서학서(漢譯西學書)를 번역할 때 사용되었고, '경천(敬天)'은 '외천'보다는 그 뜻이 다소 순한 뜻으로 개화기 한학자 출신 그리스도교(기독교) 목사들은 주로 '경천'을 사용했습니다. 김대중 대통령은 '경천애인' 휘호를 즐겨 썼습니다.

'백사당(白沙堂) 양주삼 총리사'는 '진심으로 만유의 천부(天父)를 경외하고, 마땅히 성의를 다해 온 세상의 형제를 사랑하라'는 말씀을 낙관에 새겨 좌우명으로 삼고 살았습니다.

'한국의 슈바이처'로 존경받는 '장기려 박사'는 어려서 예수를 영접하고, '경성의전'을 나와 평양의 '기흘병원'에서 근무하다가 6·25전쟁으로 부인과 아들 하나를 남겨두고 의료 기구 몇 점을 보따리 속에 넣고 남하했습니다. 부산에서 창고 하나를 빌려서 피난민과 전상자들을 하루에 200명씩 무료로 치료해 주었습니다. 평생 의사로 지냈지만 집 한 칸도 없이 이웃에게 사랑을 베풀다 하늘로 돌아갔습니다. 그의 비석에는 '주를 위해 살다간 사람'이라고 적혀 있습니다.

감리교회의 '송죽헌(松竹軒) 신두수 목사'는 지나는 과객을 집안으로 반갑게 맞아들여 깨끗한 이불을 꺼내서 깔아주며 재워 보냈습니다. 그러다가 말년에 자신도 한센병에 걸려 고생했습니다. 경천애인을 몸소 실천한 삶이었습니다.

마음을 다하고, 성품을 다하고, 뜻을 다하여, 하나님을 사랑하고, 이웃을 사랑하며 살기를 원하나이다.

■ 敬: 공경할 경 / ■ 天: 하늘 천 / ■ 愛: 사랑 애 / ■ 人: 사람 인

계유오덕

鷄有五德

|

닭에게는 다섯 가지 덕(德)이 있나니

"이에 베드로가 예수의 말씀에
'닭 울기 전에 네가 세 번 나를 부인하리라' 하심이
생각이 나서 밖에 나가서 심히 통곡하니라."
〈마태복음 26:75〉

'계불삼년(鷄不三年) 구불십년(狗不十年)'이라는 말이 있습니다. "닭은 3년, 개는 10년 이상을 키우지 말라"는 속담입니다. 한편, 닭에게는 '문·무·용·인·신'(文武勇仁信), '다섯 가지 덕[五德]'의 교훈이 있습니다. '계유오덕(鷄有五德)'입니다.

이 말은 '전요(田饒)'라는 현자가 노(魯)나라 '애공(哀公)'에게 한 말에서 유래했습니다.

제(齊)나라의 기성자(紀省子)는 임금을 위해 싸움닭을 길렀습니다. 열흘이 지나서 임금이 물었습니다. '이제 싸울 만한가?' '아직 멀었습니다. 지금은 제 기운만 믿고 기고만장해서 활개치고 있습니다.' 또 열흘이 지나자 임금이 다시 또 물었습니다. '오늘은 싸울 만한가?' '아직도 다른 닭의 그림자만 보고도, 곧 달려들려고 성질을 부립니다.' 열흘이 지나 임금이 물었습니다. '요즘은 어떠한가?' '아직도 안 되었습니다. 다른 닭을 보면, 눈을 흘기고, 기운을 뽐내고 있습니다.' 또 열흘이 지나 임금이 또 물었습니다.

'이제는 싸울 만하겠지?' '이제는 좀 되어 갑니다. 지금은 다른 닭이 소리를 쳐도 아무렇지도 않게 마치 나무로 만든 닭과 같이 행동합니다.' 그래서 그 닭의 덕이 널리 퍼져서 다른 닭들이 감히 덤빌 생각을 못하고 보기만 해도 달아나 버리고 말았다는 이야깁니다.

닭에게는 어떤 덕이 있을까요?
첫째, 머리에 관을 썼으니 문(文)이요(頭戴冠者두대관자 文也문야),
둘째, 발로 차며 대드니 무(武)이며(足搏拒者족박거자 武也무야),
셋째, 적 앞에서는 과감히 싸우니 용(勇)이고(敵在前敢鬪者적재전감투자 勇也용야),
넷째, 모이가 생기면 '구구구구' 동료를 부르니 인(仁)이요(見食相呼者견사상호자 仁也인야),
다섯째, 밤을 지켜 새벽을 알리니 신(信)입니다(守夜不失時者수야부실시자 信也신야).

닭도 5덕을 지녔다고 하는데, 오늘 우리의 지도자들은 어떠한가요?
〈오세주 목사〉

....
- 鷄: 닭 계 / ■ 有: 있을 유 / ■ 德: 덕 덕

골중지골

骨中之骨

뼈 중의 뼈

"이는 내 뼈 중의 뼈요, 살 중의 살이니라."
〈창세기 2:23〉

부부는 모든 사회 조직의 기초요 출발점입니다. 《동몽선습》에는 '부부는 백성의 시초며(生民之始) 만복의 근원'이라고 했습니다. 성경에는 '남자가 부모를 떠나 그의 아내와 합하여 둘이 한 몸을 이룰지니라'(창세기 2:24)고 하여 이성(異性)의 결합을 축복했습니다.

가정을 꾸리는 결혼주례를 할 때, 필자는 주례사로 '부부십계명'을 제정하여 그것으로 진행하곤 합니다.

그런데, 최근에는 세태가 급변하여, '부부가 지켜야 할 계명 10가지가 너무 번다하다고 느껴져서, 필자는 그것을 다섯으로 줄여서 '부부 5계명'으로 주례사를 진행하고 있습니다.

제1계명은 여자 집안의 가훈에서, 제2계명은 남자 집안의 가훈에서, 제3계명은 부인의 좌우명에서, 제4계명은 남편의 좌우명에서, 제5계명은 주례가 주는 말씀을 각각 '사자성어(四字成語)'로 압축해서 조어(造語)하여 조그만 액자에 넣어 수여하며 기념합니다.

얼마 전에 필자가 집례한 결혼 주례사의 '부부 5계명'을 소개하면 이렇습니다. ① 호상애휼(互相愛恤, 서로 사랑). ② 식탁낭어(食卓朗語, 밥 먹을 때는 명랑한 언어). ③ 지여철석(志如鐵石, 아무리 험난한 상황이 와도 쇠와 돌 같은 굳은 의지로 헤쳐 나가자). ④ 적극신앙. ⑤ 용맹정진이 그것입니다.

"이는 내 내 뼈 중의 뼈요, 살 중의 살이니라."

....
- 骨: 뼈 골 / ■ 中: 가운데 중 / ■ 之: 갈 지 / ■ 肉: 살 육

골하성태

骨何成胎

|

뼈는 태중에서 어떻게 형성되는가?

"아이 밴 자의 태에서 뼈가 어떻게 자라는지" 〈전도서 11:5〉
"여호와의 사자가 그 여인에게 나타나서, 이제 임신하여 아들을 낳으리니 그러므로 너는 삼가 포도주와 독주를 마시지 말며, 어떠한 부정한 것도 먹지 말지니라."
〈사사기 13:3~4〉

유가철학에서는 인간의 구성요소를 지기(地氣)인 '백(魄)'과 천기(天氣)인 '혼(魂)'의 결합으로 봅니다. 지기(음기陰氣)는 사람의 뼈를 중심으로 한 형체를, 천기(양기陽氣)는 사람의 정신세계를 형성합니다. 《예기》의 주(註)에 따르면 "혼(魂)은 입과 코의 호흡이고, 백(魄)은 귀와 눈의 총명함이기 때문에" 입으로 내쉬고 코로 들이쉬는 것은 혼(魂)이고, 귀로 듣고 눈으로 보는 것은 백(魄)의 정(精)입니다.

여기서 혼(魂)은 '云+鬼'의 합성어로써 '云(운)'은 '雲[구름]', 공기, 하늘의 기운을 뜻하고, 백(魄)은 '白+鬼'로써 '白'은 아버지의 흰색[白色]의 정액(sperma)을 나타냅니다. 곧 '혼'은 '청·령적(淸·靈的, subtilior-Intelligens)'인 것으로 사람의 영적 정신적 요소가 되고, '백'은 '탁·각적(濁·覺的, crassisor vegitiv-sensitiv)'인 요소로 뼈대를 골격으로 한 육체적 요소를 이룹니다. '혼·백 사상'은 도가(道家)의 이론과 연관되어 '3혼7백(三魂七魄)'으로 구체화 되었습니다. '7백'은 곧, 귓구멍 2, 눈 2, 입 1, 콧구멍 2에 연관된 '희노애구애오욕(喜怒哀懼愛惡欲)' 7각(覺)으로 설명합니다.

《동의보감》에는 임신하면 무적(無的) 상태가 유적(有的) 상태로 변화하면서 중규(中竅)가 생기고, 태극이 동(動)하여 양(陽)을 낳고 천일(天一)이 물[水]을 낳는다고 합니다.

《부모은중경》에는 임신 6개월이 되면 '안(眼)·이(耳)·비(鼻)·구(口)·설(舌)·의(意)', 6정(精)이 열린다고 했습니다.

《동의보감》에는 7개월이 되면 '혼(魂)이 유(游)한다고 했으며, 《부모은중경》은 8개월에 의(意)와 지(智)가 생기고, 9규(竅)가 장(長)한다고 했습니다.

유가철학에서는 백(魄)이 먼저 생기고 혼(魂)은 출생할 때, 첫 호흡과 함께 형성된다고 합니다.

그러므로 신중한 몸가짐과 세심한 주의를 기울여야 하기에 《소학》에서는 '태교법'을 이렇게 교훈했습니다.

"임신을 하고, 잠을 잘 때에 몸을 기울게 하지 않고(寢不側침불측), 앉을 때는 몸을 한쪽으로 치우치게 하지 말 것이며(坐不邊좌불변), 설 때에는 한쪽 발에 치우치지 말며(立不蹕입불필), 좋지 않은 음식은 먹지 말 것이며(不食邪味불식사미), 반듯하게 썰지 않은 고기도 먹지 말 것이며(割不正不食할부정불식), 반듯한 자리가 아니면 앉지 말고(席不正不坐석부정부좌), 나쁜 빛깔을 보지 말며(目不視邪色목불시사색), 바르지 않은 소리를 듣지 말고(耳不聽淫聲이불청음성), 밤에는 소경으로 하여금 시를 낭송하게 하고(夜則令瞽誦詩야즉영고송시), 바른 말을 하라(道正事도정사)"고 했습니다.

"태교할 줄 모르면 애비나 어미 될 자격이 없나니 반드시 정심(正心)으로 할 것이니라."《태교신기(胎教新記)》

....
- 骨: 뼈 골 / ■ 何: 어찌 하 / ■ 長: 긴 장, 자랄 장 / ■ 胎: 태 태

공관신민혜

恭寬信敏惠

|

공손하고 관대하며 믿음이 있고 민첩하고 은혜롭게

"너희는 하나님이 택하사 거룩하고 사랑 받는 자처럼 긍휼과 자비와 겸손과 온유와 오래 참음을 옷 입고, 누가 누구에게 불만이 있거든 서로 용납하여 피차 용서하되 주께서 너희를 용서하신 것 같이 너희도 그리하고 이 모든 것 위에 사랑을 더하라."

〈골로새서 3:12~14〉

'하인츠 코헛(Heinz Cohut)'은 '목회상담학'에서 지도자가 갖추어야 할 덕목 다섯 가지를 제시했습니다. '① 이상(ideals), ② 유머, ③ 창의력, ④ 지혜, ⑤ 공감(共感, empathy)'이 그것입니다.

'데일 카네기'는 생활신조 8가지를 설정하고 실천하며 회사를 경영하였습니다. ① 꿀을 얻으려면 벌통을 걷어차지 말라. ② 칭찬은 무쇠도 녹인다. ③ 물고기를 잡으려면 물고기가 좋아하는 미끼를 던져라. ④ 웃는 낯으로 사람을 대하자. ⑤ 상대방의 이름을 잘 기억해 두자. ⑥ 남의 말을 귀담아 들을 것. ⑦ 상대방의 관심사를 파악할 것. ⑧ 잘못은 솔직하게 인정하라.

〈신약성경〉 '골로새서'에는 그리스도인이 지켜야 할 덕목을 이렇게 말했습니다. '① 긍휼, ② 자비, ③ 겸손, ④ 온유, ⑤ 인내, ⑥ 관용, ⑦ 용서, 그리고 이 모든 것 위에 ⑧ 사랑을 더하라'고 했습니다.

'공관신민혜(恭寬信敏惠)!' 이 용어는 《논어》·〈양화편〉에 나오는 말입니다. 지도자는 '① 공손하고, ② 관대하고, ③ 믿음이 있고, ④ 민첩하고, ⑤ 은혜로워야' 합니다.

이 말은 필자의 지인들이 어떤 직임을 맡을 때 축사로 권면하는 명구(名句)입니다.

- 恭: 공손할 공 / ■ 寬: 너그러울 관 / ■ 信: 믿을 신 / ■ 敏: 민첩할 민
- 惠: 은혜 혜

공수신퇴

功遂身退

|

공을 이루고는 거기에 머물지 마라

"네가 좌하면 나는 우하고, 네가 우하면 나는 좌하리라."
〈창세기 13:9〉

'부름 받아 나선 이 몸'이라는 찬송가가 있습니다. 그 3절은 "존귀 영광 모든 권세 주님 홀로 받으소서 / 멸시 천대 십자가는 제가 지고 가오리다 / 이름 없이 빛도 없이 감사하며 섬기리다"로 되어 있습니다.

이 찬송가는 원래 '박재훈 목사'가 작곡하여 신학교의 교가처럼 불리던 찬송이었는데, 개편 찬송가가 편찬될 때에 '이유선'의 곡으로 새로 지어서 찬송가에 편입되어 애창되고 있습니다.

박재훈 목사의 《내 마음 작은 갈릴리-내게 시를 써 준 찬송시인들의 이야기》에는 이 찬송가에 얽힌 다음과 같은 이야기가 실려 있습니다.

1948년경에 작사자 '이호운 목사님'이 미국으로 유학을 간지 1개월 만에 박재훈에게 보낸 편지 중에 이 가사가 들어 있었습니다. 이 가사를 받아든 박재훈의 가슴 속에는 '수천 억 불의 광맥이 들어 있는 금광을 발견한 것 같은 기쁨과 감사가 영혼에 파도치는 것을 느끼며, 단숨에 어렵지 않게 작곡할 수 있었다'고 합니다.

인간에게는 누구나 추구하는 기본적인 욕구들이 있습니다. ① 애정의 욕구, ② 안정감의 욕구, ③ 자존심의 욕구, ④ 권력에의 욕구, ⑤ 명예에의 욕구가 그것입니다. 이 욕구를 쟁취하기 위해 부단히 투쟁해 나아갑니다.

강원도 영월의 쌍룡리 마을에는 이런 전설이 있습니다. 두 마리의 용이 등천을 준비하며 1천 년을 기다리며 수행을 해왔습니다. 그런데 등천을 코앞에 둔 때에, 입에 물고 등천해야 할 여의주는 정작 한 개만 내려왔습니다. 그 기회를 놓치면, 앞으로 1천 년을 더 기다려야 하는 순간이었습니다. 이때, 두 마리의 용은 여의주 하나를 놓고 서로 차지하려고 으르렁거리지 않았습니다. 두 마리가 다 욕심을 버리고, 일시에 상대에게 여의주를 양보했습니다. 하늘에서 하느님이 이들의 모습을 내려다보시고, 매우 가상히 여겨 또 하나의 여의주를 내려 주었습니다. 마침내, 이들 두 마리 용은 같이 등천하게 되었다는 전설입니다. 이 얼마나 아름다운 광경입니까?

《노자》에는 "공을 세우고는 거기에 머물지 마라(功成而弗居공성이불거), 공을 이루고 몸을 물리는 것(功遂身退공수신퇴)은 하느님이 내리신 길이니라(天之道也천지도야)"고 했습니다.

공은 세우고 자리를 서로 차지하려는 마음은 시기와 질투, 분쟁을 일으킵니다. 요즈음의 선거(選擧) 풍경을 보면서 '공성불거'의 교훈을 생각해 보았습니다.

....
- 功: 공적 공 / ■ 遂: 이룰 수 / ■ 身: 몸 신 / ■ 退: 물러갈 퇴

과유불급

過猶不及

지나친 것은 오히려 좋지 않다

"아무 일에든지 다툼이나 허영으로 하지 말고"
〈빌립보 2:3〉

　우리의 일상생활에서 중용과 평상심을 갖는 것은 매우 중요한 일입니다. 밥도 너무 많이 먹으면 배탈이 나고, 체중도 너무 많이 나가면 건강에 좋지 않습니다. 운동도 너무 열중하면 오히려 독이 됩니다. 그래서 유명한 운동선수 중에는 의외로 잔병치레가 많다고 합니다. 박치기 한 방으로 프로 레슬링계를 석권했던 '김일'은 '평생에 가장 하기 싫었던 것이 박치기였다'고 회고했습니다. 관객들은 자신의 박치기 한 방으로 거구들이 나가 떨어지는 장면을 보며 환호성을 지르지만, 정작 들이받는 자신은 골이 뽀개지듯 어찌나 아픈지 형언할 수 없어서, 박치기가 제일 싫었다고 했습니다.

　'퇴계 이황' 선생은 서른넷의 나이에 벼슬길에 나아갔지만, 열 한 번이나 귀거래(歸去來)를 했습니다. 그랬기에 '퇴계'가 낙향을 이행할 때마다 그를 흠모하는 흰 옷을 입은 백성들이 '한강 둑'을 가득 메웠기 때문에 그의 낙향을 '백파(白波)를 가른다'고 표현했습니다. 박수칠 때 떠나라는 말도 같은 뜻의 말입니다.

전남 영광의 '대모산'에는 '쌀이 나오는 구멍'이라는 조그마한 구멍이 있습니다. 한 사람이 가면 1인분의 쌀이 나오고, 두 사람이 가면 2인분이 나오고, 세 사람이 가면 3인분이 나왔습니다. 그런데 어느 날 욕심쟁이가 가서 보고 '구멍이 너무 작아서 못 쓰겠다'고 작대기로 '쌀 구멍'을 들쑤셔서 구멍을 크게 하였더니 그 후로는 썩은 쌀이 나왔다고 합니다.

탐욕은 오히려 재앙입니다. 지나치면 오히려 화가 됩니다.

....
■ 過: 지날 과, 허물 과 / ■ 猶: 오히려 유 / ■ 不: 아니 불 / ■ 及: 미칠 급

관간용결

寬簡勇決

|

너그럽고 단순하며 용감하고 결단력 있게!

"긍휼과 자비와 겸손과 온유와 오래 참음을 옷 입고, 누가 누구에게
불만이 있거든 서로 용납하여 피차 용서하되."
〈골로새서 3:12〉

'관(寬)·간(簡)·용(勇)·결(決)'은 《십팔사략(十八史略)》에 나오는 말입니다. '관간(寬簡)'은 당(唐)나라 고조(高祖) 이연(李淵)의 성품을, '용결(勇決)'은 당 태종 이세민(李世民)의 성품을 묘사한 내용입니다. 당 태종 '이세민'의 성품이 이러하여 많은 사람이 그를 추종했다고 합니다.

'닉슨' 대통령은 '위대한 지도자'의 성품을 그의 회고록에서 말했습니다. ① 넓은 포용력. ② 뜨거운 열정. ③ 두둑한 배짱. ④ 과감한 결단력. ⑤ 탁월한 식견을 들었습니다.

만주 명동촌의 '김약연' 목사는 《맹자》를 10,000번 이상 읽은 대학자입니다. 그는 예수를 영접하고 함경북도 회령, 종성에 거주하는 대소가(大小家) 식솔 141명을 인솔하여 북간도로 집단 이주했습니다. 그는 총 600만 평의 땅을 구입하고 4-5만 평의 땅을 개간하여 마을과 교회와 학교를 세웠습니다. '동쪽을 밝힌다'는 뜻의 명동마을, 명동학교, 명동교회를 세우고, 일제 강점기로 나라 잃은 백성에게 민족의식을 일깨웠습니다.

그는 1년 농사의 전부를 독립운동 자금으로 내어 놓았으며, 1917년 초

부터 독립운동 기관지인 '자유의 종'을 발간하여 청년들을 모아서 충열대(결사대), 단지동맹, 애국부인회 등 독립단체를 결성하여 나라 찾기 운동을 전개했습니다. 김약연은 학교에서 성경을 가르치면서 '자유와 신앙'을 가르쳤으며, 여성 차별로 이름이 없던 여인들에게 앞장서서 이름을 지어 주기도 했습니다. 그래서 만주인들은 너나 할 것 없이 그를 '북간도 지도자의 대명사'라고 부르며 따랐습니다. 그는 '하늘과 바람과 별과 시'의 시인 '윤동주'의 외삼촌입니다.

'관(寬)·간(簡)·용(勇)·결(決)', 그는 너그럽고 단순하고 용감하고 결단력 있게 사신 분이었습니다.

- 寬: 너그러울 관 / ■ 勇: 용감할 용 / ■ 決: 결정할 결
- 簡: ① 편지 간, ② 대쪽 간, ③ 가릴 간, ④ 쉬울 간, 간략할 간.

관풍망운

觀風望雲

|

풍세를 살피며 구름만 바라보는 자

"풍세를 살펴보는 자는 파종하지 못할 것이요,
구름만 바라보는 자는 거두지 못하리라."
〈전도서 11:4〉

예부터 내려오는 천기(天機) 관측법 몇 가지를 소개하면 이렇습니다. ① 아침노을이 지면 날씨가 궂고, 저녁노을이 지면 그 다음날의 날씨가 좋다. ② 새벽안개가 짙으면 날이 맑다. ③ 이슬이 많이 맺히면 날씨가 맑다. ④ 낙엽이 빠르면 겨울이 빨리 온다. ⑤ 한로(寒露)가 되면 북서계절풍이 불면서 하늘이 높아지고 전형적인 가을 날씨가 나타난다. ⑥ 구름이 높으면 비가 오지 않는다. ⑦ 아침에 솜털구름이 나타나면 소나기가 온다. ⑧ 번개가 잦으면 풍년이 든다. 오늘의 과학으로도 번개가 치면 공중에 질산과 아질산가스가 생성되어 비와 함께 떨어져 벼의 성장을 돕는 것으로 분석되고 있습니다. ⑨ 연기가 집밖으로 잘 빠지지 않으면 비가 온다. ⑩ 처서에 비가 오면 흉년이 든다. ⑪ 고니가 나무 끝에 집을 지으면 홍수가 난다. ⑫ 초봄 갑(甲)날에 비가 오면 홍수가 난다. ⑬ 게가 많이 번식하는 해에는 홍수가 있다. ⑭ 개구리가 집 안에 들어오면 홍수가 난다. ⑮ 가뭄 때 달 부근에 별이 가까이 있으면 3일 후에 비가 온다. ⑯ 음력 1월 15일 보름달이 붉으면 가뭄이 들고, 흐리면 홍수가 든다. ⑰ 음력 5월 10일에는 태종

우(太宗雨), 6월 29일에는 진주에 남강우(南江雨), 7월 1일엔 제주에 광해우(光海雨)가 내린다. ⑱ 겨울에 눈이 많이 오면 풍년이 든다. ⑲ 아침 무지개는 비, 저녁 무지개는 맑을 징조다. ⑳ 달무리가 지면 비가 온다. ㉑ 제비가 낮게 날면 비가 온다. ㉒ 쌓인 눈을 밟아 뽀드득 소리가 나면 추워진다. ㉓ 별이 깜빡이면 비가 온다. ㉔ 산이 가깝게 보이면 비가 온다. ㉕ 거미줄에 이슬이 맺히면 날씨가 갠다. ㉖ 개구리가 울면 비가 온다. ㉗ 아기가 투레질을 자주하면 비가 온다.

지금은 문명이 매우 발달하여 손바닥에 있는 휴대전화로 일기예보를 상세히 알 수 있습니다. 그런데 수십 년 전만 해도 수천 년 내려온 경험과 역학의 원리로 일기를 예측했습니다.

강풍이 예측되는 날에는 배를 출항시키지 않았고, 날이 흐리면 장을 담그지 않았으며, 길일(吉日)을 정하여 혼례일을 잡았고, 소풍도 비가 오지 않는 날로 택일했습니다. '관천망기(觀天望氣)'라고 합니다.

옛 서당에서는 훈장으로부터 '해 뜨는 시간 측정법'과 '물 때보는 법'을 배워서 생활에 유용하게 이용하였습니다. 그런데 이러한 '천기관측법'이 근래에는 환경오염의 영향으로 맞지 않는 경우가 많아졌습니다.

성경은 말합니다. "풍세(風勢)를 살펴보는 자는 파종하지 못할 것이요, 구름만 바라보는 자는 거두지 못하리라."

〈오세도 목사〉

....
- 觀: 볼 관 / ■ 風: 바람 풍 / ■ 望: 바라볼 망 / ■ 雲: 구름 운
- 法: 법 법

교병필패

驕兵必敗

|

교만한 군대는 반드시 패한다

"교만은 패망의 선봉이요 넘어짐의 앞잡이니라."
〈잠언 16:18〉

'공자'의 어릴 적 친구인 '원양(原壤)'은 거만을 떠는 사람이었습니다. 어느 날 공자가 원양에게 "너는 어려서는 공손하지 못하고(幼而不孫弟), 커서는 칭찬받을만한 일도 못하더니(長而無述焉), 늙어서는 죽지도 않네(老而不死)!"라고 질책하면서, 지팡이로 정강이를 툭툭 치면서 "이런 놈이 바로 도둑이다!"라고 질타했습니다. (《논어》·〈헌문편〉)

'교병필패(驕兵必敗)'는 《한서(漢書)》·〈위상전(魏相傳)〉에 나오는 말입니다. 기원전 68년, 전한(前漢)의 '선제(宣帝)'가 서역의 거사국(車師國)을 치려고 공격명령을 내렸을 때, 승상인 '위상(魏相)'이 말했습니다. "난국을 구하고 폭군을 죽이는 전투는 의병(義兵), 적의 침공에 부득이하게 싸우는 것은 응병(應兵), 사소한 일로 다투다 분하여 싸우는 것은 분병(忿兵), 소유가 탐나서 싸우는 것은 탐병(貪兵)이라고 합니다. 이렇게 되면 나라가 문란해집니다. 그리고 승리에 도취되어 싸우는 것은 교병(驕兵)이라 하는데, 군사가 교만하면 필패(必敗)합니다. 이것은 인사(人事)일 뿐 아니라 하늘의 도(天道)입니다." '선제'는 이 말에 크게 깨닫고 파병을 취소했습니다.

마음이 고거(高擧)하여 자기 자신을 너무 믿고 남을 능멸하는 것을 '만

(慢)'이라고 말합니다. 불가(佛家)의 '4만(四慢)'은 ① 증상만(增上慢), 곧 깨닫지(證得) 못했는데도, 자기는 이미 도를 통했다며 깨달은 척 하는 것. ② 비하만(卑下慢) 또는 비열만(卑劣慢), 남보다 훨씬 못한[劣] 것을 자기는 조금 못하다[劣]고 생각하는 것. ③ 아만(我慢), 아유(我有)와 아소유(我所有)가 있다고 집착하여 마음에 잘난 척 하는 것. ④ 사만(邪慢), 아무 덕이 없는 사람이 덕이 있다고 잘난 척하는 자만하는 마음입니다.

그리스도교에서는 '교만'을 이렇게 말합니다. ① 하나님에 대한 불신행위(不信行爲). ② 선(善)이 자기로부터 나온다고 생각하여 하나님께 돌리지 않는 것. ③ 선(善)이 하나님으로부터 나오는 것임을 알면서도 그것을 자신의 공적으로 돌리는 일. ④ 소유하고 있지 않은 것을 자랑하는 것. ⑤ 이웃에 대한 경멸 등입니다.

'교만의 죄'는 하나님에게서 추방되는 죄입니다. 질투는 남을 잃게 하고, 분노는 자신을 잃게 하지만, 교만은 하나님을 상실합니다. '토마스 아퀴나스'는 '교만은 모든 죄의 어미'라고 했습니다.

직장에서 가장 정이 안가는 부하직원에 대한 조사가 있었습니다. 그 1순위는 팀워크를 무시하고 개인플레이를 잘하는 사람이고, 가장 미운 부하직원은 잘난 체하는 사람이라고 합니다.

누구든지 첫째가 되고자 하면, 뭇 사람의 끝이 되십시오(마가복음 9:34).

선거에서 고개를 들면 그 순간 집니다.

- 驕: 교만할 교 / ■ 兵: 군사 병 / ■ 必: 반드시 필 / ■ 敗: 패할 패
- 慢: 오만할 만 /

구즉득지
求則得之
|
구하면 얻으리라

"구하라, 그리하면 너희에게 주실 것이요"
〈마태복음 7:7〉

〈마태복음〉의 이 구절과 비슷한 내용이 《맹자》에도 나옵니다. 즉, "구하면 얻고, 버리면 잃게 된다(求則得之구즉득지 舍則失之사즉실지)"는 말입니다. (《맹자》·〈진심장구 상〉)

근래에 젊은이들에게 널리 읽히는 《송가네 공부법》이라는 책이 있습니다. 이 책의 저자인 '송하성 교수'는 어릴 때 공부를 잘 하지 못해서, 그의 부모가 속삭이듯이 '저 애는 머리가 둔해서 공부도 잘 못하고 걱정이라'는 말을 듣고 자랐습니다. 그런데 고등학생 시절 교회 근처로 이사를 간 것이 그의 인생을 바꾸어 놓았습니다.

이사한 집 근처에 마침 교회가 있었는데, 교회에서 들리는 찬송 소리에 끌려서 호기심으로 교회를 처음 찾아 간 날, 그는 목사님의 설교에 감명을 받았습니다. 그리고 그 날 들었던 말씀을 표어로 삼고 살았습니다. "구하라, 주실 것이요. 찾으라, 찾아낼 것이요, 문을 두드리라, 그러면 열릴 것이다!"라는 말씀이었습니다. 또, '요셉'의 이야기를 통하여 '사람은 꿈만큼 큰다'는 말씀을 듣고 큰 감명을 받았습니다. 그는 그 즉시 기도하면서 공부하고, 공부하면서 기도하는 일을 실천하였습니다.

그는 **평소에 학년 전체에서 80등에서 120등의 성적을 받던 평범한 소년**이었습니다. 그런데 그가 확고한 결심을 한 후에는 공부에 맛이 들기 시작하여, 불과 1년 만에 전체에서 1등을 하는 놀라운 성과를 얻었습니다.

그의 공부법은 이렇습니다. '① 신앙을 통한 인생관의 변화. ② 뚜렷한 목표. 목표는 부담스럽지 않도록 쉽게 세울 것. ③ 구체적인 실천계획안 수립. ④ 끈질긴 인내' 등입니다. 그는 이러한 내용들을 행동화했습니다.

꿈이 있으면 생각이 바뀌고, 생각이 바뀌면 행동이 바뀌고, 행동이 바뀌면 습관이 바뀌고, 습관이 바뀌면 운명이 바뀌고, 인생이 바뀝니다. 그 결과 본인은 청와대 경제비서관을 거쳐 대학의 교수가 되었고, 그의 형제와 자식들은 모두 행정고시와 사법고시에 5명이 합격하여 사회에 봉사하고 있고 있습니다.

"구하라. 그리하면 너희에게 주실 것이요, 찾으라. 그리하면 찾아낼 것이요. 문을 두드리라. 그리하면 너희에게 열릴 것이니라."

- 求: 구할 구 / ▪ 則: 곧 즉 / ▪ 得: 얻을 득 / ▪ 之: 갈 지, 그것 지(대명사)

금수오덕

禽獸五德

|

동물에게도 충(忠)·효(孝)·은(恩)·예(禮)·절(節),
5덕(五德)이 있다

"사자의 몸에 벌 떼와 꿀이 있는지라.
손으로 그 꿀을 떠서 걸어가며 먹고"
〈사사기 14:8b~9a〉

《동몽선습》 첫머리에는 '천지만물 중에서 사람이 가장 귀한데, 그것은 오륜(五倫)이 있기 때문이라'고 했습니다. 따라서 '사람이 오륜을 모르면 그는 금수(禽獸)와 거리가 멀지 않다(人而不知有五常인이부지유오상 則其違禽獸不遠矣즉기위금수불원의)'고 했습니다.

옛 사회에서는 '개도 오륜을 지킨다'는 '개 오륜[犬五倫]'을 말하고, '닭에게는 5덕(五德)이 있다'고 '계유오덕(鷄有五德)'을 말했습니다.

'기러기'는 '신(信)·예(禮)·절(節)'이 있습니다. '철을 따라서 어김없이 오고가니 신(信)이요, 질서 있게 날아가는 것은 예(禮)요, 짝을 잃으면 다시 짝을 찾지 않으니 절(節)'이라고 합니다.

'매미'에게도 '문(文)·청(淸)·염(廉)·검(儉)·신(信)', '5덕(五德)'이 있습니다. '머리 모양은 문(文), 맑은 이슬을 먹고 사니 청(淸), 곡식을 해치지 않으니 염(廉), 살 집을 짓지 않으니 검(儉), 철에 맞게 오가니 신(信)의 덕'이 있습니다. 그래서 한나라 때에는 고관들이 관(冠)을 표범꼬리와 매미무늬로 장식하였고, 이 관을 선관(蟬冠)이라 칭하며 관리의 고결함을 매미에 비유했습니다.

왕비가 입는 예복을 '적의(翟衣)'라고 합니다. '적의'에는 꿩[翟적] 무늬가 9층으로 수놓아져 있습니다. 꿩은 청·백·황·흑·홍의 5가지 색을 두루 갖춘 화려한 새입니다. 청·백·황·흑·홍 5색(色)은 오행(五行)과 '인의예지신(仁義禮智信)'의 오상(五常)을 나타내는 뜻이 있으므로, 왕비는 5색(色) 5상(常)을 두루 갖춘 후덕한 여성이어야 한다는 뜻입니다.

식물인 민들레에게도 '인(忍)·견(堅)·예(禮)·정(情)·용(勇)'의 다섯 가지 덕(德)이 있습니다. 감나무는 5절(絶)과 5상(常)이 있습니다. ① 몇 백 년 수령이니 수(壽)요, ② 새가 깃들이지 않으니 무조소(無鳥巢)이며. ③ 벌레가 꼬이지 않으니 무충(無虫)이며, ④ 열매 달기가 더한 없으니 가실(嘉實)이고, ⑤ 나무가 단단하니 목견(木堅)입니다.

동물에게는 충(忠)·효(孝)·은(恩)·예(禮)·절(節)의 다섯 가지 덕(德)을 부여했습니다. ① '벌'은 부지런히 난초 꿀을 모아서 맨 먼저 여왕벌에게 진상을 하니, 이것은 '충(忠)'이고, ② '염소'는 어미젖을 빨 때 반드시 무릎을 꿇으니, 이는 '효(孝)'의 행위이며, ③ '제비'는 한 집에 3년 동안 돌아와 살게 되면, 죽은 사람도 살려낸다는 '반혼석(返魂石)'을 가져다 보답한다고 하여 '은(恩)'이라 하며, ④ '수달'은 물고기를 잡으면 반드시 제사를 먼저 지내고 자기가 먹기 시작한다고 하여 '예(禮)'라 하였고, ⑤ 원앙새는 한 남편만을 섬긴다 하여 '절(節)'이라고 했습니다.

오늘날 세상이 변하여 인륜의 질서가 무너지고 혼탁한 세태를 보며 동식물에게도 부여했던 덕(德)의 행태에 대해 생각해 보았습니다.

──────────────────────────────

■ 禽: 새 금 / ■ 獸: 짐승 수 / ■ 德: 큰 덕 / ■ 節: 마디 절, 절개 절.

금운서성

琴韻書聲

|

비파의 음률과 글 읽는 소리,
찬송하고 말씀을 읽고

"시를 읊으며 소고를 치고 아름다운 수금에 비파를 아우를지어다."

〈시편 81:2〉

《삼국사기》에 이런 기사가 있습니다. 진(晉)나라가 고구려에 악기 한 틀을 보냈습니다. 아무도 소리를 낼 줄 모르던 차에 '왕산악'이 그 제도를 대폭 뜯어고쳐서 100여 곡을 지어서 연주했더니 검은 학이 날아와 너울너울 춤을 추었다고 합니다. 그래서 이 악기의 이름을 '현학금(玄鶴琴)'이라 하였다가, 후에는 '학(鶴)' 자를 빼고, '현금(玄琴)'이라고 불렀습니다. 진나라의 악기는 7현금이었는데, 왕산악(王山岳)은 6현금으로 개조했습니다.

《삼국사기》에는 또 가야국의 '가실왕(嘉實王)'이 '가야금'을 만든 기록도 있습니다. 가야국이 멸망한 뒤 '우륵'은 신라로 망명하여 제자들을 가르쳤습니다. 가야금과 거문고는 음의 색깔이 달라서, 가야금이 여성적이라면 거문고는 깊고 무게 있는 남성적 악기로 평가합니다.

유럽의 금(琴)인 '리라(Lyra)'는 '오르페우스'가 처음 만들었다고 합니다. 오르페우스는 '아폴론'에게서 리라 연주를 배웠습니다. 오르페우스는 아내 '에우리디케'를 저승에서 데려오기 위해 저승의 왕 '하데스'에게 리라 연주를 들려주었습니다. 이승에 이르기 전에는 결코 뒤를 돌아보지 말라고 신신 당부했는데, 이 금기를 어겨서 아내를 이승으로 데려오는 데는 실패했습니다. 그로 인하여 실의에 빠진 '오르페우스'는 죽어서 하늘의 별자리가 되었습니다. 이것이 바로 '거문고자리(Lyra)'의 신화입니다.

'양금(洋琴)'은 '서양 현악기'라는 뜻의 한자말입니다. 이탈리아에서 처음으로 만들었는데 우리나라에는 18세기 무렵, 청나라를 통해 전래되었습니다. '마테오 리치'가 중국에 선교하러 왔을 때 들여왔으며, 조선 '영조' 때 조선에 들어왔습니다. '연암 박지원'은 양금을 '철현금(鐵絃琴)'이라고 불렀는데, 1772년 '홍대용'의 집에서 처음 보았다고 합니다. 이것은 유럽의 '덜시머(Dulcimer)'라는 악기라고 전해집니다.

유교의 교조 '공자'도 풍류(風流)를 즐겼습니다. 공자 문하에서는 '예(禮)·악(樂)·사(射)·어(御)·서(書)·수(數)' 등 '육예(六藝)'를 가르쳤습니다.

옛 어른들은 집안이 평화로우려면 세 가지 소리가 그치지 않아야 한다고 했습니다. 첫째는 어린애 울음소리. 둘째는 베 짜는 소리. 셋째는 선비의 글 읽는 소리였습니다. 조선의 선비들은 왼손에는 가야금, 오른손에는 책을 들고 이성(理性)이 곤비할 때 감성으로 달랬습니다. '좌금우서(左琴右書)'입니다. '시무언(是無言) 이용도 목사'는 분망한 중에서도 틈나는 대로 가야금으로 마음을 달랬습니다. 구약성경 시편에서는 다윗 임금이 수금을 치며 주를 찬미했습니다.

〈시편〉 135편에는 하나님을 찬양해야할 이유를 서너 가지로 말했습니다. ① 하나님의 선하신 은혜, ② 자연의 묘한 조화를 이루어주시는 하나님의 활동, ③ 역사 속에서 이스라엘을 구원하시는 구원사건을 찬양했습니다.

비파소리 들으면서 독경하며 공부하는 풍경, 말씀으로 무장하고 찬송하는 모습은 경건한 삶의 한 모본입니다.

──────────────────────────────

■ 琴: 비파 금 / ■ 韻: 운치 운 / ■ 書: 글 서 / ■ 聲: 소리 성

기독교

基督敎

|

그리스도교

"제자들이 안디옥에서 비로소 그리스도인이라 일컬음을 받게 되었더라."
〈사도행전 11:26〉

'기독교(基督敎)', 이 말은 잘못된 용어입니다. 그 연유를 살펴보면 이렇습니다.

'기독(基督)'은 '그리스도'를 한자로 음역한 '기리사독(基利斯督)'의 줄임말입니다. '기리사독(基利斯督)'은 17세기에 가톨릭에서 이미 사용했던 말입니다. 1805년, 개신교 중국 최초의 선교사인 '로버트 모리슨'은 중국선교를 준비하며 대영박물관에서 가톨릭 선교사의 저서 '사사유(四史攸) 편, 야소기리사독(耶蘇基利斯督) 복음지회(福音之會)'[Evangelia Quatuor Sinice]라는 것을 보았습니다. 개신교의 기록은 영국 침신회(浸神會) 선교사 '마수만(馬殊曼, Joshua Marshman, 구약번역)'과 '살랍이(撒拉爾, 신약번역)'가 번역한 《신구약전서》(새란파차회塞蘭坡差會 출판사, 문리文理, 1822년)에서 '기리사독(基利斯督)'을 사용했습니다.

중국인 최초의 개신교 목사인 '양발(梁發, 1789-1855)'은 그의 저술에서 '기독(基督)'과 '기리사독(基利斯督)' 두 용어를 번갈아 사용했습니다. (오상상吳相湘 주편主編,《勸世良言권세양언》). 이로 보아 '양발'의 때에도 아직 이 용어가 하나로 정리되지 않았음을 볼 수 있습니다.

1830년 대, 양발의 저술 《권세양언(勸世良言)》을 읽고 '태평천국'을 세웠던 '홍수전(洪秀全)'의 문헌에서는 '그리스도교'를 표기할 때에 '극력사교(克力斯敎)'를 사용하였지만, 때로는 '기독(基督)'이라고 쓰기도 했습니다. 이때까지도 여전히 이 용어가 정착되지 못하다가, 태평천국 후기에는 '기리사독'보다 '기독'으로 쓰이는 예가 많아졌습니다.

이렇게 말도 되지 않는 약칭 '기독'이 쓰이게 된 연유에 대한 명해가 없지만, 아마도 '기독(基督)'이 '기리사독'보다 쓰기에 편리해서 그리 했을 것이라고 추정해 봅니다. 이러한 '기독'이란 용어를 별다른 검증이나 의구심도 없이 중국의 교회에서 관습처럼 쓰이던 것을 한국 교회도 그 초기에서부터 그냥 관행처럼 쓰기 시작하여 오늘에 이르기까지 굳어져 통용되고 있습니다.

'기독(基督)'은 '그리스도'의 한자어 음역인 '기리사독(基利斯督, 그리스도)'에서 중간의 두 글자 '利斯(리사)'를 빼버린 반쪽짜리 용어입니다. 말하자면, '그리스도'가 '그도(基督)'가 된 것입니다. 이는 마치, 오늘날에 유행하는 '베프(베스트 프렌드)', '멘붕(멘탈 붕괴)', '엘베(엘리베이터)' 등과 비슷한(?) 용법이라 할 수 있습니다.

이처럼 '기독'이란 말이 반쪽짜리 용어이긴 하지만, 그렇다고 해서 갑자기 '기독'은 틀렸으니, '기리사독(基利斯督)'으로 고치자고 고집하기도 쉽지 않은 일입니다. 따라서 이왕 이렇게 고착된 반쪽짜리 용어는 그대로 놔두고, 앞으로는 가급적 온전한 용어인 '그리스도'를 적극 사용하기를 제언합니다.

....

- 基: 터 기 / ■ 督: 거느릴 독 / ■ 敎: 가르칠 교

기독교(그리스도교)의 주요건물과 풍수지리설

"나를 데리고 이스라엘 땅에 이르러 나를 매우 높은 산 위에 내려놓으시는데 거기에서 남으로 향하여 성읍 형상 같은 것이 있더라."

〈에스겔 40:2〉

'풍수지리설'은 동양의 고전지리학입니다. 풍수지리설에는 자연의 형세를 그대로 이용하는 '형가술(形家術)'이 있고, 또 하나는 음양가의 역술(易術) 이론을 적용하여 관산(觀山)하는 '이기법(理氣法)'이 있습니다. 형가술은 오늘날 생태학과 관련지어 연구하여 오늘날의 환경 문제에 도움이 되고 있으나, 법가술은 음양오행의 이론이 적용되어 그리스도교에서는 미신적 술법으로 취급되고 있습니다.

그런데 그리스도교의 한국 전래 초기의 대표적인 건물인 정동제일교회(감리교), 새문안교회(장로교), 종교교회(감리교)와 옛 배재학당, 연세대학교, 배화여대 등의 건물들은 그 좌향(坐向)이 풍수지리설의 이기법의 패철(佩鐵) 적용과 정확히 일치하고 있습니다.

풍수지리설의 패철 보는 이론은 매우 난해한 술법이어서 웬만한 지리가(地理家)도 그 해석과 적용이 쉽지 않은 술법입니다. 그 대충의 요점을 말하면 이렇습니다. 패철(佩鐵)의 좌향(坐向)에는 이런 뜻이 있습니다.

① 자(子), 오(午), 묘(卯), 유(酉) 좌향(坐向)은 벼슬길의 출세 여부, ② 진(辰), 술(戌), 축(丑), 미(未) 좌향(坐向)은 재물의 부요(富饒) 여부[商權상권]. ③ 인(寅), 신(申), 사(巳), 해(亥)는 자손의 번창 여부를 판별합니다.

그런데 정동의 배재학당 옛 건물들과 종교교회, 새문안교회, 배화여대 등의 오래 된 건물들은 하나 같이 출세하는 좌향(坐向)인 자좌오향(子坐午向)에 배치되어 있고, 정동제일교회 문화재예배당은 자손이 번성하는 좌향인 곤좌간(坤坐艮向), 연세대학교의 대부분의 건물들은 상권(商權)이 발달하는 좌향에 놓여 있습니다. 대학원 교사(校舍, 1919년 건축)는 술좌진향(戌坐辰向), 대학 본관(언더우드관, 1921년)은 축좌미향(丑坐未向), 신과대학(아펜젤러관, 1921년)은 을좌신향, 연합신학대학원은 술좌진향(戌坐辰向)이며, 게다가, 예배를 드리는 루즈 채플(1974년)도 상권이 발달하여 재물이 번성하는 을좌신향(乙坐辛向)에 배치되어 있습니다.

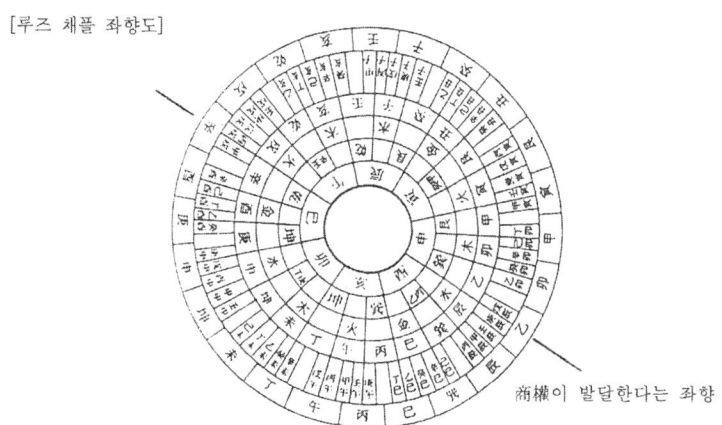

[루즈 채플 좌향도]

商權이 발달한다는 좌향

한국에서 그리스도교의 대표적인 초기 건물들의 좌향(坐向)이 미신으로 배격해 온 풍수지리설의 좌향에 일치하고 있다는 사실은 주목할 만한 매우 흥미로운 이야기꺼리입니다.

기산즉멸

氣散則滅

|

기가 흩어지면 물체는 사라진다
- '입관예배'는 왜 드리는가? -

"너희와 우리 사이에 큰 구렁텅이가 놓여 있어 여기서
너희에게 건너가고자 하되 갈 수 없고 거기서
우리에게 건너올 수도 없게 하였느니라."

〈누가복음 16:26〉

한국 개신교의 '상·장례(喪·葬禮)' 의식(儀式)은 이미 매우 깊숙이 토착화되어 있는 의례입니다. 현재 우리가 사용하고 있는 한국 개신교회의 '상·장례' 예문에는 '입관예배'라는 별도의 예문이 있어서 현장에서 그대로 시행하고 있습니다. 그런데 서구 그리스도교의 예문에는 그런 유(類)의 예문이 아예 없습니다. 한국에서의 상·장례의 절차는 대체로 유교적 얼개와 골격을 유지하면서 제물(祭物)을 차리고 절하는 일 등의 이교적인 요소는 배제하고, 중요절목에서 찬송하고 기도하는 예배순서로 진행하고 있습니다. 이러한 의례는 그리스도교회가 한국에 전래된 초기 때부터 별다른 검증이나 비판 없이 자연스럽게 습합되어 시행되던 것이 고착화된 것입니다.

중국 고대의 하(夏)·은(殷)·주(周) 시대에서 기원한 의례는 오랜 세월 여러 번의 정리를 거쳐, 고려 말에 주자학자들이 《주자가례(朱子家禮)》를 도입하며 가묘(家廟)를 세워 조상을 섬겼고, 조선에서는 《국조오례의(國朝五禮儀)》(1475년)와 《경국대전》(1485년)에 '관혼상제(冠婚喪祭)' 규정도 삽입하여 지키도록 했습니다. '상례(喪禮)'의 절차 중에서 습(襲, 시신 목욕), 소렴(小殮, 수의 입히는 것), 대렴(大殮, 입관)을 중히 여긴 데에는 특별한 이유가 있습니다. 이 절차는 유교철학의 '혼·백(魂·魄) 인간구조론'을 이해하여야 그 상·제례의 의례를 제대로 이해할 수 있습니다. 유교철학에서는 인간은 물론 만물의 생몰(生沒)을 기(氣)의 응취소산(凝聚消散)에 의한 것으로 봅니다. '주자'는 "생(生)이란 기가 모이고 혼백이 결합하는 것이며, 죽음이란 기가 흩어지고 혼백이 분리되는 것이라(氣聚則生기취즉생, 氣散則死기산즉사)"고 했습니다. '백(魄, 지기)'은 뼈와 형체를, '혼(魂, 천기)'은 정신세계를 형성하는 구성요소입니다. 혼은 천기(天氣)로 부터 오며, 백은 지기(地氣)로써 부정모혈(父精母血)에서 온다고 봅니다.

'입관의례'는 인간을 구성하고 있던 혼과 백이 제각기 자기 귀처(歸處)로 갈라져 이산(離散)하는 절차입니다. 혼(魂)은 그 천기(天氣)[사당, 신주]로 돌아가고, 백(魄, 시신)은 관속에 입관되어 본래의 기인 지기(地氣), 곧 땅으로 돌아갑니다[魂昇魄降혼승백강]. 그래서 시신을 관에 넣기 전에는 관(棺)이라 하고, 백(魄, 시신)을 입관한 후에는 구(柩)라고 구분해서 칭합니다. 이와 같이 대렴(입관)을 중히 여기던 전통의례의 습속이 면밀한 검토도 없이 그리스도교의 의례형성에 습합(習合)되어서 그리스도교의 '상·장례(喪·葬禮)' 의례에서 '입관예배'를 시행하고 있는 것입니다.

입관에서 분리된 무덤 속의 '혼백'의 잔존 기간을 대략 100년(4대四代) 정도로 추정하여 사대봉사(四代奉祀)를 시행하는 것입니다. 혼백은 4대(100년) 정도 지나면 촛불이 다 타면 소진되듯이 그렇게 소멸된다고 봅니다.

그리스도교의 기본 신앙에는 관이나 무덤숭배사상이 없습니다. 그렇지만 그리스도교의 의례에서 시행되고 있는 유교의 전통의례와 습합되어 굳어진 그리스도교의 입관예배에 대해 생각해 보았습니다.

....
■ 氣: 기운 기 / ■ 散: 흩어질 산 / ■ 則: 곧 즉 / ■ 滅: 멸할 멸.

끽인지교

喫人之敎

사람을 잡아먹는 종교

"율법 조문은 죽이는 것이요, 영은 살리는 것이니라."
〈고린도후서 3:6〉

주흥사(周興嗣)《천자문》에는 "예별존비(禮別尊卑)"라는 구절이 있습니다. '예(禮)는 신분이 높고 낮은 것을 차별(구별)하는 것이라'는 말입니다.

예(禮)는 단순한 윤리학이나 도덕률이 아니라 나라를 다스리는 치세(治世)의 종교적 규례였습니다. 예(禮)의 영역은 학문의 영역으로는 철학, 윤리학, 정치학, 법률학, 경제학, 교육학, 심리학, 사회학, 풍속학, 역사학, 문학, 예술, 종교 등에 관련되어 있으며, 내용적인 측면에서는 인례(仁禮), 예제(禮制), 군권, 가족관계, 참정(參政), 종법, 혈통, 친소, 별애(別愛), 관혼상제, 혼인, 처첩, 정녀(貞女), 절부, 충신, 효자, 전족(纏足), 노비, 생리, 유산, 인격, 인권 등에 두루 걸쳐있습니다.

상고시대에 가례(嘉禮)가 일어난 이후. 주(周)대에는 예(禮)의 문화가 만발하였고, '공자교'는 '예교(禮敎)'라고도 부릅니다. 공자는 "귀천과 등급이 있음으로 인하여, 상하귀천의 구별이 분명해져서 백성은 겸양하게 된다"고 하였습니다. 물론 고래로부터 내려 온 유교사회에서의 예의 순기능을 우리가 미덕으로 계승해야할 덕목도 있지만, 한편 '예교'의 부정적인 얼개를 열거하면 이렇습니다. ① 신분차별의 계급주의, ② 처첩(妻妾)의 차별, ③ 적서(嫡庶)의 차별, ④ 남존여비(男尊女卑), ⑤ 관존민비(官尊民卑), ⑥ 중국 중심의 사대모화(事大慕華) 사상 등입니다.

남녀차별에 대한 부분만 보아도 이렇습니다. ① 여인은 어려서는 부형을 따르고 시집가서는 남편을 따르고 남편이 죽으면 자식을 따른다. ② 자식이 그 아내를 매우 좋아하는데 부모가 그 며느리를 기뻐하지 않을 때에는 이를 내 보내야 한다(《예기》·〈내칙〉). ③ 첩모는 아들이 이를 제사 지내지만 그 손자는 이들을 제사하지 않는다 (《예기》·〈상복소기〉). ④ 아내를 내쫓을 수도 있는 칠거지악(七去之惡) 등등 부지기수입니다.

중국 개화기의 사상가 '노신(魯迅, 1881-1936)'은 그의 《광인일기(狂人日記)》에서 이러한 '예교'는 '사람을 잡아먹는 종교(喫人之敎끽인지교)'라고 비판했습니다. "내가 역사책을 밤이 깊도록 이를 자세히 살펴보니 글자와 글자 사이에서 겨우 두 글자를 발견할 수 있었는데, 그것은 바로 '끽인(喫人)', 곧 '사람을 잡아먹는다'는 두 글자였다"고 말했습니다.

사람 위에 사람 없고, 사람 밑에 사람 없습니다.

■ 喫: 먹을 끽, 마실 끽, 당할 끽 / ■ 敎: 가르칠 교

내복의상

乃服衣裳

비로소 옷을 입기 시작했다

"이에 그들의 눈이 밝아져 자기들이 벗을 줄로 알고
무화과나무 잎을 엮어 치마로 삼았더라."

〈창세기 3:7〉

주흥사 《천자문》에는 "내복의상(乃服衣裳)"이라는 구절이 있습니다. 의복(衣服)의 유래에 대해 몇 가지 설이 있습니다. ① 추우면 몸을 감싸고, 숲속에서 다치고 찔리고 상처 나는 일을 보호하기 위한 필요에 의해서 입기 시작했다는 실용설. ② 에덴동산에서 이브와 아담이 죄를 짓고 눈이 밝아져서 자신의 벗은 모습을 보고 수치를 느껴 입었다는 수치설. ③ 간혹 원시인들도 발가벗은 몸에 요란한 색칠을 하고, 귀걸이, 발찌, 팔찌, 코걸이 등을 주렁주렁 매달고 있는 모습을 보게 됩니다. 꾸미고 싶은 본능에서 의복을 입기 시작했다고 보는 장식설(裝飾說)입니다.

《성경》〈창세기〉에 보면, 에덴동산에서 이브와 아담은 하나님이 먹지 말라고 한 선악을 알게 하는 나무의 열매를 따먹은 후 이에 눈이 밝아져서 자기들이 벗은 줄을 알고 무화과나무 잎을 엮어 치마를 만들어 입었다고 기록되어 있습니다.

중국에서는 황제(黃帝) 때에 호조(胡曹)가 처음으로 만들어 백성들에게 입게 했다고 합니다. 주전 300년경 전국시대에 조(趙)나라 무령왕(武靈王)이 말을 탈 때와 전투할 때에는 원피스 형의 통옷이 불리하다고 하여 투피스 형의 바지로 바꾸어 착용하는 조치를 취했습니다. 무령왕의 이러한 조치에 대해 오랑캐 복장을 따랐다하여 "쌍스러운 오랑캐 옷을 입을 수 없나이다!"라고 반발하여 온 나라가 발칵 뒤집혔던 일이 있습니다. 우리나라에도 이때를 전후해서 바지가 들어왔다고 합니다. 원피스에서 투피스로 복장을 바꾼 조나라의 일이 얼마나 큰 사건이었던지 《사기(史記)》는 1375자의 글자로 이 일에 대하여 기록하였습니다. 중국역사에서 그 유명한 '오·월(吳·越)'의 전투를 89자(字)로 기록한 것과 비교하면 그 사건이 얼마나 큰 파문을 일으켰던가를 알 수 있습니다.

우리나라에서 처음으로 양장(洋裝)을 입은 여인은 '윤치오'의 부인 '윤고려'라고 알려져 있습니다. 갑오경장 단발령 시행 후에는 고종의 황후 엄비도 양장을 했다고 합니다. 최초의 양장 결혼식은 1892년 이화학당 학생 황메례 양과 배재학당 학생 박 모(성명미상) 군의 예식인데, 면사포와 프록코트를 입고 신식 결혼식을 올렸다고 합니다. 1906년에 이르러 제국신문에는 사치스런 양장을 입지 말라는 기사가 실린 적도 있었습니다.

2000년 현재 우리나라에서도 중·고등학생에게 치마만 입게 하고 바지는 못 입게 하는 학교가 우리나라 전체 중·고등학교 중 76.3%인 2800여 곳에 이르렀습니다.

때마다 유행하는 옷을 보면서 '내복의상'을 상고해 보았습니다.

- 乃: 이에 내 / ■ 服: 옷 입을 복, 복종할 복, 일할 복 / ■ 衣: 옷 의
- 裳: 치마 상

노아초부

老兒肖父

늙어가는 자식 모습 어버이 얼굴 꼭 닮았네

"옛날을 기억하라. 역대의 연대를 기억하라.
네 아비에게 물어라. 그가 네게 설명할 것이요."
〈신명기 32:7〉

　감리교회의 원로목사인 '오정(梧亭) 오세승 목사'는 한학자로 명성을 날린 고(故) 백운당 오지섭 목사의 다섯째 아들입니다. 백운당은 6천 편의 한시를 비롯하여 비문, 편액, 병풍, 족자 글씨 등을 1만 여 점 필서한 한학자 목사입니다. 오정 목사는 손재능이 좋아서 드라이버 하나만 가방에 넣고 나가면 친지들의 고장 난 라디오, 시계, 텔레비전, 냉장고 등 닥치는 대로 고쳐주는 재주가 있습니다. 도장 파는 기술도 스스로 익혀 나무를 깎아 도장을 새겨 쓰곤 하였습니다. 그가 중학교 2학년 때였습니다. 학교 미술시간에 판화를 배우면서 조각도(彫刻刀)로 부친 백운당 목사공이 쓴 서예작품에 찍는 낙관(落款)에 부친의 얼굴을 새겨 드리고 싶다는 생각이 들었습니다. 그래서 판화고무에다 백운당의 얼굴을 그럴듯하게 새겨드렸습니다. 서예작품에 작가의 얼굴을 새겨 넣는 것은 흔한 일이 아니지만, 백운당은 경향 각지에 강연을 다닐 때에는, 아들 오정이 새겨준 그 낙관을 가방에 챙겨 넣고 다녔습니다. 글씨 한 점이라도 받고 싶어 하는 이들에게 밤을 지새우며 한시와 족자 글씨 등을 필서하고 오정 목사가 새겨드린 그 낙관을 찍어 남겼습니다.
　그런데 오정이 처음에 새겼던 그 낙관은 재료가 연습용 판화고무에 새긴 것이어서 얼마 지나지 않아 닳아서 못쓰게 되었습니다. 그래서 오정은 고등학생 때 다시 한 번 백운당의 얼굴을 새긴 낙관을 드렸는데, 이번에는 그 재료가 찰고무여서 이것 또한 얼마 지나지 않아 못쓰게 되었습니다. 오정은 고등학교를 졸업하고 신학을 공부하다가 입대(入隊)하여 3년을 복무하고 고향집으로 돌아왔습니다. 여전히 붓글씨를 쓰시는 부친을 뵙고 이번에는 나무도장에 부친의 얼굴을 새겨드려야겠다고 마음먹고, 나무 도장에 백운당의 얼굴을 정성껏 새겨서 부친의 생신날에 기념으로 드렸습니다. 그런데 그 때 새긴 도장에 또 문제가 있었습니다. 얼굴이 반대쪽을 바라보고 있는 모습이었습니다. 그래서 또 못쓰게 되었지만, 오정은 거기서 포기하지 않고 또 다시 네 번째 조각하는 일을 시도했습니다. 새벽녘에 일어나 마음을 가다듬고 4시간의 공을 들여 얼굴 도장을 완성하여 바쳤습니다. 백운당은 매우 흡족해하며 그 낙관을 세상을 떠나기 직전까지 즐겨 사용하였습니다.

　백운당은 오정교회에 복무하며, '백운당'이라는 당호 외에 '오정(梧亭)'이라는 별호를 몇 차례 사용한 일이 있었습니다. 아들이 중단하지 않고 네 번씩이나 당신의 얼굴 낙관을 새기는 정성에 매우 흡족해 하며 백운당 자신의 또 다른 호인 '오정(梧亭)'을 아들에게 하사했습니다. '내가 몇 번 쓰지 않은 호이니, 네가 써도 무방할 것이다'라고 하시며, 별호로 '오정(梧亭)'을 수여했습니다. 오정은 감읍하며 흐느꼈습니다. 오정 목사는 그 감회를 '낙관에 새긴 아버님 얼굴'이라는 자작시 한 수에 담았습니다.

　　　　長技彫畵印(장기조획인)　도장 새기는 특기가 있어서
　　　　屢次刻父容(누차각부용)　아버님 얼굴을 몇 차례 새겼다
　　　　忽驚見圖像(홀경견도상)　새긴 도장 보다가 짐짓 놀랐네
　　　　老兒肖父形(노아초부형)　늙어가는 내 얼굴, 아버지를 꼭 닮았네.

....
　■ 老: 늙을 로 / ■ 兒: 아이 아 / ■ 肖: 닮을 초 / ■ 父: 아비 부

다죄다은

多罪多恩

|

죄가 많은 곳에 은혜가 더 많다

"죄가 더한 곳에 은혜가 더욱 넘쳤나니"
〈로마서 5:20〉

    그리스도교(기독교)의 인간관은 '인간은 누구나 다 죄인이라'는 데서 출발합니다. 그리스도교의 인죄론(人罪論)에서는 '모든 죄는 원죄에서 기인한다'고 말합니다. '어거스틴'은 원죄에 대해 정의하기를 '태생적으로 죄를 짓지 않을 수 없음(non posse non pecarre)'이라고 했습니다.

  로마의 교황 '그레고리'는 공의회를 소집하여 인간의 허다한 모든 죄를 7가지로 정리하여 공포했습니다. '그레고리 7대죄'는 '① 교만, ② 아집, ③ 호색, ④ 분노, ⑤ 탐심, ⑥ 질투, ⑦ 태만'입니다.

  '마하트마 간디'는 1925년 인도의 한 신문에 기고한 '영 인디아(젊은 인도)'라는 글에서 '7대 죄악'을 말했습니다. '① 인격 없는 지식, ② 양심 없는 쾌락, ③ 일 없는 건강, ④ 도덕 없는 상업, ⑤ 원칙 없는 정략, ⑥ 인도(人道) 없는 과학, ⑦ 희생 없는 종교'가 그것입니다.

  '파스칼'의 《팡세》에는 두 종류의 사람이 묘사되어 있습니다. '하나는 자기를 의인이라고 생각하는 죄인과 다른 하나는 자기를 죄인이라고 생각하는 의인'입니다. 그리스도는 이러한 죄인을 구원하시려 하늘의 보좌를 버리고 사람이 되어 화육(化肉)하셨습니다. 죄에는 큰 죄와 작은 죄가 따로 구분이 없습니다. 사유함을 받지 않은 죄는 멸망에 이르게 됩니다.

필자가 아는 한 여인은 세상의 향락을 즐기며 살았습니다. 그는 중년이 되어 깊은 병마에 시달리다가 기도 중에 예수님을 만났습니다. 그는 지은 죄를 참회하며 가슴치고 회개의 기도를 드렸습니다. 다시 들려온 주의 음성이 그를 자유케 하였습니다. '너의 모든 죄를 용서하노라.' 그 후 그의 몸에서 병마가 떠나가고 질병에서 고침을 받아 새로운 인생으로 살아가고 있습니다.

'요한 웨슬리'는 이렇게 설교했습니다. '터럭만한 죄도 용서받지 못한 죄는 태산처럼 무겁지만, 태산 같은 죄도 용서받은 죄는 먼지처럼 가볍다'고 말했습니다.

죄의 결과는 고통과 죽음입니다. 죄는 죽음의 왕이요 지배자입니다. 그렇지만 죄보다 더 강한 것이 있습니다. 주님의 은혜입니다. 용서의 은총입니다.

죄가 많은 곳에는 은혜도 많습니다.

▪ 多: 많을 다 / ▪ 罪: 허물 죄 / ▪ 亦: 또 역 / ▪ 恩: 은혜 은.

단비구법

斷臂求法

|

팔뚝을 자르며 진리를 추구하다

"우리가 모든 것을 버리고 주를 좇았사온데
그런즉 우리가 무엇을 얻으리이까."
〈마태복음 19:27〉

중국 무술의 진원지인 '소림사'의 '입설정(立雪亭)'에는 '단비구법입설인(斷臂求法立雪人)'이라는 주련(柱聯) 글귀가 걸려 있습니다.

눈이 펑펑 내리는 날, 스승의 명성을 듣고 혜가(慧可)라는 청년이 찾아와서, '제자로 받아 주십시오!'라고 청했습니다. 고사(高師)는 그를 거들떠보지도 않았습니다. 청년이 물러서지 않고 며칠 동안 펑펑 눈을 맞으며 버티고 있을 때, 고사가 문을 열고 물었습니다. '그래, 왜 왔느냐?' '마음이 편치 않아서 왔습니다.' '붉은 눈이 내리면, 너를 제자로 받아 주리라.'

청년은 그 자리에서 칼을 들어 자신의 한쪽 팔을 툭 쳐서 잘라냈습니다. 피가 주르르 흐르는 곳에 흰 눈이 내려 붉게 물들었습니다.

예수의 제자 '마가'는 제사장이 되기 싫어서 자기 손가락을 잘라내고 제사장이 되지 않았던 사람입니다. 그런데 예수님을 만남으로 은혜를 입고 변화되어 모든 것을 버리고 예수를 좇았습니다. 예수님을 따라다니며 스승의 행적을 기록으로 남겼고, 예수님의 십자가 처형사건 이후에는 '바울'과

'바나바'를 따라 '안디옥'에서 선교했고, '바나바'의 고향인 '구브로'에도 가서 복음을 전했습니다. '베드로'와 '바울'이 로마에서 순교한 후에도 '마가'는 이집트에서 선교하고 알렉산드리아에도 가서 복음을 전하다가 그 역시 순교했습니다.

제사장이 되지 않으려고 손가락까지 잘랐던 '마가'는 예수님을 만난 후로는 팔뚝이 아니라 자신의 목을 내놓은 전도자의 길을 갔습니다.

구도자는 때로는 자기 팔뚝이라도 끊어내는 결단을 해야 할 때가 있습니다.

■ 斷: 끊을 단 / ■ 臂: 팔뚝 비 / ■ 求: 구할 구 / ■ 法: 법 법

당도여시

當禱如是

|

이렇게 기도하라

"그러므로 너희는 이렇게 기도하라."
〈마태복음 6:9-13〉

'주기도문'은 크게 두 부분으로 구분할 수 있습니다. '하나님을 향한 기도 세 가지'와, '자신의 몫을 위한 기도 세 가지'입니다.

하나님께 초점을 맞춘 세 가지 기도는 이렇습니다.
첫째, "하나님의 성호를 거룩하게 하옵소서!"라는 기도입니다. 하나님의 이름을 빌어 자신을 높이려 해서도 안 되고, 지키지도 못할 약속을 함부로 해서도 안 되며, 남을 저주해도 안 됩니다.
둘째, "하나님의 나라가 이 땅에 임하옵소서!"라는 기도입니다. 마음이 허(虛)한 자라야 천국의 임재를 볼 수 있습니다.
셋째, "하나님의 의지가 지상에서 성취되기를 바라는 기도"입니다.

주기도문의 후반부는 우리 자신을 위한 기도 세 가지가 있습니다.
첫째, 먹을 양식을 위한 기도입니다. "일용할 양식을 주옵시고"라는 본문을 《새번역성경》에서는 "필요한 양식을 주옵시고"라고 했습니다.
둘째, "죄의 사유(赦宥)와 시험에서의 구원"을 기도하고 있습니다.

셋째, '삼중찬양'으로 기도를 마치고 있습니다. "대개, 나라와 권세와 영광이 아버지께 영원히 있사옵니다."

'철(鐵)의 사나이' 포항제철 '박태준' 회장은 급성폐렴으로 위독하다는 진단을 받고는 치료를 위해 미국의 코넬대학교 부속병원에 입원을 했습니다. 병상에서 그는 인생의 허무를 느꼈습니다.

큰 딸 내외가 목사님을 모시고 병상의 박태준 회장을 문병 왔을 때에, 목사님은 박 회장에게 주기도문과 사도신경으로 기도하기를 권했습니다. 마침내 그는 예수님을 구주로 영접하고 신앙에 귀의했습니다.

그는 '예수님을 영접한 후에 철(鐵)과 비교할 수 없는 최고의 기쁨을 맛보고 있다'고 고백하며 예수님의 은혜를 찬양하였습니다. 박 회장의 마지막 떠나는 길도 소유의 집착을 깔끔히 청산하고 주기도문으로 기도하며 하나님의 나라로 떠났습니다.

....
■ 禱: 빌 도 / ■ 當: 마땅 당 / ■ 如: 같을 여 / ■ 是: 이 시

도성인신

道成人身

|

말씀이 육신이 되었다

"말씀이 육신이 되어 우리 가운데 거하시매"
〈요한복음 1:14〉

"예수님은 누구신가?"
예수님은 '참 하나님, 참 인간(vere Deus, vere homo)'입니다.
예수님은 '나를 본 자는 하나님을 본 것이라'고 말씀하셨습니다.
예수님의 신성(神性)은 이렇습니다.

① 첫째, 무소불능(無所不能)의 하나님입니다. 예수님은 바람과 파도도 잠잠케 하시고, 병든 자를 말씀으로 치료하시고, 죽음도 이기셨습니다.
② 둘째, 무소부재(無所不在)의 하나님입니다. 예수님은 우리에게 '세상 끝 날까지 너희와 함께 있겠다'고 하셨습니다.
③ 셋째, 무소부지(無所不知)의 하나님입니다.
④ 넷째, 예수님은 영원하신 하나님입니다. 예수님은 아브라함이 있기 전부터 있으셨다고 하셨습니다.
⑤ 다섯째, 예수님은 어제나 오늘이나 영원토록 동일하신 불변의 하나님입니다.

'성탄'은 이런 뜻이 있습니다. ① 첫째, 인카네이션(incarnation)입니다.

하나님이 사람의 '육신을 입으셨다'는 뜻입니다. 한자로는 '화육(化肉)'이라고도 쓰고, '성육신(成肉身)'이라고도 하며, 보다 고전적인 용어는 '도성인신(道成人身)', 곧 '도가 사람 몸이 되셨다'입니다. 태초에 도(道, 로고스)가 있었습니다. 그 '도'는 하나님입니다. 그 '도'가 육신을 입고 사람이 되셨습니다. 그래서 그리스도를 표현할 때 '비워내신 분'으로 부릅니다. 자신을 비워내고 하늘 보좌까지 떠나서 죄인을 찾아오신 '비우신 그리스도'이십니다.

② 둘째, '임마누엘'입니다. 예수님은 "세상 끝 날까지 내가 너희와 항상 함께 있으리라(마태복음 28:20)"고 하셨습니다. 성탄은 지상 최대의 희소식의 사건입니다. 예수께서 죄와 허물로 죽을 우리를 살리기 위하여 이 땅에 오신 일(에베소서 2:1)이 성탄입니다.

'가난한 자에게 복음을 전파하고, 포로 된 자에게는 자유를 얻게 되고, 눈먼 자는 다시 보게 되고, 눌린 자는 자유케 되는 일'(누가복음 4:18), 세상에 이보다 더 큰 좋은 소식은 세상에 없었습니다.

독일의 신학자 '본 회퍼'는 '이 사람을 보라(Ecce homo)'를 외쳤습니다.
① 첫째, 하늘의 보좌를 버리고 말구유에 오신 성육신의 그리스도를 바라보라고 외쳤습니다. 인간의 신격화(idolization of man)를 배격하면서 나치즘에 항거하였습니다. ② 둘째, 고통과 비애를 한 몸에 안고 십자가에 달리신 예수 그리스도를 바라보라. ③ 셋째, 부활하신 그리스도를 바라보자고 외쳤습니다. 죽음의 우상화(idolization of death)를 무력화시키신 예수 그리스도를 바라보시오!

"도성인신(道成人身)!" 도(道)가 사람의 몸을 입고 세상에 오셨습니다.

....
■ 道: 길 도 / ■ 成: 이룰 성 / ■ 人: 사람 인 / ■ 身: 몸 신

독초성미

篤初誠美

|

시작할 때부터 성실하게 하라

"우리가 시작할 때에 확신한 것을 끝까지 잡고 있으면
그리스도와 함께 참여한 자가 되리라."
〈히브리서 3:14〉

"독초성미(篤初誠美)"는 주흥사 《천자문》에 나오는 구절입니다. 이 말은 '초지일관(初志一貫)'과 비슷한 말입니다. '시작할 때에는 독실하게(篤初誠美), 끝마칠 때도 잘 마치는 것이 아름다운 일이라(慎終宜令신종의령)'는 교훈입니다. '천리 길도 한 걸음부터'라는 속담도 있고, '시작이 반이다'라는 말도 있습니다.

'남상(濫觴)'이란 말이 있습니다. 양자강의 큰 강물도 그 시작은 자그마한 술잔을 띄울 만한 작은 물줄기에서 시작된다는 뜻으로, 모든 일의 시작을 삼가 행하라는 말입니다.

'에머슨'은 '모든 것은 사소한 일에서 출발한다. 조그만 씨앗이 하늘을 찌르는 큰 나무가 되는 것을 기억하라. 행복과 불행, 성공과 실패도 모두 그 시작은 조그만 일에 내재되어 있음을 잊지 말라'는 교훈을 남겼습니다.

'에우리피데스'의 어록에 있는 '처음이 나쁘면, 끝도 나쁘다'는 말도 같은 뜻입니다.

유대인들은 어린아이가 말을 하기 시작하면, '쉐마(Shema)'를 읽어주며 암송하게 합니다. 그럴 뿐만 아니라, 출입문 기둥에 '쉐마'를 달아놓고 드나들 때마다 그것에 입을 맞추며 경의를 표합니다.

"너는 마음을 다하고 뜻을 다하고 힘을 다하여 네 하나님 여호와를 사랑하라. 너는 내가 네게 명하는 이 말씀을 마음에 새기고, 네 자녀에게 부지런히 가르치며, 또 이것을 네 손목에 매어 기호를 삼으며, 네 미간에 붙여 표를 삼고, 네 집 문설주와 바깥문에 기록할지니라."(신명기 6:4~9)

이것이 '쉐마'의 내용입니다.

"세 살적 버릇이 여든까지 갑니다(三才之習삼세지습 至于八十지우팔십)."
시작이 좋아야 끝도 좋습니다.

....

- 篤: 도타울 독 / ■ 初: 처음 초 / ■ 美: 아름다울 미
- 誠: 정성 성. 여기서는 부사로 '진실로 그러하다'는 뜻.

동기연지

同氣連枝

|

나무의 가지가 하나로 연결된 것은
동기지간이요 부부니라

"나는 포도나무요 너희는 가지라. 그가 내 안에, 내가 그 안에 거하면 사람이
열매를 많이 맺나니 나를 떠나서는 너희가 아무 것도 할 수 없음이라."
〈요한복음 15:5〉

'동기연지'는 천자문에 나오는 구절입니다. '연지(連枝)'는 '연리지(連理枝)'의 줄임말로, 그 뜻은 ① 형제와 ② 부부의 정, 또는 남녀 간에 사랑을 서약을 뜻할 때도 쓰는 말입니다.

후한(後漢) 말기에 '채옹(蔡邕)'은 학문이 출중하고 성품이 강직하며 효성이 뛰어났습니다. 채옹의 어머니는 병이 들어서 채옹이 3년을 봉양을 했지만 결국 세상을 떠났습니다. 채옹은 무덤가에 여막을 짓고 시묘살이를 하며 애통하게 지냈습니다. 세월이 제법 흘러 무덤에 가보니 무덤에서 나무 두 그루가 솟아나 두 나무의 가지가 서로 엉켜 붙어 한 나무처럼 연결[連理枝연리지]되어 있었습니다. 사람들은 "이것은 채옹의 효성이 지극하여 어머니를 감동시켜 하나 되게 한 거야!" 하고 채옹의 효성을 칭찬했습니다.

《북사(北史)》에는 협주(峽州) 자사 '양언광(梁彦光)'이 덕치를 하여 '연리지'가 생겼다고 했고, 《후한서》에는 채옹(蔡邕)의 효성이 극진하여 연리지가 생겼다고 합니다.

조선시대에는 연리지가 생기면 그 마을에는 효자의 정성 때문에 발생한 일이라며 나라에서 큰 상을 내렸습니다. 민속에서는 '연지'하는 나무를 양목(陽木, 서방 나무)과 음목(陰木, 각시 나무)로 구분하고 그 연지목 아래에서 빌면 아들을 낳는다는 습속이 유행했습니다. 그리고 사랑하는 사람의 마음을 돌려놓기 위해 연지목에 올라가 손가락에 불을 켜고 기도하면 마음먹은 여인의 마음을 돌릴 수 있다는 풍속도 있었습니다.

2004년 6월 초, 충북 괴산 청전면 선유동구의 100년 된 두 개의 노송의 연지(連枝) 현상이 생성되었다는 보도가 있었습니다.

한(漢)나라 '소무(蘇武)'는 '연리지'라는 시를 썼습니다.

　　　　四海皆兄弟(사해개형제)　온 세상 사람이 모두 다 형제간인데
　　　　誰爲行路人(수위행로인)　누가 홀로 길 가는 사람인가
　　　　況我連枝樹(황아연지수)　더구나 나와는 한가지로 연했으니
　　　　與子同一身(여자동일신)　그대와는 한 몸이로구나.

"나는 포도나무요 너희는 가지라. 그가 내 안에, 내가 그 안에 거하면 사람이 열매를 많이 맺느니라."

....
■ 同: 한 가지 동 / ■ 氣: 기운 기 / ■ 連: 이을 연 / ■ 枝: 가지 지.

두사

陡斯

|

하나님

"이를 번역한즉, 하나님이 우리와 함께 계시다 함이라."
〈마태복음 1:23〉

그리스도교(기독교)의 '하나님(Deus)'를 한자(漢字)로 번역할 때, 여러 가지 호칭을 사용했습니다.

'하나님'을 '천주(天主)'라고 처음으로 번역한 것은 '마테오 리치'의 선임이었던 '미켈레 루지에리(Michele Ruggieri, 라명견羅明堅)'였습니다. '루지에리'가 《천주실의》를 간행할 때 '마테오 리치'도 그 조수로 참여했습니다.

'천주(天主)'는 원래 인도의 '베다 경전'에 나오는 최고신인 '인드라'의 타이틀인 '다바파티(Davapati)'를 한역(漢譯)한 용어였습니다.

'마테오 리치'는 처음에는 라틴어 'Deus(데우스, 하나님)'를 '두사(陡斯, 떠우스)'라고 음역했습니다.

그런데 '두사(陡斯)'는 당시의 중국인들에게는 무슨 말인지 그 뜻이 제대로 전달되지 않았습니다. 사서오경과 제자백가에 통달한 한학자라고 하더라도 '두사'가 라틴어의 음역이라는 것을 모르면 도무지 알 수 없습니다. 따라서 '두사'는 오래 사용되지 못했습니다.

그리하여 다시 '천주'로 해 보았다가, 나중에는 중국의 전통 신(神) 이름인 '상제(上帝)'로 고정하여 오늘날에도 쓰고 있습니다.

'하나님(Deus)'을 '상제'라고 부르는 일에 대하여 예수회선교사 '롱고바르디(Micolo Longobardi, 용화민龍華民)' 신부는 '상제(上帝)'는 유교의 신(神) 이름이라며 '천주즉상제설(天主卽上帝說)'에 대해 반대하여 '상제(上帝)'를 폐기하고, '떠우스(두사, 陡斯)'의 사용을 주창했습니다. 이 일에 일본에서 활동하던 선교사 '프란체스코 파시오(Francesco Pasio, 방삼발龐三拔)'도 합세하여 두 신부가 로마 교황청에 반대 청원을 올렸습니다.

교황청은 처음에는 '마테오 리치'의 주장인 '천주즉상제설(天主卽上帝說)'을 인정하였지만 '롱고바르디'가 자신의 주장을 포기하지 않자, 그 후로도 100여년에 걸쳐 그 결정을 여러 차례 엎치락뒤치락 번복하였습니다.

1715년에 교황 '클레멘트 2세'의 칙서를 통해 하나님 칭호를 '天主(천주)'로 확정하였고, 교황 '베네딕토 14세'는 1742년 '상제(上帝)'나 '천(天)'으로 쓰지 못하게 하는 '교서(Ex quo singulari)'를 내렸습니다.

개신교에서는 1847년 7월, 중국어 '대표자 역본(Delegates' Version) 성경'을 번역할 때, '하나님' 칭호에 대해 런던선교회의 '메드허스트', '밀네'는 '상제(上帝)'를, 미국선교회의 '브리지만', '윌리엄 분(Boone)'은 '신(神)'을 주장했습니다.

개신교에서 '하나님을 상제(上帝)로 하느냐? 신(神)으로 하느냐?' 하는 번역논쟁은 60년 동안 무려 600여 편의 논문들이 발표되며 치열하게 논쟁하였지만 결정을 짓지 못했습니다.

결국 영국성서공회는 '상제(上帝) 역본'을, 미국성서공회는 '신(神) 역본'을 각각 출판했습니다.

19세기 후반, 미국 선교사들이 주도했던 우리나라 선교현장에서도 절대자 용어의 번역논쟁이 발생했습니다.

만주에서 번역된 '서상륜·로스역'과 일본에서 번역된 '이수정 역'의 대본이 된 '문리역(文理譯) 한문성경(1856년)'에서는 '상제(上帝)'를, 미국성서공회 총무인 '루미스'의 도움을 받은 일본에서의 '이수정 역(1884년)'은 '신(神)'으로, 만주에서 번역된 '서상륜·로스 역'은 '하나님/하느님(1884년)', 언더우드는 '상제(上帝)', '참 신', '상주(上主)', 영국 성공회의 '천주(天主)', 그리고 '언더우드'가 시작하고 '아펜젤러'가 완성한 성서(1892년)에서는 '하ᄂᆞ님', '루미스'의 일본어 《구신약성서》(1904년)는 '신(神)', 천주교는 '천주'를 사용했습니다.

감리교회의 초기 선교사인 'G. H. 존스(조원시)'는 한국인은 '원초적인 유일신사상(Primitive monotheism)'을 갖고 있다고 하며, 한국인의 '하날(hanal)'은 '하나'라는 단어에 'ㄹ'을 붙인 글자로, ① 참된 시작(pure beginning), ② 참된 일치(pure unity)의 뜻이 있으며, '하늘' '하날'에서 기원한 '하나님'은 '하늘에 계신 분', '만물의 기원', '만물을 하나로 통일하는 존재', '오직 한 분'이라고 설명했습니다.

'두사(陡斯)'의 경우처럼 아무리 좋은 칭호일지라도 민중과 밀접하게 관계하지 못하는 문화나 언어는 깊이 뿌리 내리지 못하고 곧 사어(死語)가 되어 소멸되고 마는 것을 보았습니다.

"영원하신 하ᄂᆞ님 아버지!"

- 陡: 문득 두, 넓을 두, 절벽 두, 가파르고 높을 두, 엎드러질 두.
- 斯: 이 사, 쪼갤 사, 흴 사.

득어일백오십삼미

得魚一百五十三尾

|

물고기 153마리를 잡았다

"시몬 베드로가 올라가서 그물을 육지에 끌어 올리니,
가득히 찬 큰 물고기가 백 쉰 세 마리라.
이같이 많으나 그물이 찢어지지 아니 하였더라."
〈요한 21:11〉

'볼펜'이라고 하면, 우선 '모나미 볼펜'이 떠오릅니다. 이 볼펜은 오래된 볼펜이 아니고 1963년 5월에 처음 나왔습니다. 그리스도교(기독교) 신자였던 제작자는 그가 하던 사업이 부진하여 낙망 중에 있었습니다. 그런 가운데 믿음을 회복하고 열심히 신앙생활에 정진하던 중, 요한복음 21장의 말씀에 크게 은혜를 받았습니다.

예수께서 십자가에 달려 돌아가신 후, 베드로와 제자들이 낙담하고 그들의 본업인 고기 잡는 일로 돌아갔지만, 익숙한 그물질에도 고기가 전혀 잡히지 않았습니다. 그때 부활하신 예수께서 나타나셔서 '그물을 오른편에 던지라'고 하셨습니다. 제자들이 그대로 따랐더니 그물에 물고기가 153마리나 가득하게 걸렸습니다. 그렇게 많은 고기를 잡았는데도 그물이 찢어지지 않았습니다. (요한복음 21:3~11)

1963년 5월, 개발자 송 회장은 마음을 새롭게 하여 철저한 신앙생활을 다짐하고 '모나미 153' 볼펜을 제작하였습니다. '모나미'는 '나의 친구'라는 뜻으로, 예수께서 '나는 너희의 친구니라'(요한복음 15:14~15)에서 인용한 말이고, '153'은 갈릴리 바다에서 잡은 물고기 숫자를 표시한 것이었습니다. '모나미 볼펜'은 지금까지 모두 35억 개가 판매되었으며, 그 길이를 연결하면 지구를 12바퀴 돌 정도라고 합니다.

  "너희 길을 여호와께 맡기라. 주께서 인도하시리라."

- 得: 얻을 득 / ■ 魚: 고기 어 / ■ 漁: 고기 잡을 어
- 尾: ①꼬리 미. ②끝 미. ③변두리 미. ④뒤를 밟다. ⑤끝내다. ⑥마리 미. 물고기, 새 등의 동물을 세는 단위.

등입야도

燈入夜逃

등불 빛이 들어오니 어둠이 달아나네

"너희는 세상의 빛이라."
〈마태복음 5:14〉

'에디슨'이 1879년 미국에서 전기를 발명한지 8년 후에 우리나라에서 전기기술을 수입했습니다. 그리고 1887년 3월 6일, 경복궁 뒤편 향원정(香遠亭) 연못가에서 우리나라 최초로 전기를 이용하여 전등에 불을 밝혔습니다. 처음에는 불이 자주 꺼졌다 켜졌다 해서 '건달불'이라고 불렀습니다.

1898년 12월, '고종'이 '명성황후'의 능에 거둥하기 위해 서대문~홍릉 간의 전철이 가설되었고, 1900년 4월에는 종로에 가로등 3개가 가설되었습니다. 1909년에는 서울에서 490가호(家戶)가 전기를 달았습니다.

경기도 부천의 필자의 집은 1965년 5월 21일에야 전등을 가설하였습니다. 그 전에는 호롱불, 촛불, 등잔불, 양등(남포등)을 사용했습니다. 전깃불을 환하게 밝히자 집안의 온 식구들의 마음도 매우 명랑해졌습니다.

'광해군' 때, 평안도 관찰사를 지낸 '박엽'이 어린 시절, 그의 조부가 등불을 켜며 시를 지어보라고 했을 때, 이런 시를 지었습니다. "불이 방안으로 들어오니 어둠이 밖으로 달아나는도다(火入房中夜逃外화입방중야도외)."

하나님은 그 정체가 빛이시며(요한1서 1:5), 예수님도 빛이시고(요한복음 8:12), 예수님을 믿는 우리도 세상의 빛이라(에베소서 5:8)고 하셨습니다. 하나님은 초월자이시며, 동시에 우리의 삶 속에, 우리 고통의 현실 속에 계신 '내재자(內在者)'이심을 나타내는 말씀입니다. 성령의 빛이 내 속에서 역사하시면 어둠을 밝히는 빛이 됩니다.

예전에 '감리교대전신학대학'의 기숙사 건물은 '칼 크리켓(Carl Crichett)'이라는 여든 살의 은퇴 목사님이 10년 동안 보내온 선교비로 지은 건물이었습니다. 감리교대전신학대학은 후일 '목원대학교'로 발전하였습니다. '목원대학교' 설립자인 '도익서 박사'는 미국에 있는 '크리켓' 목사님 댁에 들렸다가 그가 조그만 단칸방에서 살고 계신 모습을 보고 충격을 받았습니다. 돈이 남아서 기숙사 건축비를 보낸 것이 아니라, 근근이 절약해서 한 푼 두푼 모은 돈을 한국에 있는 신학생들을 위해 보낸 것이었습니다.

바로 그곳에서 공부하며 신학수업을 받은 학생들이 어둠을 몰아내는 빛의 사자가 되어 한국 땅 구석구석을 밝히고 있습니다.

"정오에 하늘로부터 해보다 더 밝은 빛이 나와 내 동행들을 둘러 비추는지라."(사도행전 26:13)

"너희가 전에는 어두움이더니, 이제는 주 안에서 빛이라."(에베소서 5:8)

···

- 燈: 등 등 / ■ 入: 들 입 / ■ 夜: 밤 야 / ■ 逃: 도망할 도

마율야은

摩律耶恩

모세의 율법 예수의 은혜

"율법은 모세로 말미암아 주어진 것이요, 은혜와 진리는
예수 그리스도로 말미암아 온 것이라."

〈요한복음 1:17〉

초대교회의 역사가 '히폴리투스'의 기록에는 〈마가복음〉의 저자인 '마가'를 '손가락이 잘린 사람'이라고 표현했습니다. 그 사연인즉, '마가'는 원래 레위지파 출신으로 제사장이 될 차례였다고 합니다. 그런데 '마가'는 평생을 제사장으로 사는 것이 싫어서 '어떻게 하면 제사장이 되지 않을 수 있을까?' 궁리를 했습니다. 그러던 어느 날 문득, 불구자는 제사장 자격이 없다는 성경 말씀(레위기 21:18~21)이 생각나서 즉시로 헛간에 들어가 작두를 꺼냈습니다. '마가'는 그 위에 자기 손가락을 놓고 '싹둑!' 내리쳐서 잘랐습니다. 그래서 제사장이 되지 못했던 사람이었습니다.

이후 '마가'는 예수님을 만난 뒤에 예수님을 구세주로 영접했습니다. 예수께서 십자가에 처형되고 부활하신 후, '마가'는 다락방에서 성령을 체험하고는 이집트로 가서 전도했습니다.

'알렉산드리아'에 전도하러 갔을 때, 성문에서 신발끈이 끊어져 신발을 수선하는 집에 들어갔습니다. 한 손을 다친 구두 수선공이 '하이스 호 데오스!(하나님은 한 분이시다!)'라고 외치는 소리를 듣고 '마가'는 깜짝 놀랐습

니다. 그리고 얼마나 기뻤던지 즉석에서 기도하고, 수선공의 꼬부라진 손을 예수의 이름으로 즉각 고쳐주었습니다. 그 수선공은 '알렉산드리아'의 첫 신자가 되었습니다. 그를 통하여 알렉산드리아에 예수를 믿는 무리가 많아졌습니다.

한 율법사가 예수님에게 나아와 '선생님 율법 중에 가장 큰 계명이 무엇입니까?' 라고 물었을 때, 예수님은 "네 마음을 다하고, 목숨을 다하고, 뜻을 다하여 주 너의 하나님을 사랑하라 하셨으니, 이것이 첫째 되는 계명이고, 둘째는 네 이웃을 네 몸처럼 사랑하라"고 말씀하셨습니다.

율법은 죄를 드러나게 하지만, 은혜는 모든 죄를 사하시고, 용서하시며 죄를 무력화(無力化) 시킵니다.

태산같이 많은 죄일지라도 용서받은 죄는 먼지처럼 가볍게 사라집니다.

"너희의 죄가 주홍 같을지라도 흰 눈같이 희어질 것이라."(이사야 1:18)
"율법은 모세로 말미암아 주어진 것이요, 은혜와 진리는 예수 그리스도로 말미암아 온 것이라."(요한복음 1:17)

....

- 摩: 만질 마, 어루만질 마 / ■ 律: ①법칙 률. ②음률 률
- 耶: ①아버지 야. ②그런가 야 / ■ 恩: 은혜 은.

만민위도
萬民爲徒
|
모든 족속으로 제자를 삼아라

"모든 족속으로 제자를 삼아라."
〈마태복음 28:19~20〉

'멜빌 콕스'는 아프리카 '라이베리아'에서 복음을 전한 감리교 첫 선교사입니다. 1833년 그는 '백인의 무덤'이라는 악명 높은 서아프리카를 향해 복음을 전하러 길을 떠났습니다. 그가 그곳에 복음을 전하러 간다고 발표하자, 주위에서는 재고하라는 권고와 비난이 많았습니다. 사람들은 그에게 그곳은 백인이 살아남기 어려운 곳이라며, 거기로 가는 것은 '죽으러 가는 길'이라고 했습니다. 그래도 '콕스'는 소명의 음성을 듣고, 기도하고 또 기도하며 마음을 굳게 했습니다. 그런 그에게 '웨슬리 대학'의 한 학생은 '차라리 관을 준비해 가지고 가는 게 어떻냐?'고 비아냥거리기도 했습니다.

이런 질문에 '콕스'는 '내가 거기서 죽는다면, 나의 묘비에 이렇게 써 주시오! 아프리카가 주께로 돌아온다면, 1천 개의 목숨이라도 바치겠노라'고.

'멜빌 콕스'는 '라이베리아'에 도착한지 5개월도 못 되어 33세의 나이로 순교했습니다. 그는 '1천 개의 목숨을 바쳐서라도 아프리카는 포기할 수 없는 곳'이라는 최후의 말을 남겼습니다.

감리교회의 '아펜젤러' 선교사는 미국 뉴저지 '드류 신학교'에서 신학을 수업하고 목사가 되었습니다. '가우쳐 목사'가 게재한 '한국에 선교사를 보냅시다'라는 광고를 보고 갓 결혼한 부인과 함께 1885년 4월 초 한국에 왔습니다. 그는 '정동'에 자리를 잡고 정동제일교회, 배재학당, 이화학당을 세우며 복음의 씨를 뿌렸습니다.

'아펜젤러'는 1902년 6월, 목포로 가는 배를 타고 가는 해상에서 배가 난파되어 침몰했습니다. 그는 같은 배에 타고 가던 한 소녀를 건져내고 자신은 그 자리에서 순직했습니다. 그가 뿌린 복음의 씨앗은 오늘날 수백만의 감리교회로 열매를 맺고 있습니다.

'한강중앙교회' 감리교 원로목사인 고(故) '김광덕' 목사는 해병대 군종감을 지낸 분입니다. 목회 일선에서 은퇴한 후 1989년부터 2004년까지 15년 동안 사재를 털어 인도네시아 선교에 전력하여 600여 교회를 건축하고 세상을 떠났습니다.

"땅 끝까지 주의 복음을 전파하는 증인이 되게 하소서!"

- 萬: 일만 만 / ■ 民: 백성 민 / ■ 徒: 무리 도
- 爲: ①하다. ②되다. ③이다. ④위하다. ⑤만들다. ⑥삼다.

멸사개생

滅死開生

죽음을 멸하고 생명을 여셨다

"예수께서 이르시되, 나는 부활이요 생명이니 나를 믿는 자는 죽어도 살겠고,
무릇 살아서 나를 믿는 자는 영원히 죽지 아니 하리니"
〈요한복음 11:25~26〉

　인생은 누구나 다 죽습니다. 생자필멸(生者必滅)입니다. 종교철학에서는 죽음을 다음과 같이 정의합니다.
　① 어느 누구도 대신 죽어 줄 수 없는 단독적 현상이며,
　② 한 번 가면 두 번 다시 경험할 수 없는 단회적(單回的) 현상이고,
　③ 누구나 다 거쳐야 하는 공정한 현상이며,
　④ 나이에 상관없이, 학식이나 소유에 상관없이 불현듯 찾아오는 불청객이며,
　⑤ 어떤 힘으로도 거부할 수 없는 한계상황이라고 말합니다.

　그렇지만 죽음은 종착역이 아닙니다. 죽음은 수평선 너머로 두둥실 떠가는 하나의 조각배와 같습니다. 저승은 멀리 있지 않고 집 앞에 흐르는 개울 건너에 있습니다.
　죽음 후에는 심판이 있습니다. 성경은 "한 번 죽는 것이 사람에게 정한 이치요, 그 후에는 심판이 있으리라(히브리서 9:27)"고 말합니다.

'알렉산더 대제(大帝)'의 아버지 '필립 2세'의 곁에는 죽음을 간언하는 별정직 직책이 있었다고 합니다. 그리고 그에게 이렇게 외치게 했다고 합니다. "폐하! 사람은 누구나 다 죽는다는 사실을 기억하십시오! Memento mori(메멘토 모리)!"

'공자'의 제자 '계로(季路)'가 스승에게 물었습니다. "선생님, 죽음 대해서 말씀해 주십시오(敢問死감문사)." 이에 공자가 대답했습니다. "살아서의 일도 잘 모르겠는데, 죽음을 어찌 알겠느냐?(未知生미지생 焉知死언지사)"

성경에는 예수 부활의 기사가 여러 곳에 기재되어 있습니다.
① 부활하여 무덤 밖에서 울고 있는 마리아에게 나타나셔서 '여자여, 어찌하여 울며 누구를 찾느냐?'(요한복음 20:15) 하셨고,
② 막달라 마리아가 예수님이 아니 계신 빈 무덤을 발견하였고(요한복음 20:1),
③ 베드로에게 나타나셨습니다(누가복음 24:34, 고린도전서 15:5).
④ 엠마오로 가는 제자들과 동행하며 말씀을 나누었고(누가 24:36~49),
⑤ 열 한 제자에게 나타나서, 구운 생선 한 토막을 받아 잡수셨으며(누가복음 24:41~43),
⑥ 갈릴리에 출현하고(마태복음 28:16~20),
⑦ 베드로에게 153 마리 고기를 잡도록 하셨으며(요한복음 21:6),
⑧ 또 오백 명에게 나타나시고(고린도전서 15:6),
⑨ 야고보에게, 모든 사도와 바울에게 나타나셨으며(고린도전서 15:7~8),
⑩ 도마에게 출현하셔서 "네 손을 내밀어 내 옆구리에 넣어 보라"고 하셨습니다.

당나라 때 중국에 전래된 경교(景敎)비문에는 부활을 '개생멸사(開生滅死)'

라고 표현했습니다. '생명을 열고 사망을 멸하셨다'는 말입니다.

신학자 '에밀 브루너'는 "예수님의 부활은 기독교 신앙의 출발"이라고 하였고, '바울'은 "만일 그리스도의 부활이 없다면, 제자들이 전도한 행적은 모두 허탄한 이야기이며 헛것이고, 우리의 믿음도 모두 헛것"(고린도전서 15:14)이라고 말했습니다.

"썩어질 것이 반드시 썩지 아니함을 입겠고, 이 죽을 것이 죽지 아니함을 입으리로다."(고린도전서 15:53)

부활하신 예수님은 지금도 내 자신보다 내게 더 가까이 계시며 활동하고 계십니다.

- 開: 열 개 / ■ 生: 날 생 / ■ 滅: 멸할 멸 / ■ 死: 죽을 사

명호의 원리

命號의 原理

호(號) 짓는 법

"곧 베드로라고 이름을 주신 시몬과"
〈누가복음 6:14〉

  우리의 옛 선비들은 여러 개의 이름을 가지고 있었습니다.
  첫째, 아명(兒名)입니다. 단명(短命)하는 집안에서는 흔한 사물의 이름을 빌어서 아명을 지었습니다. '소똥(蘇同)', '개똥(開東, 啓東)', '말똥(馬同, 馬東)', '도야지(都耶只)', '아지(阿只)' 등이 그것입니다.
  둘째, 관명(冠名)이 있습니다. 호적이나 족보에 등재되는 이름입니다. 호적에 등재된 관명은 함부로 부르면 불경(不敬)하거나 단명(短命)한다고 해서 함부로 부르지 못하게 했습니다. 그래서 부모의 성함을 남에게 말할 때에 '자(字)'자를 붙여서 말하는 것입니다.
  셋째, '생즉명(生則名) 사즉휘(死則諱)'라 하여, 살았을 때는 '명(名)'이라 하고, 죽은 뒤에는 '휘(諱)'라고 했습니다.
  넷째, 자(字)입니다. 자(字)는 관례를 행할 때 지어 줍니다. 자를 사용하는 것은 관명보다는 덜 엄격하여서 흔히 사용하는 이름입니다.
  다섯째, 죽은 후에 조정에서 붙여 주는 시호(諡號)가 있습니다. 시호는 군주나 종친, 공신 등에게 조정에서 지어주는 이름입니다. 문양공, 문도공, 충무공 등이 그것입니다. 조선시대에 '충무공'은 이순신 장군 외에도 '남이

(南怡)', '조영무(趙英茂)' 등 7명의 시호가 '충무공'이었습니다.

여섯째, 호(號)가 있습니다. 호는 별호(別號), 아호(雅號)라고도 부릅니다. 또한, 당호(堂號), 택호(宅號), 도호(道號)라고 부르는 별호가 있고, 문필가나 예술가에게 붙이는 시호(詩號), 예호(藝號)가 있습니다.

호(號)는 스스로 지어 쓰는 자호(自號)도 있으나, 스승이나 부조(父祖)가 지어 주는 것을 가장 격조 높은 것으로 평가합니다. 서당에서는 '첫 한시'를 지으면, 훈장이 지어 주었습니다. 명호할 때는 호변(號辨)이나 호기(號記), 제호시(題號詩)를 함께 지어서 수여했습니다.

고려 말의 대학자 '이규보'는 여섯 개의 호가 있었고, '정약용'은 20여 개, '추사 김정희'는 503개의 호(號)를 사용했습니다. 필자는 23개의 별호를 사용하고 있습니다. 추사의 호를 시대별로 나열하여 그 의미를 엮으면, 그 일생의 내면적 사상편력을 읽어 낼 수 있습니다.

'이규보'의 《백운거사록》과 '이덕무'의 《청장관전서(靑莊館全書)》에서는 호 짓는 법 네 가지를 소개하고 있습니다.
첫째, 소처이호(所處以號). 고향이나 거주지의 산천 등을 고려하여 호를 짓는 것입니다.
둘째, 소지이호(所志以號). 당사자의 뜻, 의지, 성격, 목표, 좌우명 등을 살펴서 호를 짓습니다.
셋째, 소우이호(所遇以號). 환경, 여건, 직업 등을 고려하여 작호합니다.
넷째, 소축이호(所畜以號). 특기나 장기, 또는 취미 등을 참조하여 호를 짓습니다.

한편 스승이 지어 주는 별호에는 그 이름의 뜻에 일생을 두고 지켜야 하는 계문(戒文)의 뜻이 들어 있습니다. 이름은 단순한 호칭이 아니라 존재를 의미합니다.

성경에서는 거듭난다는 의미에서 '새 이름'을 지어준 일이 있습니다. '야곱'을 '이스라엘'로 개명했고(창세기 32:27~28), '시몬'을 '베드로'로 바꾸었습니다.

"표범은 가죽을 남기고(豹死遺皮표사유피), 사람은 이름을 남기고 갑니다(人死遺名인사유명)."

누구나 그 이름이 하늘나라 '생명록'에 기록되는 것을 믿음에 새기고 살아가야 합니다.
이름의 뜻을 깊이 되새기면서 살아가면 삶이 더욱 윤택해질 것입니다.

- 命: 명할 명, 목숨 명 / ■ 號: 이름 호, 부르짖을 호 / ■ 式: 의식 식

묘오섭리

妙奧攝理

|

오묘한 섭리

"네가 하나님의 오묘함을 어찌 능히 측량하며" 〈욥기 12:7〉
"측량할 수 없는 큰일을, 셀 수 없는 기이한 일을 행하시느라."
〈욥기 9:10〉

    세상을 살아가다 보면, 종종 상식으로는 도저히 이해할 수 없는 일을 당할 때가 있습니다. 필자의 지우(知友) 중에 뉴욕에서 목회하며 미주연회 감독을 지낸 '박효성 목사'는 필자와 같은 해에 신학대학을 졸업하고 해병대 장교로 입대했습니다. 그가 소대장으로 배속되어 복무하던 중 꿈에서도 상상할 수 없었던 끔찍한 일이 일어났습니다. 그의 부대 하사관 한 명이 근무지를 이탈하여 서울로 올라와 청량리의 한 다방에서 배신한 애인의 오빠를 인질로 잡고 소동을 벌인 것입니다.
    이 사건의 자초지종은 이러합니다. 부하 하사관이 월남에 파병되어 총알이 빗발치는 전선에서 목숨 걸고 싸워, 그 돈으로 자기의 애인에게 서울 명동 한복판에 미장원을 차려주었습니다. 그런데 휴가차 귀국해서 보니, 애인은 다른 남자와 바람이 나있었습니다. 눈이 뒤집힌 그는 1972년 1월, 애인의 오빠 등을 불러내어 수류탄을 까서 집어던지고 자기도 그 자리서 쓰러졌습니다. 그 일로 현장에서 세 사람이 죽었습니다. 그 사건으로 인해 직속상관인 중대장과 박 소위 등 몇 사람이 영창에 투옥되었습니다. 감리교 목사의 아들로 태어나 목사가 되겠다고 신학대학을 졸업한 박 소위는 그야말로 날벼락을 맞았습니다.

박 소위가 영창에 들어가니 그 안에는 80여 명의 감옥수들이 있었습니다. 그 중에 살인죄로 들어온 김 해병이 있었습니다. 하루는 김 해병이 박 소위에게 진지한 자세로 말했습니다. "소대장님! 저 같은 죄인도 구원받을 수 있습니까?" 그 날부터 박 소위는 잠자리에 누워 찬송가 한 장을 조용히 불러주었고, 그 병사는 따라 부르곤 하였습니다. "나 어느 곳에 있든지 늘 맘이 편하다. 주 예수 주신 평안함 늘 충만하도다 ~ "

그 해 4월, 박 소위가 영창 안의 감옥수들에게 세례문답 공부를 시키고, 부활절에 군목이 와서 김 해병을 포함한 33명이 세례를 받았습니다. 세례식 거행 장소에서 김 해병은 찬송가를 부르고 싶다며 일어섰습니다. 김 해병은 박 소위로부터 배운 그 찬송을 눈물에 젖어 부르기 시작했습니다. 거기에 참석했던 모든 사람들도 모두 다 울어, 순식간에 그 자리는 눈물바다가 되었습니다. 빗방울같이 쏟아지는 눈물을 금할 길이 없어 그가 그 찬송을 미처 다 부르지 못할 지경이 되었습니다. 그 때, 세례식에 참석했던 포항의 한 자매가 찬송을 이어받아서 나머지 구절을 마저 불러, 눈물 속에서 세례식을 마쳤습니다.

그런데 사실 그 '수류탄 사건'은 박 소위가 책임질 일이 아니었습니다. 박 소위는 실제로 그 하사관의 직속상관이 아니었기 때문입니다. 그 사고가 일어나기 직전 그 하사관의 직속상관 소대장은 외부에서 면회를 와서 그 자리를 비우게 되어, 박 소위가 일시적으로 맡고 있을 때에 사고가 일어난 것이었습니다. 이렇게 박 소위는 전혀 예상치 못했던 이유 없는 고난을 당했습니다. 그렇지만 그의 고난을 통해서 영창 안의 수십 명 감옥수들이 예수님을 영접하게 되었습니다.

하나님의 섭리는 이처럼 오묘막측합니다.
형통만이 축복이 아닙니다. 때로는 고난이 더 큰 은혜일 때도 있습니다.

측량할 수 없는 오묘하신 주의 섭리와 그 은총을 감사하나이다.

- **妙**: 오묘할 묘 / - **奧**: 깊을 오 / - **攝**: 끌어 잡을 섭 / - **理**: 이치 리

무가무영

無架無榮

|

십자가 없이 영광 없다

"시련은 견디어 낸 자가 주께서 자기를 사랑하는 자들에게 약속하신
생명의 면류관을 얻을 것이기 때문이다."
〈야고보서 1:12〉

  2천년 그리스도교(기독교) 역사상 '예수 그리스도'를 가장 잘 이해한 인물은 '사도 바울'입니다. 아울러 신약성경의 상당 부분은 '바울'의 기록으로 편집되어 있습니다.

  '사도 바울'의 원래 이름은 '사울'이었습니다. '사울'은 '베냐민 지파' 출신의 '바리새인'이었으며, 《신약성경》의 〈로마서〉, 〈고린도전·후서〉, 〈갈라디아서〉, 〈데살로니가전·후서〉, 〈에베소서〉, 〈빌립보서〉, 〈골로새서〉, 〈빌레몬서〉 등 신약성경의 거의 절반에 가까운 '바울서신'을 기록한 인물입니다.

  처음에 '사울'은 '예수쟁이들'을 싫어하여 그리스도인들을 직접 끌어다가 감옥에 가두어 잔멸하려고 했던 핍박자였습니다. 그가 예수쟁이들을 결박하려고 '다메섹(다마스쿠스)'로 가던 도중에 큰 빛이 그를 둘러 비추는 가운데 나타난 예수님을 만나 뵈었습니다. 순간 앞이 보이지 않게 되었다가 '아나니아'의 안수(按手)로 비늘 같은 것이 눈에서 벗겨지면서 '예수 그리스도' 안에서 새로운 세계를 보게 되었습니다.

그 후 그는 열심 있는 전도자로 변화되어 소갈 데 말갈 데를 돌아다니며 '예수'가 '그리스도'이심을 담대히 증언했습니다. 예루살렘으로 가서 예수님의 직접 제자들을 만나려 했으나 거기서 냉대를 받기도 했습니다. 얼마나 낙담했겠습니까? 게다가 설상가상으로 사울을 죽이려는 무리들이 나타났습니다. 그리하여 사울은 동조자들의 협조로 그의 고향인 '소아시아'의 '다소'로 멀리 떠나가 13년을 칩거했습니다.

개종 직후 황막한 아라비아사막의 3년, 다소에서의 칩거 13년, 모두 16년 세월이 아프게 흘러가 버렸습니다. 불같이 뜨겁게 타오르는 전도의 열정을 곧바로 펼치지 못하고, 참고 또 참으며 안타깝게 인고의 세월을 보냈습니다. 그렇지만 하나님은 '사울'이 인고의 세월을 겪은 후 '바울'로 개명(改名)을 하고 더 크게 더 넓게 사명을 다하도록 그를 이끌어 주셨습니다. 소아시아 일대를 비롯하여 '아테네'와 '로마' 등지로 뻗어나가 3차례 전도여행을 하며 복음을 세계만방에 전파하는 놀라운 역사를 일으켰습니다.

한 순간에 성취하지 못했다고 낙심하지 마십시오. 하나님은 고난도 은혜며, 기다림도 축복이고, 불행도 은총으로 나타나게 하십니다.

"No Cross, No Crown!"
"십자가 없이 면류관은 없습니다!"
고난 없는 영광은 없습니다.
고난도 때로는 주님의 은사입니다.

- 無: 없을 무 / ■ 架: 시렁 가, 횃대 가 / ■ 榮: 영화 영.

무공적자

無孔笛子

|

구멍 없는 피리

언어도 없고, 말씀도 없으며, 들리는 소리도 없으나 그의 소리가
온 땅에 통하고, 그의 말씀이 세상 끝까지 이르도다."
〈시편 19:3〉

"무공적자(無孔笛子)!"
'구멍 없는 피리, 소리가 나지 않는 피리'입니다.

옛 어른들은 '농사를 지으려면, 자연의 소리를 들을 수 있어야 한다'고 했습니다. 얼마 전 라디오에서 어떤 학자가 초목들이 자기감정을 나타내는 소리를 녹음해서 들려주는 소리를 들은 적이 있습니다. 풀잎을 밟고, 나뭇가지를 꺾을 때의 애처로운 소리, 톱으로 나무를 잘라낼 때의 나무들의 울부짖는 피조물의 탄식 소리입니다.

2013년 7월 장맛비가 억수로 쏟아지던 날, 필자는 서울 시내 모처에서 교계의 어떤 인사를 만났습니다. 그는 '티베트'의 고승으로부터 사람의 정강이뼈로 만든 피리를 선물 받았다고 자랑(?)을 했습니다. '그 피리소리가 어떠한가?'를 물었더니 감히 두려워서 불지 못했다고 했습니다.

필자는 즉석에서 글 한 수를 지어서 주었습니다.

頭髑聖餐杯(두촉성찬배)　해골로 만든 그릇으로 성찬을 따라 마셨고
髀脛爲簫形(비경위소형)　정강이뼈로는 피리를 만들었는데
畏心敢未吹(외심감미취)　두려워 감히 그 피리를 불지 못하고 말았다
卽聽骸骨聲(즉청해골성)　해골들의 그 소리를 들으시오

　동양학자 '왕필'은 이렇듯 깊은 경지의 소리를 그의 책《노자》에서 "인간의 표현할 수 있는 궁극에서나 나올 수 있는 말(窮極之言)이며, 말로 할 수 없는 말(無稱之言무칭지언)"이라고 했습니다. '장자(莊子)'는 '소리 없는 소리를 들으라(聽乎無聲청호무성)'고 했고, '노자(老子)'는 '큰 소리는 소리가 없다(大音無聲대음무성)'고 했습니다. 이는 구멍도 없는데서 울려 나오는 소리입니다.

　다윗은 이렇게 노래했습니다.
　"언어도 없고, 말씀도 없으며, 들리는 소리도 없으나 그의(하나님의) 소리가 온 땅에 통하고, 그의 말씀이 세상 끝까지 이르도다."(시편 19:3)

- 無: 없을 무 / ■ 孔: 구멍 공 / ■ 笛: 피리 적
- 子: ①아들 자. ②그대 자. ③스승 자. ④어조사 자.

무신불립

無信不立

|

믿음[信]이 없으면 설 수가 없다

"오직 의인은 믿음으로 말미암아 살리라."
〈로마서 1:17〉

중세의 신비주의자 '베르하르트 폰 클레르보'는 영혼이 하나님 앞으로 나아가는 믿음을 네 단계로 구분하여 말했습니다. 첫째는 자신의 비참함을 깨닫는 단계이고, 그 다음은 남의 비참함에 대하여 자비로운 마음을 갖는 단계이며, 셋째는 관조의 황홀(excessus contemplationis), 은혜의 극치, 최고의 정열을 체험하는 단계며, 마지막 단계는 자아를 부수어 이타적 헌신에 투신하는 것이라고 했습니다.

'무신(無信)이면 불립(不立)'이라는 말이 있습니다. 이 말은 원래 《논어》·〈안연편〉의 '백성이 믿지 않으면 존립할 수 없다(民無信不立)'이라는 말에서, '민(民)'자를 떼어내고 '4자성어'로 만든 말입니다. 원래 동양사상에는 '信(신)'이라는 단어에 오늘날 그리스도교에서 말하는 '신앙(faith)'라는 뜻이 없습니다. 동양사상에는 하늘이나 하나님을 '믿는다[信]'는 개념이 없습니다. 하늘은 우러러 경배할 대상이지, 믿음[信]의 대상이 아니었습니다. 그래서 '경천애인(敬天愛人)', 곧 '하느님을 공경하고, 이웃을 사랑하라'는 말은 있어도, '신천애인(信天愛人)'이라고 쓰지 않았습니다.

《논어》에서 따온 '무신불립(無信不立)'을 그리스도교적으로 재해석해서 사용하면 매우 유익할 것이라 생각되어 필자는 '신(信)'자에 새롭게 의미를 부여하여 다음과 같이 애용합니다.

첫째, 신용(信用). 지금의 시대를 불신(不信)의 시대라고 말합니다. 신용이 없으면 설 수 없습니다.

둘째, 신뢰(信賴). 신뢰를 잃으면 설 수가 없습니다.

셋째, 신의(信義). 배신이라는 말은 인간 사회에서 가장 듣기 싫은 소리 중에 하나입니다. 신의가 없으면 존립할 수 없습니다.

넷째, 신념(信念). 신념은 매우 좋은 것입니다. '할 수 있다!', '하면 된다!'는 적극적 사고방식입니다. 그렇지만 인생살이가 신념만으로 다 되는 것은 아닙니다. 의지를 세웠어도 뜻을 이루지 못할 때가 더 많습니다. 그래서 신앙이 필요합니다. 신념이 100%라면, 신앙은 무한합니다.

'안셀무스'는 이사야 7장 9절의 말씀에 근거하여, '나는 알기 위하여 믿는다(Credo, ut intelligam)'이라고 고백했습니다.

믿음에는 ① 구원의 믿음, ② 성화되는 믿음, ③ 은사로서의 믿음이 있습니다.

"믿음 없이는 설 수 없습니다!"

....
▪ 無: 없을 무 ▪ 信: 믿을 신 ▪ 不: 아니 불 ▪ 立: 설 립.

무재칠시

無財七施

|

재물이 아닌 것으로 베푸는 일곱 가지 적선

"너는 구제할 때에 오른손이 하는 것을 왼손이 모르게 하라."
〈마태복음 6:3〉

〈누가복음〉과 〈사도행전〉에는 '구제하라'는 권면이 여러 차례 나옵니다. '다비다'라는 여성 제자는 착한 일과 구제를 많이 한 사람으로 기록되어 있고, 백부장 '고넬료'도 하나님을 공경하고 구제를 많이 한 사람으로 기록되어 있습니다.(사도행전 10:2)

감리교 원로목사인 '벽해 오세주 목사'의 일화입니다.
그는 초등학교 5학년 때 눈병을 심하게 앓아서 실명단계에 까지 이르렀었습니다. 안질치료에 좋다는 것은 다 해 봤으나 백약이 무효였습니다. 인천기독병원 근처의 김 안과로 치료를 받으러 다녔습니다. 그때, 부모님이 그날그날의 치료비를 그의 손에 들려서 병원으로 보냈는데, 한 달이 지나자 담당 의사가 부친에게 '치료비는 왜 내지 않느냐?'고 물었습니다. 부친(오지섭 목사)가 깜짝 놀라, 자식을 불러서 '어떻게 된 일이냐?'고 물었습니다. 그 일의 자초지종은 이러했습니다.
벽해 소년은 병원 가는 길목에 눈먼 거지가 자리를 틀고 앉아서 구걸하는 모습을 보고, '나도 눈이 멀면 저렇게 되겠지…' 하는 생각을 하며, 그

앞을 지날 때마다 들고 가던 치료비를 거지에게 몽땅 다 털어 주었습니다. 그 후 얼마 지나지 않아, 하나님은 소년의 갸륵한 마음을 보시고 벽해의 안질을 신유(神癒)로 고쳐 주셨습니다.

《잡보장경》에는 '재물 없이 베푸는 보시 7가지'를 말했습니다. 도통하기 전에 먼저 보시부터 시작하라는 것입니다. 그 내용은 이렇습니다.

① 안시(眼施) ; 상대방을 노려보지 마라.
② 화안열색시(和顔悅色施) ; 온화한 낯빛으로 사람을 대하라.
③ 언사시(言辭施) ; 언사는 품위 있고 부드럽게 말하라.
④ 신시(身施) ; 자기 몸을 남을 위해 베풀라.
⑤ 심시(心施) ; 마음을 곱게 써라.
⑥ 상좌시(上座施) ; 높은 자리는 내어 드려라.
⑦ 방시(房施) ; 객에게 편안한 잠자리를 내어드려라.

재물이 있어야만 적선하는 것이 아닙니다. 《명심보감》에는 "은혜를 베풀었거든 보답을 기다리지 말라(施恩勿求報시은물구보)"고 하였습니다. '내가 얼마나 많이 도와 줬는데…' 하는 생각을 버려야 합니다. 그렇지 않을 경우 그 구제는 오히려 올무가 되기 때문입니다. 베푼 은덕은 그 대가를 바라지 말 것이며, 그 일은 즉석에서 잊도록 해야 합니다.

구제할 때에 생색내기를 조심하십시오. 그렇지 않게 되면 그것은 도리어 교만이 됩니다. 남을 돕는 일은 자기를 돕는 일입니다. '마르틴 부버'는 '남이란 다른 게 아니라, 나의 또 다른 모습'이라고 말했습니다.

"오른손이 한 일을 왼손이 모르게 구제하게 하소서."

- 無: 없을 무 ■ 財: 재물 재 ■ 七: 일곱 칠 ■ 施: 베풀 시

무죄자 선투석격지

無罪者 先投石擊之

|

죄 없는 자가 먼저 돌로 치라

"너희 중에 죄 없는 자가 먼저 돌로 치라"
〈요한복음 8:7〉

〈요한복음〉 8장에는 서기관과 바리새인들이 간음하는 여인을 현장에서 붙잡아 끌고 예수님 앞에 데리고 온 장면이 나옵니다.

'이 여자가 간음하다가 현장에서 잡혔나이다. 율법으로는 이 여자를 돌로 치라 명하였거니와 선생은 어떻게 말하겠나이까' 예수님은 이럴 수도 저럴 수도 없는 난감한 입장에 처해졌습니다. 이 여자를 풀어주라 하면 율법에 위배되고, 그렇다고 돌로 치라 하면 예수님의 사랑의 메시지와는 맞지 않는 그런 어려운 상황이었습니다.

예수님은 몸을 굽혀 손가락으로 땅에 무엇인가 끄적거리다가 '너희 중에 죄 없는 자가 먼저 돌로 치라!'고 하셨습니다. 이 한 마디에 예수를 공격하던 그들은 손에 들고 있던 돌들을 떨어뜨리고 슬금슬금 모두 달아나 버렸습니다.

불가(佛家)에서는 깨달음에 이르는 단계를 이렇게 설명합니다.(조용헌, 《조용헌 살롱》, 랜덤하우스코리아, 2006년)

① 첫째 단계는 형이상학적인 이치에 걸림이 없는 이무애(理無碍)의 단계입니다.

② 둘째는 현실의 일처리에서 걸림이 없는 사무애(事無碍)의 단계입니다.
③ 셋째는 상천하지(上天下地)의 현상에 모두 통달하는 사무애(事無碍)의 차원입니다.
④ 그리고 만사에 거침이 없는 사사무애(事事無碍)의 경지입니다.

예수님은 "너희 중에 죄 없는 자가 먼저 돌로 쳐라"고 말씀하셨습니다. 예수님의 이러한 판단을 사사무애(事事無碍)에 비견할 수도 있지 않을까요?

요즈음 여기저기서 불거져 나오는 '미투(me too) 고발현상'을 보면서 〈요한복음〉에 나오는 예수님의 행적을 살펴보았습니다.

- 投: 던질 투   ■ 擊: 부딪칠 격

무탐위보

無貪爲寶

탐욕하지 않음이 보배니라

"욕심이 잉태한 즉 죄를 낳고, 죄가 장성한 즉 사망을 낳느니라."
〈야고보서 1:15〉

사람들은 이익이 되는 일이라면 물불을 가리지 않습니다. 혹시 내 것을 누가 가져갈까봐 밤에 잠을 못 자는 사람도 있습니다. 재물을 쌓아 두고도 더 갖지 못해 불안해하고 다 갖지 못해 안달하기도 합니다. 나눌 줄 모르는 풍요는 탐욕이며, 탐욕은 재앙을 부릅니다. 도(道)를 구하는 자에게 탐욕은 독사의 독(毒)과 같은 것입니다. '탐욕하지 않음이 보배입니다(無貪爲寶 무탐위보)'(《좌전(左傳)》).

어느 재벌 총수가 '재벌이라고 세끼 먹느냐?'는 말을 해서 인구(人口)에 회자(膾炙)되었던 일이 있습니다.

《명심보감》에서는 "만족함을 알면 즐거울 수가 있고, 탐욕을 힘쓰면 근심 하느니라(知足可樂지족가락 務貪則憂무탐칙우). 큰 집이 천 칸이라도 밤에는 여덟 자에 누워 자고, 옥토가 만 이랑이라도 하루에 두 되를 먹느니라"라고 교훈했습니다.

감리교 3대 감독(총리사)을 지낸 고(故) '김종우' 목사의 아들 '김용우' 전(前) 국방장관은 목사의 아들로 태어나 신앙으로 열심히 살았습니다. 정계에도 투신하여 민의원을 지내고, 영국대사, 문화방송 회장, 보이스카웃연맹 총재, 대한체육회회장, 유엔총회대표, 적십자사 총재, 국방장관 등을 역임한 거목입니다. 그는 평생 겸허하고 청빈하게 살면서 평생에 본인 소유의 주택을 갖지 않았으며, 모든 공직에서 물러난 후에는 택시를 운전하며 생계를 유지해 나가기도 하였습니다.

말년에는 조상으로부터 물려받은 땅을 인근의 빈한한 이웃에 나누어주고 수 천 평의 임야는 교회에 바치고 세상을 떠났습니다. 감히 실천하기 쉽지 않은 모범적 헌신이었습니다.

철학자 '오스틴 버드'의 네 가지 인생의 교훈 중에 네 번째는 '하나님은 망하게 할 사람에게는 욕심으로 눈이 멀게 하신다'고 지적했습니다.

탐욕에 빠지지 않는 것이 보화입니다.

- 貪: 탐낼 탐 ■ 寶: 보배 보
- 爲: ①이다, ②하다, ③위하다, ④삼다, ⑤되다.

미새아

彌賽亞

|

메시아

"너희는 나를 누구라 하느냐 베드로가 대답하여 이르되
주는 그리스도시니이다."
〈마가복음 8:29〉

    중국 '시안[서안西安, 옛 장안]'의 '비림(碑林) 박물관'에는 높이가 3미터에 달하는 '대진경교유행중국비(大秦景教流行中國碑)'가 있습니다. 이 석비는 그리스도교(기독교)의 일파인 '네스토리우스'의 '경교(景敎)'가 중국에서 유행한 행적을 기록해 놓은 비석입니다. 원래 당(唐)나라 덕종 때인 주후 781년에 세워진 것이었는데, 땅에 묻혀 있다가 1623년 발굴되었습니다. 2015년 필자가 이 비문의 전문(全文)을 번역하여 세상에 내놓았습니다.

    경교(景敎)는 거금(距今) 1400여 년 전인 서기 635년 당(唐)나라 태종 때 중국의 장안(長安, 서안西安)에 전래된 '동부 시리아 지역'의 기독교를 지칭합니다. '동부 시리아 교회'(또는 동방교회)는 그리스도의 인성(人性)을 강조한 '네스토리우스'의 신학을 수용했기 때문에 '네스토리우스 교회'라고 부르기도 하였습니다. 서기 635년에는 아라본(阿羅本)을 단장으로 '시리아 교회 선교단'이 당(唐)나라의 수도 장안에 내도하였습니다.

    중국에 전래된 경교는 주후 650년에서 841년까지 당나라의 12명의 황제 치세를 거치면서 중국 전역의 10도와 385주에 경교의 교당을 세우는 놀라운 중흥을 이루었습니다. 경교는 '측천무후(則天武后)'의 박해(713년)를 시작으로 극심한 탄압을 받아 사제(司祭) 6~7백 명이 환속되었습니다.

이 경교비문에는 '메시야'를 '미시하(彌施訶)'라고 썼습니다. 메시야는 '기름부음을 받은 자'라는 뜻으로 아랍어 '메시하아', 히브리어 '마아시야', 희랍어 '크리스토스(그리스도)'는 결국 같은 말입니다. 고대 이스라엘에서는 왕이나 대제사장, 또는 선지자를 세울 때에 기름을 붓거나 발라서 그를 성별하여 거룩한 직분을 맡게 했습니다. 훗날 메시야는 '구세주'를 지칭하는 전문적인 용어가 되었습니다.

1400년 전인 당(唐) 태종 때에 중국에 전래되어 활동한 경교의 비문에 "삼일(三一)의 분신(分身)이신 크게 빛나며 높으신 '메시야[彌施訶]'가 세상에 나타나셨다"고 고백한 표현이 있습니다.

메시야는 '세상을 구원할 이', '구세주'가 됩니다.
세상을 구원할 메시야여! 저희를 구원하소서.

──────────────────────────────

■ 彌: 두루 미, 더욱 미, 오랠 미 ■ 賽: 내기할 새 ■ 亞: 버금 아

발해(渤海) 불상의
십자가 목걸이

"오직 성령이 임하시면 너희가 권능을 받고 예루살렘과 온 유대와
사마리아와 땅 끝까지 이르러 내 증인이 되리라."

〈사도행전 1:8〉

    1998년 10월에 서울 용산의 '전쟁기념관'에서 '발해 건국 1300주년 기념 발해를 찾아서'라는 '발해유물전'을 개최한 적이 있습니다. 필자는 그 유물들을 관람하였습니다.

    입구에서 안내책자를 받아들고 찬찬히 관람하던 중, 전시된 보살상 앞에서 짐짓 놀라 발걸음을 멈추었습니다. 자세히 관찰해 보니 '보살상의 목에 십자가 목걸이'가 걸려 있었습니다. 보살상의 십자가 목걸이는 1기만이 아니고 다른 여러 불상에도 걸려 있었습니다. 받아든 해설서에는 그것이 '경교(景教)의 십자가'라고 적혀있었습니다. 발해시대에 이미 경교가 전래되었다는 해설이었습니다. 이 안내책자는 그리스도교(기독교)에서 작성한 것이 아니었습니다. 재삼 살펴보니, 보살들의 얼굴도 한반도의 전통적인 '불상'이나 '보살상'과는 다소 다르게 느껴지는 이국적인 인상이었습니다.

    고구려의 패망 이후 만주 일대에 세력을 크게 떨친 '발해'의 존립시기(서기 699년-926년)는 경교가 중국에서 유행하던 시기와 같은 시대였으니 그 전파 가능성이 있는 것으로 보입니다. 그렇다면 이 시기에 한반도에도 전래되었을 가능성은 매우 농후합니다.

경교는 거금 1400여 년 전인 서기 635년 당(唐)나라 태종 때 중국 장안에 들어왔습니다. '네스토리우스'를 추종하는 선교사들이 서기 635년 '아라본(阿羅本)'을 단장으로 당(唐)나라의 수도 '장안'에 이르러 당 태종의 환영을 받았습니다. 당 태종은 그들을 적극적으로 포용하여 장안의 '의녕방'에 '대진사(大秦寺)'를 짓고 21명의 경교 사제(司祭)가 상주토록 하였습니다. 당 태종의 모친도 열렬한 경교도가 되었습니다. 경교는 650년에서 841년까지 당 나라의 열두 명의 황제를 거치면서 중흥을 이루어, 전국 10도와 385주에 교회를 세울 정도로 흥왕했습니다. 황실의 도움을 받으며 활발하게 부흥하던 경교는 '측천무후(則天武后)'의 박해(713년)와 '무종(武宗)'의 박해(845년), 그리고 '황소(黃巢)의 난(879년)'을 겪으면서 경교의 사제 6~7백 명이 환속되고 3만 여명의 신도가 학살되었습니다.

혹심한 박해로 그 잔존교도들은 중국 북방의 몽골의 초원과 만주 등의 변경으로 흩어져 나갔습니다. 몽골지역에는 '칭기스칸'의 출생 이전 수백 년부터 이미 경교가 전파되어 있었고, 알타이산맥 부근의 돌궐족, 헤프탈족, 위구르인, 타타르인, 케레이트족에도 경교가 전래되었습니다.

당나라 '측천무후(684-704년)'를 전후한 때라면, 신라는 '신문왕(神文王, 681-691년)'과 '효소왕(孝昭王, 692-701년)'이 재위에 있을 때이고, '발해'에서는 '대조영(大祚榮, [高王], 699-718년)'이 발해를 창건할 당시였습니다.

한편, 경교의 유물 흔적이 중국과 그 주변의 지역에서 간간히 출토되고 있습니다. 근래의 그리스도교(기독교)의 역사가들은 경교가 중국에 전래된 시기를 서기 200년-300년쯤인 동한(東漢)시대인 것 보고 있습니다.

최근 중국 '장쑤성 쉬저우'에서 발견된 구리거울[銅鏡]에는 "이 거울은 하나님을 섬기기 위해 만들었다. 예수는 하나님의 유일한 독생자다"라는 문구가 새겨져 있습니다. 이 거울의 제작 연도는 동한(東漢) 후기, 즉 서기 200-300년경이라고 밝혀져 있습니다.

'발해'의 '솔반부 아브리코스 사원' 터에서 '경교 십자가'가 발굴되었고, 한 때 발해의 수도였던 '동경 용원부(현 훈춘)'에서는 삼존불의 왼쪽 협시보살이 십자가 목걸이를 걸고 있는 석상이 발견되었습니다. 1926년에는 압록강을 사이에 두고, 한반도와 인접한 만주지역의 안산(鞍山) 부근에서 11세기 요대(遼代) 성종 때의 것으로 추정되는 기와로 만든 일곱 점의 십자가가 출토되었으며, 동방박사가 아기 예수를 경배하는 암각화와 내몽골 백령묘 유적에서 경교의 패 몇 조각 등이 발견되었습니다. 이 유물들은 현재 내몽골 자치구 아서(衙署) 박물관에 소장되어 있습니다. 이를 통해서 볼 때, 이러한 유물의 발굴로 보면 발해시대와 고려 초에는 상당수의 경교도들이 이 지역에 있었을 것으로 보입니다.

근래에는 경교가 신라에 전래되었을 것이라는 탐구가 제법 유행하고 있습니다. 그 근거로 불국사 경내에서 발굴된 경교 십자가, 경주 황남대총에서 출토된 유리 제품들, 발해 보살상의 십자가 목걸이 등을 제시하고 있습니다.

경교의 동방 전래의 역사로 볼 때, 그리스도교(기독교)의 한반도 전래는 최소한 고려 말 이전이라고 할 수 있습니다.

- 渤: 바다이름 발 ■ 海: 바다 해

방휼상쟁

蚌鷸相爭

|

조개와 도요새가 싸우는 통에

"내가 너희를 권하노니 너희가 배운 교훈을 거슬러 분쟁을 일으키거나
거치게 하는 자들을 살피고 그들에게서 떠나라."
〈로마서 16:17〉

'방휼상쟁(蚌鷸相爭)'이란 말이 있습니다. '도요새[鷸]'가 '조개[蚌]'의 살을 쪼아 먹으려는 순간 조개가 도요새의 부리를 꽉 물어서 서로 팽팽하게 싸우는 사이에 지나가던 어부가 두 마리를 다 잡았다는 고사입니다. 후퇴할 줄 모르고 다투다가는 엉뚱한 제3자에게 모두 잡힌다는 교훈입니다. 이 말은 휼방지세(鷸蚌之勢), 방휼상지(蚌鷸相持), 휼방지쟁(鷸蚌之爭)으로도 쓰입니다.

전국시대(戰國時代)의 전쟁에는 의로운 싸움이 없었습니다. 진(秦)나라가 힘의 우세를 믿고 닥치는 대로 이웃 나라를 침공했습니다. 어느 날 조나라가 연(燕)나라를 치려 하자, 연나라는 변사(辯士) 소대(蘇代)를 세객(說客)으로 조 나라에 파견했습니다. 조나라에 간 소대는 혜왕을 알현하고 입을 열었습니다. "제가 이곳으로 오던 길에 역수(易水)를 지나다가 재미난 광경을 보았습니다. 큼지막한 조개 하나가 아가리를 쩍 벌리고 햇볕을 쬐고 있는데, 갑자기 도요새 한 마리가 휘익~ 날아와서 기다란 부리로 조개를 확 쪼았습니다. 그러자 조개가 아가리를 꽉 다물어서 도요새의 부리가 조개 안에 갇히고 말았습니다. 도요새가 부리를 빼려하면 할수록 조개는 더욱

꽉 물어서 서로 팽팽하게 다투었습니다. 그 모습을 본 어부가 슬금슬금 다가가서 힘들이지 않고 싸우고 있는 조개와 도요새를 모두 손에 넣었습니다." 소대가 계속해서 말했습니다. "귀국에서 저희 연나라를 치게 되면, 연나라와 조나라는 오랫동안의 전쟁으로 인하여 백성은 피폐해지고, 국력은 소진되어, 결국에는 진나라가 우리 두 나라를 힘도 안들이고 삼켜버릴까 염려되옵니다."

이렇게 설득하여 마침내 두 나라는 전쟁을 삼가게 되었습니다. 이처럼 두 세력이 후퇴할 줄 모르고 싸우면 엉뚱한 사람이 이득을 보게 된다는 교훈입니다. 《전국책(戰國策)》·〈연책(燕策)〉에 나오는 이야기인데, 여기에서 '도요새와 조개가 싸우는 통에 어부만 이득을 보았다(鷸蚌相爭방휼상쟁 漁人得利어인득리)'는 고사가 나왔습니다.

《채근담》은 이렇게 말합니다. "세상 살아가는데 한 걸음 양보하는 것은 훌륭한 일이라(處世讓一步爲高처세양일보위고) 하고, 물러서는 것이 앞으로 나아갈 밑천이 된다(退步進步的張本퇴보진보적장본)."

'하늘 높이 나는 새도 먹이 때문에 잡힙니다(高飛之鳥고비지조 死於美食사어미식).'

'욕심을 없애기보다 명예를 없애기가 더 어렵습니다(無慾易무욕이, 無名難무명난).'

마음이 가난해지려면 다음과 같은 일들을 과감히 실행해야 합니다. 하나는 내려놓음, 둘째는 나눔, 그리고 버림입니다.

....

■ 蚌: 방합 방, 조개 방 / ■ 鷸: 도요새 휼 / ■ 相: 서로 상 / ■ 爭: 싸울 쟁

백경천도

百經千禱

백 번 성경을 읽고 천 번 기도하자

"주의 말씀의 맛이 내게 어찌 그리 단지요. 내 입에 꿀보다 더 다니이다."
〈시편 119:103〉

'사서삼경'은 물론 불어(佛語, 프랑스어) 시(詩) 1,000편을 암송한다는 '무애 양주동' 박사는 "예수쟁이들이 성경 1권도 달랑 못 외우며 예수 믿는다는 것이 민망해 보인다"고 말한 바 있습니다.

우리 옛 선비들은 자기가 공부하는 경서를 수천 수백 번을 읽어 그 뜻을 완전히 소화해 내는 '침잠완색법(沈潛玩索法, 풍덩 빠져 들어가 즐기면서 공부하는 것)'으로 공부를 했습니다. '주자'는 "공자 맹자가 내 가슴 속에 들어앉도록 경서를 수 백, 수 천 번을 읽어야 정통(精通)해 진다"고 했으며, 세종대왕도 '구양수'와 '소동파'의 글을 모은 《구소수간(歐蘇手簡)》을 1,100번 읽었고, '우암 송시열'도 《맹자》를 수 천 독(讀)했고, '덕계 오건'은 《중용》을 10,000번 넘게 읽어서 문리가 통달하여 붓만 잡으면 글이 저절로 이루어졌다고 했습니다. 독서를 많이 하기로는 '백곡 김득신(1604-1684)'을 빼놓을 수 없는데, 백곡은 《백이전》을 11만 3,000번을 읽고, 그의 소재(小齋)에 '억만재(億萬齋)'라는 당호(堂號)를 내걸었습니다.

개화기 기독교인으로 만주 간도 명동마을에서 학교를 세운 '김약연'은 《논어》를 1만 번 통독했고, '김하규'는 《주역》을 1만 번 읽고 그리스도교

(기독교)로 개종했으며, '최정원' 목사는 신구약 성경을 모두 암송했습니다.

필자의 한학 스승들은 한 분도 빠짐없이 모두가 사서삼경 전체를 암송하는 분들이었습니다. 이런 방식이 옛날식 공부 방식이었습니다. 그렇지만 신앙생활은 성경을 암송하는 것으로 온전히 이루어지는 것이 아닙니다.

"백경천도(百經千禱)!" 백 번 성경 읽고, 천 번 기도해야 그 신앙의 온전히 설 수 있습니다. 기도하지 않고 성경만 읽으면, 말씀이 소화되지 않아 이단이나 그릇된 신앙에 빠지기 쉽습니다. 그리고 기도만 하고 성경에 기초하지 않는 신앙은 모래위에 지은 집처럼 무너지기 쉽습니다.

'길선주' 목사는 평안북도 안주에서 출생하여, 선도(仙道)에 입문해 신(神)차력 수(水)차력을 연마했으나 마음의 허전함을 금할 길 없어 방황하던 중 예수를 영접했습니다. 그는 아침 식사 이전에 〈요한계시록〉 22장 전체를 암송하고 난 후에야 식사를 시작했습니다. 그래서 〈요한계시록〉을 1만 2천 번을 통독했습니다. 그는 1907년 초, 평양 부흥회에서 성령의 임재를 크게 체험하고 일어나 전선 각지를 다니며 수많은 영혼을 그리스도께로 인도했습니다. 더욱이 3·1독립만세운동 때에는 민족대표 33인의 한 분으로 참여하여 나라의 독립을 위해 투신하는 삶을 살았습니다.

길선주는 이렇게 외쳤습니다. "성도 여러분, 더욱 큰 시련의 때가 다가오고 있습니다. 깨어 기도하지 않으면, 닥쳐올 환난을 극복할 수 없으며, 슬픔에 빠진 민족을 구원할 수가 없습니다." 이후 그는 독립만세운동에 적극 참여하였습니다.

"백경천도(百經千禱)!" 수도 없이 말씀을 읽고, 무시로 기도하게 하소서.

....

- 百: 일백 백 / ■ 經: 경서 경, 날실 경, 떳떳할 경, 지날 경, 길 경, 목맬 경
- 千: 일천 천 / ■ 禱: 빌 도

백운당 묘비문

白雲堂 墓碑文

|

감람산 산기슭에 웃는 백합 되었다가

"나는 샤론의 수선화요 골짜기의 백합화로다."
〈아가 2:1〉

'백운당(白雲堂)'은 지금은 고인이 되신 감리교회 '오지섭 목사'의 당호(堂號)입니다. 그는 8·15광복 직후 일제강점기에 훼파된 인천 문학향교의 복구작업을 주도하고 그 준공식에서 유림을 대표해서 그 '복구서(復舊序)'를 짓고 낭독한 학자입니다.

백운당은 정통 한학자로서 1930년대 초 '시무언(是無言) 이용도 목사'를 통해서 그리스도를 영접하고 신학을 수업하여 감리교회의 목사가 되었습니다. 그는 가방에 지필묵을 넣고 전선 각지를 소 갈 데 말 갈 데 다 다니며 복음을 전하여 많은 거유(巨儒) 석사들을 그리스도께로 인도한 한학자 출신 목사였습니다. 그는 평생 수 천편의 한시를 짓고, 또 여러 곳에 족자, 병풍, 비문, 현판 등의 글씨를 필서하였습니다.

백운당은 붓글씨를 쓸 때에 사자성어를 스스로 창작하여 필서했습니다. 그 중에 몇 가지를 소개하면 다음과 같습니다.

▶ 일도벽천(一禱闢天) ; 크게 기도하면 하늘문이 열린다.
▶ 명겸정길(鳴謙貞吉) ; 명성이 울려도 겸손을 지켜나가면 바르고 길하니라.

- ▶ 도심덕고(道深德高) ; 도는 깊게 덕은 높게.
- ▶ 이선승악(以善勝惡) ; 선으로써 악을 이기라.
- ▶ 개생멸사(開生滅死) ; 생명을 열고 죽음을 멸한다.
- ▶ 선구천의(先求天義) ; 하나님의 의를 먼저 구하라.
- ▶ 체득야심(體得耶心) ; 예수님의 마음을 체득하라.
- ▶ 백경천도(百經千禱) ; 성경은 백독하고 기도는 천 번하라.

필자는 어린 시절 백운당 목사님의 성회에 참석하여 큰 은혜를 받은 일이 있습니다. 그때 백운당 목사님은 필자의 부모님 성함(김홍익 김춘자)을 칠언율시(七言律詩)의 정절(頂絕, 머릿글자)에 넣고 즉석에서 시를 지어 처세훈을 제시해 주셔서 길이 기억하고 있습니다.
〈김두영 목사〉

1999년에 세상을 떠난 백운당의 묘비에는 그가 생전에 자작한 '서원시(誓願詩)'가 새겨져 있습니다.

願吾將死終何成(원오장사종하성)
橄欖山麓爲香笑之百合(감람산록위향소지백합)
欲笑吾主愁憂之顔色已耳(욕소오주수우지안색이이)

이 몸이 죽어 가서 무엇이 될꼬 하니
감람산 산기슭에 웃는 백합 되었다가
우리 주 근심 찬 얼굴 웃겨 볼까 하노라.

- 橄: 감람나무 감 / ■ 欖: 감람나무 람 / ■ 山: 뫼 산 / ■ 麓: 산기슭 록
- 百: 일백 백 / ■ 合: 합할 합 / ■ 花: 꽃 화

보원이애

報怨以愛

|

사랑으로 원수를 갚자

"너희 원수를 사랑하며, 너희를 미워하는 자를 선대하며, 너희를 저주하는 자를 위하여 축복하며, 너희를 모욕하는 자를 위하여 기도하라."
〈누가복음 6:27〉

십자가의 형태는 여러 가지가 있습니다.
① 첫째가 '화형기둥[火刑柱]' 형태의 십자가 ('❙').
② 그 다음으로 '안드레 형'인 'ㄨ'형 십자가.
③ 셋째는 '타우(ㅜ)' 형태의 십자가.
④ 넷째는 오른쪽으로 구부러졌을 때는 '스바스티카(swastika)'라 하고, 왼쪽으로 구부러진 경우에 '사우바스티카(sauvastika)'라고 부르는 '卍' 자형 십자가.
⑤ 다섯째는 '크룩스 이미사(crux immissa)'라고 부르는 전통적인 '✝'형 십자가입니다. '크룩스 이미사'는 종(縱)으로는 하나님에 대한 사랑, 횡(橫)으로는 '이웃을 네 몸 같이 사랑하라(敬天愛人)'는 그리스도교(기독교)의 핵심사상을 나타내는 전형적인 십자가 모양입니다.

로마의 박물관을 방문하게 되면, 박물관 한쪽 구석에 놓여있는 볼품없고 왜소하게 생긴 동상 하나를 만나게 됩니다. 이는 예수님이 십자가에 달리셔서 고초당하시고 운명하실 때, 예수님의 심장을 창으로 찌른 장본인인 '론지노'라는 이름을 가진 로마 병정 망나니의 동상입니다.

망나니로 뽑혀온 로마병정 론지노에 얽힌 전설은 이렇습니다. 예수님에 대한 최후의 사살 책임을 맡은 론지노는 흉측한 몰골의 애꾸눈이었습니다. 망나니의 성품이 아무리 잔학하다 하더라도 사람을 죽인다는 일은 그리 쉬운 일이 아닙니다. 그래서 망나니로 뽑히는 사람은 어딘가 좀 모자라는 사람을 데려다가 독주나 마약을 먹여 그 일을 시켰다고 합니다. 어떤 이유에서였건, 영문도 모른 채 십자가 밑으로 불려와 악역을 맡은 론지노는 창을 꺼내 공중 높이 휘두르며 칼춤을 추고, 쏜살같이 십자가로 달려들어 예수님의 심장을 '푸욱' 찔렀습니다. 십자가 위에서 발아래를 내려다보시던 예수님은 자기의 심장을 찌르려 달려드는 론지노의 한 쪽 눈이 애꾸눈인 것을 보셨습니다. 그 순간, 예수님의 심장에서 튀어 나온 최후의 피 한 방울이 론지노의 병든 눈동자에 '톡!' 떨어지자, 순간! 론지노의 애꾸눈은 말끔히 고침 받았습니다.

최후의 피 한 방울도 자기의 가슴을 찌르려 달려드는 로마 병정의 눈을 고쳐 주신 예수님!

론지노는 그 후 자기를 구원한 예수의 부활을 죽도록 증거하여 '성자'의 칭호도 얻었습니다.

예수님은 우리에게 원수를 없애는 비밀을 가르쳐 주셨습니다.
그것은 '원수를 사랑하라'는 계명의 실천입니다.

──────────────────────────────────
■ 報 갚을 보 / ■ 怨 원한 원 / ■ 以 써 이 / ■ 愛 사랑 애

부건고양

負愆羔羊

세상 죄를 지고 가는 어린 양

"세상의 고통을 지고 가는 어린 양을 보라."
〈요한복음 1:29〉

'구약'의 제사에서 '번제'를 드릴 때는 어린 양을 제물로 드립니다(레위기 1:10). 그 절차를 살펴보면 이렇습니다.

먼저 제물을 '회막문' 앞으로 끌고 와서, 제사를 드릴 당사자가 자기가 지은 모든 죄를 어린 양에게 떠넘기는 의미에서 제물을 드릴 어린 양 제물 머리 위에 안수를 거행합니다. 이를 '스미하'라 부릅니다(레위기 1:4). '스미하'는 두 가지 뜻이 있습니다. ① 하나는, 나의 모든 죄를 모두 제물이 된 어린 양에게 다 떠넘기니, 내 죄를 네가 다 가지고 제단으로 올라가라는 뜻이고, ② 둘째는, 제물이 불에 타서 잿가루가 될 때 자신의 모든 죄도 모두 다 타버려 없어지라는 뜻입니다.

그 다음으로, 제물의 껍질을 홀딱 벗기는 '하프사타'를 행합니다(레위기 1:6). ① 머리부터 잘라내고, ② 그 다음에 기름과 콩팥을 떼어내며, ③ 내장을 모두 떼어내 그릇에 담습니다. ④ 팔과 다리도 모두 잘라냅니다. 살아 있는 것은 제물이 될 수 없습니다. ⑤ 그 다음에는 정강이와 창자를 물로 씻고(레위기 1:9), ⑥ 마지막으로 제물을 제단 위에 올려놓고 소금을 친 다음에 번제단의 활활 타는 불에 던져 넣으면 제물은 불에 타서 재만 남습니다. 이를 '하크타라'(레위기 1:9)라고 합니다. 인생의 모든 죄를 '어린 양'에게 전가시켜, 그 죄를 걸머지고 제단 위에 올려 져서 번제단의 불에 불태운다는 뜻입니다.

오스트리아 출신 '마리안 수녀'와 '마가레트 수녀'는 1960년을 전후하여 '소록도'에 와서 일평생 한센환자를 돌보며 살았습니다. 그들은 약을 발라줄 때도 손에 장갑도 끼지 않은 채 봉사할 정도로 정성을 다해 헌신했습니다. 70세가 되자 나이가 들어 남에게 방해될 것 같다고 여겨 떠날 결심을 하게 됩니다. 그리고 "그동안 감사했습니다. 여러분, 사랑했습니다"라는 짧막한 편지 한 장만을 남기고 낡은 가방 하나만 달랑 들고 소록도를 떠났습니다. 모두가 곤히 잠든 새벽 조각배를 타고 몇 번이고 고개를 돌려 소록도를 바라보며 하염없이 울면서 조용히 떠났습니다. 43년간의 희생과 헌신이었습니다.

예수님의 별명은 '남을 위해서 사신 분'입니다. 자신을 희생하는 이타적 (利他的) 삶이 무엇인지 몸소 보여주신 것입니다.

"세상 죄를 지고 가는 하나님의 어린 양을 보라!"

....
- 羔: 어린 양 고, 염소 고 / ■ 羊: 양 양 / ■ 負: 짐 부 / ■ 愆: 허물 건

부불삼대
富不三代
|
3대 가는 부자 없다

"한 부자가 그 밭의 소출이 풍성하매 심중에 생각하여 이르되,
내가 곡식 쌓아 둘 곳이 없으니 어찌 할까?"
〈누가복음 12:16~17〉

개화기에 경상도 제일의 부자가 있었습니다. 그는 '진주성(晉州城)'에 기생을 600명씩 끌어들여 허랑방탕하게 살았습니다. 그는 말년에 중풍으로 병들고, 아흔 아홉간의 고래등 같은 기와집은 한 칸도 없이 다 날아갔고, 신고 다니는 고무신은 짝짝이 검정고무신을 신고 이집 저집 문전걸식을 하다가 최후를 맞았습니다. '조선의 부자'에 나오는 이야기입니다.

전주의 6천석지기 부자는 부친이 쌓아놓은 재산과 토지를 차지하려는 탐욕으로 그의 부친을 살해했다고 고발이 되었습니다. 그는 "난 아버지를 죽이지 않았다!"고 맞고소하며 재판을 계속하였습니다. 그 재판에 동원된 피고인이 무려 443명, 소장의 높이가 125척, 재판기록만 7,000페이지, 송달비가 1,000원, 13인의 판사가 교체되면서 9년 동안 재판을 했습니다.

마침내 재판이 끝나고 보니 6천석지기의 땅은 온데간데없이 다 없어졌습니다. 그의 부인은 셋방 하나 얻어서 길거리 행상으로 나섰고, 딸은 여급이 되어 겨우 생명을 보존했습니다.

우리나라의 재벌에 대한 최초의 기록은 1911년의 기록에서 시작되었는데, 35년이 지난 1936년의 《조선연감》에 의하면, 조선의 10대 재벌 중에서 30년이 지나서 두 사람만 지속되고 나머지는 모두 몰락했습니다. 그 후 30년이 지난 후에 1965년의 《서울경제신문》이 선정한 조선의 10대 재벌 리스트에는 기존의 재벌은 모두 몰락하여 사라져 그 이름이 하나도 남아 있지 않았습니다. 그 결론에서는 '재벌이 방자하면 멸망한다'고 평가했습니다.

성경의 〈시편〉에는 하나님의 백성이 받을 복을 이렇게 표현했습니다. "① 우리 아들들은 어리다가 장성한 나무들과 같으며, ② 우리 딸들은 궁전의 양식대로 아름답게 다듬은 모퉁잇돌들과 같으며, ③ 우리의 곳간에는 백곡이 가득하며, ④ 우리의 양떼들은 들에서 천천과 만만으로 번성하며 우리 수소는 무겁게 실었으며, ⑤ 또 우리를 침노하는 일이나 우리가 나아가 막는 일이 없으며, ⑥ 우리 거리에는 슬피 부르짖음이 없을진대, 이러한 백성은 복이 있나니, 여호와를 자기 하나님으로 삼는 백성은 복이 있도다."(시편 144:12~15)

- 富: 부자 부 / ■ 不: 아니 불 / ■ 三: 석 삼 / ■ 代: 대신할 대, 세대 대

부작불식

不作不食

|

일하기 싫거든 먹지도 말라

"누구든지 일하기 싫어하거든 먹지도 말게 하라."
〈데살로니가 후서 3:10〉

　근래의 '인간학(人間學)' 연구는 '도구인(道具人)', '기술인', '노동하는 존재(homo faber)'로서의 인간이해가 그 주요과제입니다.
　'괴테'는 《파우스트》에서 "네 발밑을 파라! 거기서 맑은 샘이 솟으리라!"고 외치며, '생산적인 것이 아름답다!'고 말합니다. 그때 악마 '메피스토텔레스'가 나타나 파우스트를 넘어뜨리려는 도박을 걸었습니다. "너에게 인생이 누릴 모든 경험을 다 시켜 주겠다. 만약 어느 한 순간을 향하여, '너는 참으로 아름답다. 머물러라!'라고 외치는 순간이 온다면 그때는 네가 나에게 패배자가 되는 순간이다. 네가 나에게 패배하면, 나는 네 영혼을 가차 없이 차지해 뺏어가겠다!"는 제안을 합니다.
　그리하여, 백발의 노(老) 학자 '파우스트'는 젊은 청년으로 다시 태어나서 세상에서 누릴 수 있는 온갖 경험을 다 겪어봅니다. 뜨겁게 사랑도 해보고, 마음껏 연락을 누리며, 높이 출세도 해보고, 학문의 깊은 세계에도 이르러보고, 먼 나라로 여행도 떠나보고, 돈도 실컷 벌며, 인생이 누릴 수 있는 별의 별 일들을 최대로 경험하며 쾌락과 향락을 누렸습니다. 그렇지만 파우스트는 자신이 누린 어떠한 경험도 '너는 참으로 아름답다! 좀 더 머물러다오!'라고 외칠 수 있는 것이 없었습니다. 오히려 구멍 뚫린 허전함과 허탈감만 깊이 쌓여갔습니다. 마침내 파우스트는 자유자와 더불어 온몸이 땀으로 뒤범벅되어 척박한 땅을 개간하여 생산하고 세우고 제작하는 일에 몰두하며 이전에는 맛보지 못했던 굉장한 희열과 감동이 속에서 솟아오르는 것을 느꼈습니다. 드디어 파우스트는 이렇게 외칩니다. "머물러라! 너는 참으로 아름답도다!" 그 순간! 파우스트는 그 자리에서 쓰러져 숨을 거두었습니다.

파우스트의 가장 아름다운 순간은 노동하며 땀방울을 쏟는 순간이었습니다. 악마는 도박에서 이겼다는 생각에서 개선장군처럼 의기양양하게 파우스트의 영혼을 빼앗으려고 달려들었습니다. 그때, 하늘이 열리며 천사가 천상에서 내려와서 파우스트의 시체를 안고 천상으로 올라가며 이렇게 합창을 합니다.

"부단히 노력하는 자는 구원을 얻으리라~"

이 세상에는 3종류의 사람이 있습니다.

하나는, 거미 같은 사람입니다. 땀 흘리지 않고 수고도 않고 먹을 것을 구하는 기생충 같은 인생입니다.

둘째는, 개미 같은 사람입니다. 아침부터 저녁까지 하루 종일 일만합니다. 마치 일을 위해 태어난 사람과 같습니다.

셋째는, 꿀벌 같은 사람입니다. 개미처럼 부지런할 뿐만 아니라 이 꽃 저 꽃을 날아다니며 열매를 맺게 해 주고 꿀을 날라다 주는 일을 합니다.

당(唐)나라의 '회해(懷海)'는 "하루 일을 하지 않으면, 하루 식사를 하지 말라(一日不作일일부작 一日不食일일불식)"고 했습니다.

'이탈리아'의 중부 '라치오(Lazio) 주(州)' '카시노(Cassino) 시(市)'에는 '몬

테카시노 수도원(Monte Cassino Abbey)'이 있습니다. '베네딕트 수도회'의 탄생지이자 토대가 된 이 수도원의 입구에는 "기도하며 일하라(Ora et Labola)!"는 현판이 걸려 있습니다. 이는 베네딕트 수도회의 표어이기도 합니다.

"일하면서 기도하라, 기도하며 일하라!"

성경에는 "일하기 싫거든 먹지도 말라(데살로니가후서 3:10)"고 했습니다.

- 不: 아니 불(부) / ■ 作: 지을 작 / ■ 食: 먹을 식, 밥 사

분면대장부

奮勉大丈夫

|

힘써 대장부가 되라

"나는 이제 세상 모든 사람이 가는 길로 가게 되었노니, 너는 힘써 대장부가
되고, 네 하나님 여호와의 명령을 지켜 그 길로 행하며 그 법률과 계명과
율례와 증거를 모세의 율법에 기록한 대로 지키라. 그리하면 네가
무엇을 하든지, 어디로 가든지 형통할지니라."
〈열왕기상 2:2~3〉

'대장부(大丈夫)'는 걸출한 인격자를 나타내는 말입니다.

여러 종교는 제각기 나름대로 '대장부'라는 말을 애용하였습니다. 도가(道家)에서는 대장부를 가리켜 '대지(大智)의 사람', 또는 '출세(出世)의 초인(超人)'이라 하였고, 유가(儒家)에서는 성인(聖人)과 비슷한 존재로 여겼습니다. 《노자》 "38장"에는 "대장부는 인위적인 조작을 버리고 무위자연을 취한다"고 하였고, 《한비자》·〈해로(解老)〉에는 '대지자(大智者)'라 하였으며, 《회남자》·〈원도훈(原道訓)〉에는 "욕심 없이 무사(無思)하고 담박하여 염려하지 않는 자"라 하였습니다. 《맹자》의 〈등문공 하〉에도 대장부라는 말이 나옵니다. "바른 곳에 거하고, 대도를 행하며, 뜻대로 되지 못할 때에도 홀로 그 도를 지키며, 부귀하더라도 음란하지 않고, 빈천하더라도 동요하지 아니하며, 위압에도 굽히지 않는 이를 대장부"라고 하였습니다.

'모세'가 죽은 후에 '여호와'께서 '여호수아'에게 말하기를, "너는 힘써 대장부가 되라" 하시며, "이 모든 백성과 더불어 일어나 이 요단을 건너 내가 이스라엘 자손에게 주는 그 땅으로 가라!"고 격려했습니다.

그리고 구체적으로 "① 네가 발바닥으로 밟는 땅은 모두 내가 너희에게 주겠노라. ② 네 평생에 너를 대적할 자가 없으리라. ③ 내가 너를 버리지 아니 하리라. ④ 강하고 담대하라. ⑤ 네게 명령한 그 율법을 다 지켜 행하고 우로나 좌로나 치우치지 말라. ⑥ 그리하면, 어디를 가든지 형통하리라"고 하셨습니다.

'아브라함 링컨' 대통령은 어머니의 유훈을 받아 성경에 기초한 삶을 살았습니다. '① 청렴결백(clean life)하게 살자, ② 맡은 일에는 최선을 다하자, ③ 투철한 신앙심(trust God)으로 살자.' 이 세 가지를 좌우명으로 삼고 최선을 다하여 살았습니다. 마침내 그는 흑인노예를 해방시키는 대장부의 생애를 살았습니다.

"너희는 힘써 대장부의 길을 가라!"(열왕기상 2:2)

- 奮: 힘쓸 분 / ■ 勉: 힘쓸 면 / ■ 爲: 될 위 / ■ 豪: 호걸 호
- 傑: 호걸 걸

불여인화

不如人和

|

인화(人和)가 제일이다

"예물을 제단 앞에 두고 먼저 가서 형제와 화목하고
그 후에 와서 예물을 드리라."
〈마태복음 5:24〉

'맹자'는 적에게 포위당하여 위기에 처했을 때, 성(城)을 지키는 중요한 요소 세 가지를 말했습니다. "천시(天時) 불여지리(不如地利)요, 지리(地利) 불여인화(不如人和)라."

① '천시(天時)'는 하나님의 때, 하늘이 정한 때를 말합니다. 때가 왔는가를 판단하는 것입니다.
② '지리(地利)'는 환경과 여건을 말합니다. 지형적인 조건과 시세의 흐름입니다.
③ '인화(人和)'는 이웃과의 화목입니다.

그 엄중함으로 따지면 '천시'가 첫 번째이고, 그 다음이 '지리', 그리고 '인화'지만, 실천의 우선순위로는 '인화'가 첫 번째입니다.

이 세 가지가 모두 중요한 사항이지만, 그 중에서도 가장 으뜸인 것은 이웃과의 화평입니다.

〈마태복음〉 16:19절에는 '네가 땅에서 무엇이든지 매면 하늘에서도 매일 것이요, 네가 땅에서 무엇이던지 풀면 하늘에서도 풀리리라'고 하셨습니다.

'세종대왕'은 재위 32년 동안 화를 낸 것이 20번도 안 된다고 합니다. 수도자도 아닌 절대 왕권을 가진 임금이 1년에 한 번 정도도 화를 내지 않았다는 것은 상상조차 되지 않는 일입니다. 물론 한글을 창제하신 임금이면서 성품도 온화하였으니, 두고두고 존경받기에 마땅한 훌륭한 임금이셨습니다.

'화평'은 히브리어로 '샬롬'이라고 말합니다. '샬롬'의 뜻은 '싸우지 않는다'는 뜻입니다. 화평의 반대말은 전쟁과 불화입니다.
스위스 제네바에 있는 '올림픽 기념관' 입구에는 '총신을 구부려서 매듭을 묶듯이 묶어 놓은 동상'이 서 있습니다. 뉴욕의 UN본부 건물 앞마당에도 권총의 총신을 비틀어 놓은 기념비가 세워져 있습니다. 평화의 정신을 나타내는 형상입니다.

"화평케 하는 자는 복이 있나니, 그들이 하나님의 아들이라 일컬음을 받을 것이니라." (마태복음 5:9)

....
- 不: 아니 불(부) / ■ 如: 같을 여 / ■ 和: 화할 화

불변응만변

不變應萬變

|

변하지 않는 것으로 온갖 변화에 대응하자

"사랑하는 자여, 네 영혼이 잘됨과 같이 네가 범사에
잘되고 강건하기를 내가 간구하노라."
〈요한3서 2절〉

"不變應萬變(불변응만변)"

이 명구(名句)는 우리나라가 일제 치하에서 광복이 되자 '백범 김구' 선생이 그 해 11월 23일 '상해임시정부'에서 귀국하기 바로 전 날 쓰신 휘호 글씨입니다.

'변하지 않는 것으로 온갖 변화에 대응하자!' 이 문장을 제대로 쓰면 '以不變應萬變(이불변응만변)'이 되겠지만, '以(이)' 한 글자를 줄여서 썼습니다. 이 글씨는 지금 '상해 임시정부청사' 건물에 걸려있습니다.

격동의 해방 정국을 맞아 강대국이 첨예하게 대치하며 넘실대는 한반도가 처한 천변만화의 형세 속에서 대한민국이 주견을 갖고 전진해나가라는 격려의 말씀이었습니다.

일제에 의한 식민지배로부터 독립. 미군정의 통치. 친탁이냐? 반탁이냐? 열강의 협상으로 인해 억지로 그어진 38선. 남북이 갈라져 나라는 두 동강이 나고, 6·25전쟁으로 동족상잔의 피비린내가 진동한 비극의 역사. 4·19혁명. 5·16군사쿠데타……

백범은 격동하는 한반도의 역사를 예견했던 것일까요?

'코이'라는 물고기는 주변 환경에 따라 자라는 몸의 크기가 달라진다고 합니다. 작은 어항에 넣어두면 5~8cm 밖에 자라지 않지만, 연못에서는 15~25cm가 되며, 강물에 방류하면 1미터 크기로 자란다고 합니다. 그렇다고 '코이'가 다른 물고기가 되는 것은 아닙니다. 크던 작던 크기에 상관없이 '코이'입니다.

"주역(周易)"의 '역(易)'이라는 글자에는, ① 변하지 않는 원리인 불역(不易)과 ② 다양한 변역(變易)이라는 뜻이 있습니다. 우주 삼라만상의 근본원리는 불변(不變)의 원리입니다. 그런 한편 세상사 모든 만물은 항상 변하고 있습니다.

신앙의 원리도 그렇습니다. 하나님의 사랑, 예수님의 십자가 정신, 이타적인 믿음과 헌신과 희생을 근본으로 삼고 나아가면 그 밖의 천태만상의 모든 일에 능력 있게 처신할 수 있습니다.

'사도 요한'이 말한 "사랑하는 자여, 네 영혼이 잘됨과 같이 네가 범사에 잘되고 강건하기를 내가 간구하노라!"(요한3서 2절)는 말씀도 같은 원리입니다. 영혼이 잘 되면 천변만화의 세상일에서도 형통하고 강건하고 형통하며 승리하게 됩니다.

- 不: 아니 불(부) / ▪ 變: 변할 변 / ▪ 應: 응할 응 / ▪ 萬: 일만 만

불휵장획

不畜臧獲

|

노비를 두지 않았다

"진리가 너희를 자유케 하리라."
〈요한복음 8:32〉

'경교비문(景教碑文)'에서 이런 글귀를 만났습니다. "(경교도는) 노비를 두지 않고(不畜臧獲불휵장획), 귀천에 관계없이 사람을 균등하게 대하였다(均貴賤於人균귀천어인)"는 구절입니다. 1천 수백 년 전의 완고한 봉건주의 신분차별시대에 경교도의 이런 행적은 상상할 수도 없었던 엄청난 충격이었습니다. 여기서 '畜(축, 휵)'은 사람을 '양육한다'는 뜻으로 읽을 때는 '휵'이라고 읽습니다.

노비(奴婢)에서 '노(奴)'는 '남자노예'를, '비(婢)'는 '여자노예'를 가리킵니다. 조선에서는 관청에 소속된 '공천(公賤, 공노비)'과 양반가에 예속된 '사천(私賤, 사노비)'이 있었습니다. 조선사회에서는 '노비, 상두꾼, 광대' 등은 7천(賤)이라 하여 매우 괄시받는 밑바닥 천민이었습니다. 천민에게는 '일천즉천(一賤則賤)'의 법칙이 적용되었습니다. 곧 '① 부부 중 하나가 천민이면 곧 천민이 되고, ② 한번 천민이 되면 영원히 천민'이라는 규율이었습니다. 노비는 재산으로 간주되어 세습되었으며 상속과 매매도 허용되었습니다. 노비의 가격은 전지(田地) 10부(負)에 준하였고, 《경국대전》에서는 노비의 값을 말 1마리 값으로 매겼습니다.

성종 15년(1484년), 조선의 인구는 총 340만 명이었습니다. 그 중 공노비의 수효는 35만 명이었으며, 숙종 15년(1690년)에는 양반이 전체 인구의 9%, 상인(常人)과 천민이 54%, 노비는 37%였습니다. 그 후 170년이 지난 철종 9년(1858년)에는 양반이 70%, 상민과 노비가 30%가 되어, 적은 수의 천민이 7할이나 되는 양반을 섬기는 기형적인 사회구조를 이루었고, 18세기에는 조선 백성의 절반 이상이 천민이었습니다. 이러한 현상에 대해 미국의 한국학자 '제임스 팔레(J. B. Palais)'는 고려와 조선사회를 '노예사회'로 규정하였고, 어떤 사회학자는 '조선은 동방노예지국'이라고까지 말하였습니다.

조선의 '정조 임금'은 "인간으로 태어나서 어찌 귀하고 천한 존재가 따로 있겠는가? 노비보다 슬픈 존재는 없다. 따라서 노비제는 혁파되어야 한다!"고 파격적 선언을 했습니다. 그러나 정조 임금의 노비제 혁파계획은 막 시행하려던 차에 정조의 죽음으로 무산되고 말았습니다. 이때가 1801년이니, 링컨의 노예해방 선언이 1863년이니 그 보다도 60여년 앞선 일이었습니다.

'정조'의 뒤를 이어 즉위한 '순조 임금'은 즉위하던 바로 그 해, 1801년(순조 1년)에 '공노비 철폐 윤음(綸音)'을 공포했습니다.

"백성을 노(奴)나 비(婢)로 차별하고서야 어찌 동포라 하겠는가! 내(內)노비 3만 6974구와 사노비 2만 9093구를 모두 양민이 되게 하여, 이제 후로는 천년만년 제 터전에서 편안히 살면서 선산을 지키고, 제 때에 혼인하여 자식을 낳고 농사를 지으며 즐거이 놀며 노래를 부르며 살라."(순조실록 1년 1월 28일) '순조 임금'의 면천 선포에 따라 전국의 각 관방(官房)에서는 노비 원부(原簿)를 즉시 불태웠습니다. 임금의 이러한 행적은 조선역사 뿐만 아니라 세계의 역사에서도 보기 드문 엄청난 조치였습니다.

'동학'의 교조 '수운(水雲) 최제우'는 금강산 유점사의 한 선승이 던져주고 간 '을묘천서(乙卯天書)'라는 이서(異書)를 읽고 크게 깨달음을 얻어 다음과 같이 실천하였습니다. 그는 "적자와 서자를 차별하는 것은 집안을 망하게 하는 근본이고(嫡庶差別 亡家之本), 양반쌍놈의 차별은 나라를 망하게 하는 근본이다(班常差別 亡國之本)"라고 외치며, 자신이 데리고 있던 노비 둘을 면천시켜, 하나는 수양딸을 삼고 하나는 며느리를 삼았습니다. 연구자들은 최수운(水雲)에게 영향을 미친 이 이서(異書)를 한역서학서(漢譯西學書)인 '마테오 리치'의 《천주실의(天主實義)》라고 말합니다.(수운 최제우 지음, 《동경대전》, 도올 김용옥 역주, 205쪽).

감리교회의 창시자 '존 웨슬리'는 영국 최대의 노예무역 항구인 '브리스톨'에서 노예제도를 비판하는 설교를 행한 후, 그 다음날을 노예의 자유를 위한 금식기도일로 선포하였습니다. 따라서 당시 '메도디스트(Methodist, 감리교인)'들은 노예를 소유하지 않았습니다.

영국 '브리스톨'에는 노예로 팔려 와서 '메도디스트'의 따뜻한 사랑을 받으며 살다간 흑인의 묘비가 있습니다. '윌버포스'가 국회에 노예폐지 법안을 제출했을 때, 그 서명자의 절반이 '메도디스트'들이었습니다.

미국의 〈독립선언서〉(1776년)에는 '모든 사람은 평등하게 태어났다'고 명문화되어 있습니다. '아브라함 링컨' 대통령은 '남북전쟁'이 한창이던 1863년 1월 1일에 '노예해방'을 선언하여 흑인에게 해방과 자유를 선포했습니다.

조선조 말엽인 1862년, 서울 '관자골'에 백정의 아들로 태어나서 백정이 된 '박성춘'이라는 백정이 있었습니다. 백정은 호적에도 그 이름이 없는 무적자(無籍者)로 살았으며, 호구조사 때에도 그 조사 대상에서 제외되는 천민 중의 천민이었습니다. 그런 그의 아들이 '곤당골[美洞]' 예수교학당에 입학하여 그리스도교의 문물을 배우게 되고, 박성춘이 '장질부사(장티푸스)'에 걸려 사경을 헤매고 있을 때, 선교사 '무어(S. Moore) 목사'와 고종 임금의 시의(侍醫) '에비슨(O. Avison)'이 임금이 내린 가마를 타고 백정 마을로 찾아와서 자기를 치료해 주는 모습에 감동하여 그리스도교(기독교)에 입문하여 열렬한 신자로 거듭 태어났습니다. 후일 그는 '승동교회'의 장로가 되었습니다. 당시 그와 그의 백정 동료들에게 있어서 예수를 믿는 일은 곧 사람대우를 받게 된다는 의미였습니다.

박성춘은 백정도 갓과 망건을 쓰게 해달라는 탄원서를 정부에 내고, 1898년에는 독립협회가 주관하는 관민공동회에 민중대표의 한 사람으로 참석하여 연설도 하였습니다. 그의 아들 '박서양'은 '세브란스 의학교'에 입학하여 의사가 되었습니다. 그는 일제강점기에 북간도 독립군에 가담하여 독립군 병사들을 치료했습니다.

주후 3세기의 로마 교황 '칼리스투스'는 본래 노예였습니다. 그는 열심히 신앙하여 교황이 되었습니다. 그야말로 복음의 능력입니다.

조선에서 '노비제'는 고종 23년(1886년) 3월, 마침내 그 철폐가 공포되었습니다. '기일(奇一, J. S. Gale) 선교사'는 '조선의 주인은 상민(常民, 상놈)이다'라고 힘주어 말했습니다.

"인자는 세리와 죄인의 친구니라."(마태복음 11:19)

- 畜(축, 휵): 기르다. 거느리다. 양육하다. / ■ 獲(획): ① 잡다. ② 포로, 노비.
- 臧(장): ① 노비. ② 노비를 매매하다. / ■ 臧獲(장획): 노비, 종.

비룡소비아
飛龍少飛阿
|
철학

"누가 철학과 속임수로 너희를 사로잡을까!"
〈골로새서 2:8〉

  '철학(哲學)'을 어원으로 따지면, 희랍어 'philos[愛애, 사랑]'와 'sophia[知지, 지혜]'의 합성어로서 '지혜에 대한 사랑'이라는 뜻입니다.
  중국의 가장 오래된 사전인 《이아(爾雅)》에서는 '철(哲)과 지(智)는 같은 뜻'이라고 했습니다. 청대(淸代)의 한역서학서(漢譯西學書)에서는 '필로소피아(philosophia)'를 '비락소비(菲洛素菲)·비라시비(菲羅沙菲)·비록소비아(費碌蘇非亞)·비록소비아(斐錄所費亞)·비룡소비아(飛龍少飛阿)' 등으로 썼습니다.
  이는 마치 '미국'을 '미리견(美利堅·彌利堅·米利堅)' 또는 '육나사질국(育奈士迭國, 유나이티드 스테이츠)' 등으로 쓰고, '대통령[president]'을 '발열서령(勃列西領)', '백이사령(伯爾士領, 쁘얼스툰)', '백리새천덕(伯理璽天德)' 등으로 쓴 것과 같은 예입니다.

  예수회 선교사 '알레니(Guilio Alleni)'는 'Philosophy'를 '비록소비아지학(斐錄所費亞之學)'이라 소리를 빌어서 번역하고 '격물궁리지학(格物窮理之學)' 또는 '이학(理學)'이라고 해설했습니다.

'조선'에서는 '필로소피(Philosophy)'에 대한 말로 '격물궁리(格物窮理)'〈성리학자 程頤정이〉, '궁리(窮理)・도리(道理)・천도지설(天道之說)・격치학(格致學)・성학(聖學)・자학(子學)・현학(玄學)・이학(理學)'〈中江兆民중강조민, 1847-1901년〉, 애지학(愛智學), 희철학(希哲學), 궁리학(窮理學), 哲理(철리), 물리(物理) 등이라고 했습니다.

중국 선교사 '프란체스코 삼비아시(畢方濟필방제, 1582-1649)'는 그의 저서인 《영언여작(靈言蠡勺)》에서 '필로소피아(philosopia)'를 '격물궁리학(格物窮理學)'이라고 번역했습니다. '격물궁리(格物窮理)'는 도덕수양을 위한 사물과 이치의 관찰이라는 송대(宋代) 성리학의 학문방법에 대한 개념입니다. '삼비아시'는 《대학》의 내용을 인용하여 "'격물'이란 앎에 이르기 위해 사물의 이치를 관찰하는 것이며(致知在格物치지재격물, 格物而後知致격물이후지치), '궁리'는 경(敬)을 실현하기 위해 사물의 이치를 탐구하는 것"이라고 말했습니다.(프란체스코 삼비아시 저, 《영언여작》, 김범철・신창석 역, 일조각, 11쪽)

일본에서 최초로 이 말이 등장한 것은 1591년입니다. '나가사키[長崎]'의 가톨릭 예수회 '콜레지오'의 글에서 'phiolosopho(フィロゾホ)'라는 구절이 처음으로 보입니다.

성리학자 '주돈이(周敦頤, 1017-1073)'가 자신의 저서인 《통서(通書)》・〈지학(志學)〉(제17권)에서 "선비는 현명하기를 바란다(士希賢사희현)"는 문언을 따라 '희철학(希哲學)'이라는 말을 사용했습니다. 1862년에 일본의 '니시'도 처음에는 '희철학'으로 쓰다가 점차 '희(希)'자를 떼어내고 그냥 '철학(哲學)'이라는 용어를 사용했습니다. 이 말은 '이노우에 데쓰지로(井上哲次郎)'의 《철학자휘(哲學字彙)》(1881년)에 사용했고, 1877년 '도쿄제국대학' 초대총장인 '가토 히로유기(加藤弘之, 1836~1916년)'가 문학부에서 정식 명칭으로 제도화하여 그 후 널리 보급되었습니다.

이처럼 일본에서 '조어(造語)'된 '철학'이라는 말이 한국의 문헌에 등장한 것은 1895년에 출판된 유길준의 《서유견문록》입니다. 바로 이 책에 '철학'이라는 단어가 처음 나옵니다.

'철학'이란 과연 무엇인가요?

- 飛 :날 비 / ■ 龍: 용 룡 / ■ 少: 적을 소 / ■ 阿: 아름다울 아, 언덕 아

사어병직

史魚秉直

|

사어(史魚)는 직간(直諫)을 잘했다

"베드로가 예수를 붙들고 간(諫)하매"
〈마가복음 8:32~34〉

'간(諫)'은 임금이나 윗사람의 그릇된 행실을 지적하여 고하는 것을 말합니다. 간(諫)에는 '5간(五諫)'이 있습니다.

① 첫째, 정간(正諫)입니다. 곧이곧대로 직간하는 것입니다. 이 경우에는 역린(逆鱗)을 건드릴 가능성이 있어서, 불이익을 받는 수가 많습니다.
② 둘째, '장간'입니다. 상대방의 눈치를 보지 않고 우직하게 간하는 것입니다. '장간' 역시 역린(逆鱗)을 건드려서 불이익을 받는 경우가 많습니다.
③ 셋째, 강간(降諫)입니다. 자신을 최대한 낮추어 겸손하게 간하는 일입니다.
④ 넷째, 휼간(譎諫)입니다. 고사나 싯구를 인용하여 에둘러 은근하게 간하는 것입니다.
⑤ 그리고 풍간(諷諫)이 있습니다. 풍자를 통해 은근히 간하는 일입니다.

주흥사 《천자문》에 "사어병직(史魚秉直)"이란 구절이 있습니다. '사어(史魚)는 직간을 잘하였다'는 말입니다. '사어'는 위(衛)나라 영공(靈公) 때의 대부입니다. 이름은 추(鰌)이고, 자(字)가 자어(子魚)이며, 사(史)는 관직명입니다. '사어'는 죽어서도 '시신'으로 '간(諫)'했다는 충신입니다.

　사어(史魚)가 임금에게 충직한 '거백옥(遽伯玉)'을 천거했습니다. 영공이 이를 받아 주지 않고, 오히려 간신 '미자하(彌子瑕)'를 옆에 끼고 있는 것을 보고는, 임금에게 '미자하'를 멀리할 것을 간하였습니다. 임금이 이를 듣지 않자, 사어는 병으로 죽어가면서 자식에게 유언을 남겼습니다. "내가 임금을 바로 잡지 못하였으니, 나는 죽어서도 예법을 따라 묻힐 수가 없구나. 그러니, 너희들은 나를 관에 넣지 말고 거적에 둘둘 말아서 여자들이 거처하는 동쪽 집채 북편에 묻으라"고 유언했습니다. 영공은 사어를 조문하러 가서야 그 연유를 듣고는 깜짝 놀라 얼굴빛을 바꾸면서 '사어는 죽어서도 간했구나! 사어야말로 충신이다'라고 말하며 크게 통회했습니다. '공자'는 이를 두고 "곧기도 하여라. 사어여! 화살처럼 곧구나!"라고 하면서 높이 칭찬했습니다. 이를 '시간(尸諫)'이라고 합니다.

　예수님이 제자들에게 '너희는 나를 누구라 하느냐?'고 물었습니다. '베드로'가 '주는 구세주(그리스도)이십니다'라고 고백했습니다. 예수는 베드로에게 경계하시며, 자신은 '장차 버린바 되어 죽임을 당하고, 사흘 후에는 살아날 것이라'며 속마음을 털어놓았습니다. 예수의 칭찬을 들은 베드로는 금새 우쭐거리며 예수께 '간(諫)'하였습니다. 베드로가 간하는 모습을 본 예수는 즉각 베드로에게 '사탄'이라고 책망하며, '내 뒤로 물러가라!'고 꾸짖었습니다.(마가복음 8:27~37)

　본문에 나오는 '베드로가 간(諫)했다'는 말이 '희랍어'로 '에피티마오(epitimao)'인데, 예수께서 '꾸짖으셨다'는 말씀도 '에피티마오'입니다. 베드로의 '에피티마오'는 '간(諫)'이라기보다는 '덤벼들며 비난하다', '항변하다', '꾸짖다'는 뜻으로 풀이하는 것이 원문에 가깝다고 할 수 있습니다.

간(諫)할 때에는 먼저 자신이 깨끗하고 정의로워야 하고 자만해서는 안 됩니다. 자기의 주장이 편벽되거나 자아도취 되어서도 안 됩니다. 내세우는 그 주장이 교조화하게 되면 그것도 바른 간(諫)이 못됩니다.

《논어》에서는 '직(直)하되 관(寬)하라'고 권합니다. 정의롭고 곧지만, 관용이 뒤따라야 제대로 된 간(諫)이 되는 것입니다.

율법으로 정죄하되, 다른 한편으로는 은혜를 생각해야 합니다.

··
- 史: 역사 사 / ■ 魚: 고기 어 / ■ 秉: 잡을 병 / ■ 直: 곧을 직

사유칠십부 이칠상승야

赦宥七十復 以七相乘也

|

일흔 번 씩 일곱 번이라도 용서하시오

"주여 형제가 내게 죄를 범하였으면 몇 번이나 용서하여 주리이까?
예수께서 이르시되 네게 이르노니 일곱 번뿐 아니라 일곱 번을
일흔 번까지라도 할지니라."

〈마태복음 18:22〉

유대인들은 '티슈리 월(양력 9월, 10월)'에 "욤 키푸르"라는 '대속죄주간'을 지킵니다. '욤'은 '날[日]'을 뜻하고, '키푸르'는 '용서, 사죄'를 뜻합니다. 그러니까 '욤 키푸르'는 '용서의 날, 사죄의 날, 속죄의 은총을 받는 날'이라는 뜻입니다. 이 주간이 되면 그들은 몇 가지 의미 있는 종교적인 행위를 시행합니다.

욕심을 절제하며 금욕하고, 식탐을 금하며 금식과 절식을 하고 음료도 절제합니다. 화려한 화장도 삼가고, 부부생활도 자제하며, 한 주간 내내 날마다 제단에 나아가 번제를 드리며 회개기도를 드립니다. 또한 자기가 잘못한 일에 대해 깊이 사과하며 용서를 빕니다. '욤 키푸르'는 바로 이러한 대속죄의 날입니다.

그리스도교(기독교) 인간학에서는 "모든 인간은 죄인이다"라고 말합니다. 죄의 값은 사망이므로 영혼을 죽이고, 파괴력이 강하여 전염병처럼 퍼집니다. 죄로 인하여 타락한 인간은 죄의 왕국에서 죄의 노예가 되어 멸망에

이르게 됩니다. 이러한 죄의 사슬에서 자유함을 얻을 수 있는 길은 은혜와 용서입니다.

여수 '한센인 마을'에서 사역하던 손양원 목사에게는 두 아들이 있었습니다. 사상이 다르다는 이유로 두 아들을 죽인 원수가 체포되어 처형을 당하게 되었을 때의 일입니다. 사령관이 사형을 집행하려는 순간, 손양원 목사는 부흥집회를 인도 중이어서 친구인 나덕환 목사를 대신 보내어 두 아들을 죽인 원수를 사면해 달라고 간청했습니다.

'오페라 손양원 목사'의 '미공개 대본' 중 일부를 여기에 소개합니다. '김희보'가 대본을 쓰고 한국교회의 대표적인 찬송가 작곡가 '박재훈 목사'가 오페라를 작곡하여 2013년 봄에 '예술의 전당'과 '여수' 등지에서 공연하였습니다.

- ▲나덕환: 손양원 목사님의 부탁이오, 두 아들을 죽인 안재선을 아들로 삼아서 회개 시키겠다 하오. 살려주시오!
- ▲사령관: 목사님, 그것은 안 됩니다. 안재선은 이미 사형선고를 받은 죄인이고, 이제 막~ 사형장으로 끌고 가려던 참입니다.
- ▲사령관: 왜? 두 아들을 죽인 놈을 죽이지 말라고?
- ▲손양원 목사의 딸 손동희: 하나님 말씀에 '원수를 사랑하라'고 하신 하나님!
- ▲사령관: 사랑의 손 목사님! 아 크셔라. 하나님의 사랑! (중략) 아! 크셔라, 사랑의 하나님!
- ▲합창: 모두 찬양 드리세. 사랑의 하나님께, 사랑과 공의의 하나님께. (아멘!)

"몇 번이나 용서하오리이까?"
"일흔 번씩 일곱 번까지라도 용서하시오!"

....
- ■ 赦: 놓아줄 사 / ■ 宥: 용서할 유 / ■ 復: 다시 부, 거듭 복
- ■ 相: 서로 상, 정승 상 / ■ 乘: 탈 승, 곱셈 승

삼의재
三宜齋

|

마땅히 해야 할 일 세 가지

"긍휼과 자비와 겸손과 온유와 오래 참음을 옷 입고"
〈골로새서 3:12〉

'다산 정약용'이 전남 강진으로 유배되어 그곳 주막집 뒷방에 기거하며 '사의재(四宜齋)'라는 간판을 걸고 아전의 자제들을 가르친 일이 있습니다. '4의(宜)'란, '① 생각은 담백하게(思宜澹사의담), ② 외모는 장중하게(貌宜莊모의장), ③ 말은 과묵하게(言宜訒언의인), ④ 행동은 신중하게(動宜重동의중)' 등이 그것입니다.

다산은 그 곳에서 열다섯 나이의 제자 '황상(黃裳, 1788-1863?)'을 얻어 유명한 '과골삼천(踝骨三穿)'의 '삼근계(三勤戒)' 교훈을 남겼습니다.

다산은 어린 소년 황상에게 그의 가정 형편을 참작하여 문사(文史)에 대해 집중적으로 공부할 것을 권했습니다. 황상은 스승에게 '너무 둔(鈍)하고, 앞뒤가 꽉 막혀있으며[滯체], 답답한 것[戛알]이 저의 병통'이라고 솔직히 말했습니다.

황상의 이러한 자백에 대해 다산은 오히려 "민첩한 사람은 소홀하기 쉽고, 날랜 사람은 문장이 들뜨기 쉽고, 재빠른 사람은 거친 것이 병통인데, 네게서는 그런 모습이 보이지 않아서 마음에 든다"고 격려하면서, "부지런하고, 부지런하고 또 부지런 하라!"는 '삼근계(三勤戒)'를 주었습니다.

황상은 이 가르침을 가슴 깊이 새기고 불철주야 공부하여, '다산'과 '추사'도 인정하는 문장을 지었습니다. 황상이 고희(古稀)를 지나 다산을 찾아뵙고 주변의 인사들에게 스승에 대해 회고하면서 "선생님은 귀양살이 동안에 저술에 몰두하시느라 복사뼈가 짓물러서 세 번이나 구멍이 났습니다"라고 말했습니다. (정민, 《다산선생 지식경영법》)

　'과골삼천(踝骨三穿)'의 고사 내용입니다. 실제로 다산은 평생 500권이 넘는 방대한 분량의 저술을 했고, 성리학에 찌들어있던 조선사회에서 실용적인 사상을 실천했습니다.

　'강진'의 '사의재' 초당 입구에 들어서면 그 앞뜰에 필자의 전우(戰友)인 시인 '정호승'의 '다산주막'이라는 제목의 시비(詩碑)가 서 있습니다.

　　홀로 술을 들고 싶거든 다산주막으로 가라/ 다산 선생께서 주막마당을 쓸고
　　계시다가/ 대빗자루를 거두고 꼿꼿이 허리를 펴고 반겨 주실 것이다.(정호승)

　서울 '필운대'에 있는 '배화여대' 교목실(교목실장 전병식)은 그 실호(室號)를 '삼의재(三宜齋)'라고 부릅니다. 필자가 그 학교에서 한문을 강의할 때, '삼의재'를 필서하여 교목실에 증정하였습니다.

　'참고(忍), 의(義)롭게, 웃으며 사는 일(笑), 이 삼의(三宜)를 갖추고(忍義笑以是三宜), 발검(拔劍)을 준비하자!'

　'인(忍)·의(義)·소(笑)', 이 삼의(三宜)는 누구에게나 세상을 살아가는데 유익한 지침이 될 것입니다.

■ 宜: 마땅할 의, 옳을 의 / ■ 齋: ① 재계 재. ② 글방 재. ③ 상복 자.

산곡연화

山谷蓮花

|

나는 산골짜기의 연꽃이로다

"나는 샤론의 수선화요, 골짜기의 백합화로다."
〈아가 2:1〉

연꽃[蓮花]에는 다음과 같은 뜻이 있습니다.
① 온갖 더러운 흙탕물에 물들지 않는다(離諸染汚이제염오).
② 연꽃 위에서는 한 방울의 더러운 물도 머물지 않고 그대로 굴러 떨어진다(不與惡俱불여악구).
③ 진흙탕 속을 향기로 가득 채운다(戒香充滿계향충만).
④ 줄기도 청정하다(本體淸淨본체청정).
⑤ 꽃잎은 늘 기쁜 얼굴(面相喜怡면상희이).
⑥ 줄기는 유연하고 부드럽다(柔軟不澁유연불삽). 그래서 연꽃은 웬만한 바람이나 충격에도 부러지지 않는다.
⑦ 연꽃을 보면 길하다(見者皆吉견자개길).
⑧ 피고 난 후에는 반드시 열매를 맺는다(開敷具足개부구족).
⑨ 꽃이 만개한 후에도 여전히 청정하다(成熟淸淨성숙청정).
⑩ 필 때마다 다르게 느껴진다(生已有想생이유상).

연꽃[蓮]은 원래 불교와 연관된 꽃으로 알려져 있습니다. 그렇지만 예로부터 시인묵객들은 '연꽃'이라 하면, 사랑의 노래인 '채련곡(採蓮曲)'을 연상합니다. 고려 말의 충선왕이 원나라의 미희(美姬)에게 연꽃 한 가지를 꺾어 주며 석별의 정을 표시한 염시(艶詩)가 묵객들의 입에서 회자되었습니다.

오늘날의 성경에서 '백합화(百合花)'라고 하는 꽃을 최초의 한문성경인 《신천성서(神天聖書)》(1823년)는 〈아가서〉 2장 1절에서는 이를 '연꽃(蓮花)'이라고 번역했습니다. "나는 샤론의 수선화요, 골짜기의 백합화로다." 이 구절을 "나는 매괴화요(我乃田之玫瑰花也아내전지매괴화야) 골짜기의 연꽃이로다(我乃谷之蓮花也아내곡지연화야)"라고 했습니다.

아프리카 '모리셔스'에도 연못에 연꽃이 가득히 피어 있는 것을 영상을 통해 본적이 있습니다.

연꽃이 불교의 꽃인 줄로만 알았더니, 《신천성서》 〈아가서〉에는 그리스도교에서 사랑을 나타내는 꽃으로 번역했습니다. 경교(景教) 비석에도 연꽃 문양이 수려하게 새겨져 있습니다.

〈아가서〉는 '사랑의 책'입니다. 사랑의 표현은 동서나 종교나 이념에서 차이가 없는 것을 옛 한문성경을 통해 흥미롭게 보았습니다.

■ 山: 뫼 산 / ■ 谷: 골 곡 / ■ 蓮: 연꽃 연 / ■ 花: 꽃 화

삼강육륜
三綱六倫

"우리도 서로 사랑하는 것이 마땅하도다."

〈요한1서 4:11〉

'삼강오륜(三綱五倫)'은 유교의 기본적인 윤례(倫禮)를 압축해 놓은 항목입니다. '임금은 신하의 벼리가 되고, 아비는 자식의 벼리가 되고, 남편은 부인의 벼리가 되는 것이 삼강(三綱)'입니다. 그리고 '아비와 자식 사이에는 친함이, 임금과 신하 사이에는 의리가, 남편과 아내 사이에는 질서가, 어른과 아이 사이에는 믿고 의지함이, 친구 사이에는 믿음과 의리가 있어야 한다는 것이 오륜(五倫)'입니다. 옛 봉건사회에서는 이 윤례를 지키지 않으면 짐승만도 못한 존재로 비난을 받았습니다.

삼강오륜은 원래는 유교경서에 나오는 윤례가 아니었습니다. '오륜'이 '삼강'보다 먼저 등장했고, 삼강은 오륜보다 몇 백 년 뒤에 '동중서(BC 179~104)'라는 유교학자가 하나로 묶어서 확립한 윤례입니다.

이 윤례 강령이 수 천 년 동안 동양사회의 윤리와 문화를 주도해 오면서, 동양사회에 끼친 순기능이 있었지만, 한편으로는 그 역기능 또한 만만치 않았습니다. 그래서 중국의 개화기 정치가인 '진독수'는 '삼강을 깨부수자!'고 외쳤고, '노신(魯迅)'은 전통 예교(禮敎)를 "사람을 잡는 식인교(喫人之敎끽인지교)"라고 비난했습니다. 수년 전, 우리나라의 성균관에서도 '삼강오륜은 버려야 할 낡은 윤례이기에 오늘의 세대에는 맞지 않는다'고 해서 그 용도폐기를 선언했습니다.(최근덕,《유학강의》, 성균관, 2004년)

근래에는 그 남존여비 사상을 주축으로 하고 있던 완고한 중국의 공자 집안에서도 여자 이름을 족보에 등재하는 것을 허용하여 지금까지 20여만 명의 공씨 여성들이 등록을 신청했다고 합니다.

조선조 말, 실학자인 '혜강 최한기'는 중국에서 한문으로 번역한 기독교 서적인 '한역서학서(漢譯西學書)'를 우리나라에서 가장 많이 소장한 장서가였습니다. 그는 무려 1천 권의 책을 저술했다고 합니다. 혜강은 수천 년 동안 내려온 '삼강오륜'에 불만하여, 거기에 한 조목을 더해 '3강 6륜'이라는 것을 제창하였습니다. '조민유화(兆民有和)', 곧 '모든 백성이 화평하자!'가 그것입니다.

필자는 '6륜'에 해당되는 조목을 '조민유화' 대신 적극적인 사랑의 교훈인 '하느님을 공경하고 이웃을 사랑하라'는 '경천애인(敬天愛人)'으로 대체하기를 제안합니다.

그리스도교(기독교)의 가장 큰 계명은 "하나님을 사랑하고, 이웃을 네 몸 같이 사랑하는" 계명입니다.

■ 三: 석 삼 / ■ 綱: 벼리 강 / ■ 六: 여섯 육 / ■ 倫: 윤리 륜

생기사귀

生寄死歸

|

이 세상에 기거하다가 저 세상으로 돌아간다

"다시 저주가 없으며, 하나님과 어린 양의 보좌가 그 가운데 있으리니"
〈요한계시록 22:3〉

인생은 누구나 예외 없이 이 세상을 떠나갑니다. 천년만년 살 수 없습니다. '인생무상(人生無常)' 그것입니다. '무상(無常)'이란 '항상 그대로 있지 않다'는 뜻입니다. '알렉산더 대제'는 '내가 죽거든, 관 양쪽에 구멍을 뚫어서 내 양손을 관 밖으로 내밀게 하라'고 유언했습니다.

종교철학에서는 '죽음이 무엇인가?'에 대해 이렇게 정의합니다.
① 죽음은 소멸이 아니라 분리입니다. 동양사상에서는 혼백의 잔존 기간을 100년 정도 잔존하는 것으로 봅니다.
② 그렇지만, 죽음이 종착역이 아닙니다. 앞 동네 개울 건너에 저 세상(저승)이 있습니다. 죽음이란 수평선 너머로 이사 가는 것과 같습니다.
③ 그리고 죽음 이후에는 심판이 있습니다. '한 번 죽는 것은 정한 이치요, 그 후에는 심판이 있으리라'(히브리서 9:27)고 성경은 말합니다. 종교학에서는 이 세상을 '고통의 바다요, 불타는 집[火宅화택]이라'고 말합니다.

〈구약성경〉에서는 죽음에 대해 '세상 모든 사람이 가는 길로 간다'(열왕기상 2:2, 여호수아 23:14)라 하고, 또 '열조에게로 돌아간다'고 표현했습니다. 그리고 돌아갈 그곳의 상태에 대해서는 이렇게 묘사했습니다. '깨어 영생을 얻는 자도 있겠고, 수욕을 받아서 무궁히 부끄러움을 입은 자도 있을 것이며, 지혜 있는 자는 궁창의 빛과 같이 빛날 것이요 많은 사람을 옳은 데로 돌아오게 한 자는 별과 같이 영원토록 비취리라'(다니엘 12:2~3)

죽음 이후의 저 세상, 하나님의 나라인 '천국'에는 이 세상 있는 것 중에 전혀 없는 것들이 있습니다. 천국은 ① 고통과 슬픔, ② 다시 죽는 죽음, ③ 애통과 애곡, ④ 질병, ⑤ 어둠과 죄, 그리고 저주가 없는 곳입니다. 또한 하나님의 나라에는 교만, 탐욕, 분노, 음탕, 질투, 눈물이 없으며 찬양과 감사가 있을 뿐입니다.

인생은 한 세상 이 세상에 기거하다가 죽고 나면 저 세상으로 돌아갑니다. 두 길이 있습니다. 천국과 지옥의 길입니다.

"생기사귀(生寄死歸)!"
"잘 살기보다 주 안에서 죽는 자가 복이 있습니다."(요한계시록 14:13)

....
- 生: 날 생 / ■ 寄: 붙여살 기, 맡길 기 / ■ 死: 죽을 사 / ■ 歸: 돌아갈 귀

생자망우은

生子忘憂恩

|

나실제 괴로움 다 잊으시고

"네 부모를 공경하라. 그리하면, 네 하나님 여호와가
네게 준 땅에서 네 생명이 길리라."
〈출애굽기 20:12〉

우리는 종종 부모님을 생각하면서 감리교회의 '윤춘병' 감독이 작사하고, '박재훈' 목사가 작곡한 '어머니 은혜'를 노래합니다. 이 노래는 어린이 찬송가에도 실려 있습니다.

　　높고 높은 하늘이라 말들 하지만 / 나는 나는 높은 게 또 하나 있지
　　낳으시고 키우시는 어머님 은혜 / 푸른 하늘 그보다도 높은 것 같아

이 노래는 8·15광복 그 이듬해 흑석동에 기거하던 당대 영계의 거장 '박재봉' 목사를 만나려고 윤춘병과 박재훈이 찾아 가는 길에 흑석동 언덕 길에서 지은 노래입니다. 박재훈 목사는 동요(童謠)인 '엄마 엄마 이리 와', '산골짝의 다람쥐'와 찬송가 '어서 돌아오오' 등을 지은 작곡가입니다.

우리의 옛 고전 중에 《효경(孝經)》과 《부모은중경(父母恩重經)》은 효도의 교본입니다. 《효경》은 유교 경전으로 아버지 중심의 효도를 강조한 책이

고, 《부모은중경》은 불가(佛家)의 경전으로 어머니의 은혜를 감사하는 내용으로 되어 있어 이 둘의 내용은 대조적입니다.

　조선조 유교사회에서 효자문이 세워지려면 세 가지 중 하나의 증거가 있어야 했습니다. 그것은 ① 단지(斷指), ② 상분(嘗糞), ③ 할고(割股)입니다. '단지'는 손가락을 잘라 숨이 넘어가는 어버이의 목에 피를 흘려 넣는 일이요, '상분'은 대변을 맛보아 병세를 가늠하는 일이요, '할고'는 제 넓적다리 살을 베어 병든 어버이에게 먹여 살리는 일입니다. 이처럼 유교의 효도는 상당 부분 오늘날에는 지키기 쉽지 않은 일들로 되어 있습니다.

　한편 《부모은중경》은 어버이 은혜 열 가지를 설명합니다. ① 가슴에 품어 보호해 주신 은혜(懷耽守護恩회탐수호은), ② 해산의 고통을 참으신 은혜(臨産受苦恩임산수고은), ③ 자식을 낳으신 후 그 근심을 잊으신 은혜(生子忘憂恩생자망우은), ④ 쓴 것은 삼키시고, 단 것은 뱉어서 먹이신 은혜(咽苦吐甘恩인고토감은), ⑤ 진자리 마른자리 갈아 뉘신 은혜(廻乾就濕恩회건취습은), ⑥ 젖 먹여 키워주신 은혜(乳哺養育恩유포양육은), ⑦ 손발이 다 닳도록 씻어주신 은혜(洗濁不淨恩세탁부정은), ⑧ 먼 길 떠난 자식 걱정하시는 은혜(遠行憶念恩원행억념은), ⑨ 나쁜 길에 빠질까 걱정하시는 은혜(爲造惡業恩위조악업은), ⑩ 끝까지 불쌍히 여기고 사랑해 주시는 은혜(究意憐愍恩구의연민은) 등이 그것입니다.

　"나실제 괴로움 다 잊으시고, 기르실 제 밤낮으로 애쓰는 마음"
　이 노래는 '자칭 국보'라고 칭하던 무애 양주동 박사가 작사했습니다. 허지만, 이 노랫말은 무애의 창작품이 아니고, 앞서 소개한 《부모은중경》의 내용을 따서 지은 것입니다.
　전통적으로 효(孝)의 실행에는 두 가지 방법이 있습니다. 하나는 입을 받들어 모시는 '양구지효(養口之孝)'이고, 또, 하나는 부모의 뜻을 받들어 모시는 '양지지효(養志之孝)'가 그것입니다.

그리스도교(기독교)의 '십계명' 중 제5계명은 '네 부모를 공경하라'입니다. 구약성경에서 '공경(카베드)'이라는 단어는 하나님에게만 사용할 수 있는 말입니다. 부모공경 계명이 이 말을 사용한 것은 하나님을 공경하는 수준으로 어버이를 공경하라는 뜻입니다. 효도는 단순한 미덕의 실천이 아니라 신앙생활의 한 방편입니다.

'나실제 괴로움 다 잊으시고' 이 노래는 불가(佛家)의 《부모은중경》을 배경으로 한 노래이고, '높고 높은 하늘이라 말들 하지만 나는 나는 높은 게 또 하나 있지' 이 노래는 그리스도교(기독교)의 복음가입니다.

어버이의 은혜를 기리며 그 나머지 구절들을 마저 불러봅니다.

> 넓고 넓은 바다라고 말들 하지만 / 나는 나는 넓은 게 또 하나 있지
> 사람 되라 이르시는 어머니 은혜 / 푸른 바다 그보다도 넓은 것 같애.
>
> 산이라도 바다라도 따를 수 없는 / 어머님의 그 사랑 거룩한 사랑
> 날마다 주님 앞에 감사 드리자 / 사랑의 어머니를 주신 은혜를.

- 生: 날 생 / ■ 子: 자식 자 / ■ 忘: 잊을 망
- 憂: 근심 우 / ■ 恩: 은혜 은

서당에서 쓰는 용어

우리나라 처처에는 한문서당에 운영되어서 1911년에 16,540개의 서당이 있었지만 1918년에 서당을 규제하는 조선총독부의 '서당규칙'이 발표되면서 서당은 점점 쇠퇴되어 갔습니다. 그런데다 근대식 교육기관인 보통학교 소학교 설립이 활발해지면서 1930년 이후에는 서당이 점점 소멸되어 갔다. 간혹 남아 있던 서당에서는 예부터 사용되어 온 서당에서 쓰는 용어들이 남아 있었습니다.

재생(齋生)이 앉는 이름을 적어 놓은 지정석을 '신지(身址, 信地)'라고 불렀습니다. 출석부는 '도기(到記)'라고 했습니다.

공부는 기본적으로 100독(讀)을 목표로 그날그날 배운 것을 소리 내어 독송(讀誦)하는 침잠완색(沈潛玩索)법으로 공부했습니다. '논어'는 1천 독(讀), '맹자' 3천 독(讀)이면 변사(辯士)가 될 수 있고, '서전'과 '주역'은 1만 독(讀)하면 재상(宰相)에 오를 수 있다고 하여 부지런히 읽고 또 읽었습니다.

글 읽는 횟수를 헤아리는 물건을 서산(書算)이라고 했습니다. 서산이 없는 곳에서는 '바를 正'으로 표시하여 읽은 횟수를 확인했습니다. 자기가 글 읽는 성독(聲讀) 소리가 자기 귀에 들릴 정도로 몰두했습니다. 경서를 거침없이 줄줄 외우는 경지를 '글이 입에 올랐다'고 했습니다. 글 읽는 소리를 '이오성(咿唔聲)'이라고 합니다. 咿(이)와 唔(오)는 글 읽는 소리를 뜻하는 글자입니다.

'새벽글'을 읽고, '아침 강[朝講]'을 시작했습니다. 전날 배운 글을 2-3시간 성독(聲讀)하고 조반을 먹고 와서 주강(晝講)에 참여하고 저녁에는 '밤글[夕講]'을 읽었습니다. 주말에는 한 주간에 배운 밑글을 복습하는 '뒷글'을 읽었습니다. 그날그날 바치는 강은 일강(日講), 열흘 동안 배운 글을 모두 외우는 강은 순강(旬講), 달마다 바치는 강(講)은 월강, 1년 동안 배운 글을 모두 외워 바치는 것은 총강(總講)이라고 했습니다. 학습자가 공부한 것을 제대로 통달하지 못하면 학습을 다음 단계로 진행하지 않았습니다. 따라서 공부를 같이 시작했어도 실력이 천차만별이었으므로 학습의 진도는 제각각이었습니다.

어떤 서당에서는 9일을 공부하고 하루를 쉬는 서당도 있었습니다. 총강은 대체로 설날을 열흘 정도 앞 둔 세밑에 거행했습니다. 월강과 총강에서는 훈장이 중간 중간 무직위로 범위를 골라서 첫 머리를 읽어주고 그 부분부터 강을 받았습니다.

이런 공부 방식은 모든 서당이 다 동일하지 않고 서당의 형편에 따라 제각각이었습니다. 강의는 그냥 '강(講)'이라고 불렀습니다. '천자문 강', '소학 강', '주역 강' 이런 식입니다.

'저녁 강(講)'에서 그날 배운 글을 외워 바치는 것을 '강(講)을 해 바친다'고 말합니다. ① 책을 펴놓고 강(講)을 바치는 것은 '면강(面講)', ② 책을 덮어놓고 하는 것은 '배강(背講)', 시험을 치르는 것은 '고강(考講)'이라고 칭합니다. 번역하는 것은 '새긴다'고 합니다.

띄어쓰기가 없는 한문의 문장을 '토(吐)를 떼어가며[懸吐현토]' 읽는 경지에 이르면 '문리(文理)가 났다'고 말하는데, 이는 곧 '문법에 통달했다'는 뜻입니다.

성적을 채점하는 등급은 '순(純)·통(通)·약(略)·조(粗)·불(不)'로 구분하여 채점했습니다. '순(純)'은 완벽하다. '통(通)'은 막힘이 없다. '약(略)'은 보통이다. '조(粗)'는 거칠다. '불(不)'은 잘하지 못했다는 뜻입니다. 그리고 이를 종합적으로 판단하여 장원을 뽑습니다. 장원한 사람에게는 그의 이름

위에 '뛰어남, 으뜸', 혹은 '우두머리'라는 뜻을 지닌 '괴(魁)'자를 굵게 써 주었습니다. 아울러 장원을 한 당사자는 '장원턱'을 냈습니다.

서당에서는 훈육방법으로 회초리를 쳤습니다. 과거시험장에서 장원급제한 사람의 문장을 보고 왕(王)이나 시험관들이 "이건 '삼십절초(三十折楚)' 문장이네, 저것은 '오십절초(五十折楚)' 문장이네!"하면서 칭찬하기도 했습니다. 회초리가 30개, 50개는 부러져 나가면서 공부한 글이라는 뜻입니다.

집안 어른이 아이를 훈장에게 데려고 가면서 싸리나무 회초리를 한 아름 안고 갔습니다. 공부방에 회초리가 가득해지면 그것으로 '싸리비'를 만들어 시장에 내다 팔아서 서당 운영비로 쓰기도 했습니다. 시장에서는 서당 싸리비를 좋은 것만 갖다 바친 것으로 만든 것이라서 일등품으로 취급했습니다.

서당에서 쓰는 회초리는 손가락 굵기 이하의 탄력이 좋은 것으로 초달을 쳤습니다. 그래야 맷자국은 나도 부러지거나 다치는 불상사가 생기지 않았기 때문입니다.

훈장에게는 겉보리 한 말을 갖다 드리기도 하고, 고구마를 캐다 드리기도 하고 그랬는데, 옛날 부모들은 고구마를 삶게 되면 그 중에서 제일 좋은 것 몇 개를 골라서 훈장님께 갖다 드렸습니다. 가장 좋은 것을 부모보다 훈장에게 갖다 드림으로써 스승에 대한 존경심을 아버지 이상으로 갖게 했습니다.

간혹 학생들로부터 교사들이 모욕을 당하는 오늘의 학교교육의 소식을 들으며 옛 서당교육을 생각해 보았습니다.

〈오세도 목사〉

서도동기
西道東器

|

서양의 도(道) 동양의 그릇(器)

"바울이 아레오바고 가운데 서서 말하되, 아덴 사람들아,
너희를 보니 범사에 종교심이 많도다."
〈사도행전 17:22〉

서구의 사상과 문물이 몰려들던 서세동점(西勢東漸)의 시기에 '조(朝)·청(淸)·일(日)' 삼국은 그러한 사조(思潮)에 대하여 각기 그 대응 논리를 내세우며 대처했습니다. 조선의 '동도서기론(東道西器論)', 중국의 '중체서용론(中體西用論)', 일본의 '화혼양재론(和魂良才論)'이 그것입니다. 고종은 1882년에 교서를 내려 '유교를 기본으로[東道] 하고, 그 위에 서양의 기술과 제도[西器]를 도입하라'는 '동도서기론(東道西器論)'을 정책이념으로 천명하였습니다.

개신교 전래 초기에 그리스도교에 입문한 지식인들은 동양의 오랜 전통인 한학이라는 그릇[器]에 서구의 사상·과학·종교를 담아내는 일을 구현했습니다. 필자는 이를 '동도서기론(東道西器論)'에 비견하여 '서도동기론(西道東器論)'이라 칭하고 있습니다. 여기서 사용하는 '도(道)·기(器)'는 《주역》·〈계사상전(繫辭上傳)〉의 "형(形)이 상(上)한 것을 도(道)라 하고(形而上者謂之道형이상자위지도), 형(形)이 하(下)한 것을 기(器)라 한다(形而下者謂之器형이하자위지기)"는 구절에서 인용한 말입니다. 여기서 '器(기)'는 '그릇', '도구', '방법', '방편' 등의 뜻으로 쓰입니다.

서도동기론(西道東器論)은 서세동점과 함께 전래된 예수 그리스도의 사상, 그 복음의 내용[道]을 동양사상의 전통인 한자 또는 한문이라는 그릇[器]에 담아내는 방편이라는 말입니다.

그 구체적인 양태(樣態)의 표현을 예를 들면 이렇습니다. ① 그 첫째가 한문성경입니다. '하나님의 말씀'인 성경을 한문에 담아서 기록한 책입니다. 개신교 전래 초기의 한문성경인 《신천성서(神天聖書)》(1823년)에서는 "나는 골짜기의 백합화로다"(아가 2:1)의 성구(聖句)에서 '백합화'를 '연꽃[蓮花]'이라고 번역했습니다. ② 다음으로 '한역서학서(한문서학서)'가 동기서도론의 대표적인 표현들입니다. 명말·청초에 나온 600여권의 한역서학서들은 중국 사상계는 물론, 조선에서도 실학(實學)을 태생시켜 꽃을 피웠습니다. 그밖에도 판소리로 부르는 '예수 전(傳)', 우리가락으로 찬송하는 일, 서무(聖舞) 이정훈 목사의 〈시편송서〉 등이 '동기서도론'의 실제적인 표현들입니다. ③ 그리고 한시[器]로 그리스도교의 사상[道]을 담아 지어 읊는 일 또한 '동기서도론'의 실례입니다. 개신교 전래 초기의 '탁사 최병헌' 목사의 수백 편의 한시, 애산 김진호 목사의 수천 편의 한시, 애산의 1,700편의 한문 설교문, 백운당 오지섭 목사의 한시·비문·족자글씨·편액 등 3만 여점의 한문 작품, 벽해 오세주 목사의 1천 5백 편의 한시, '무불달 오세종' 목사가 '한문서당'을 개설하여 그 재생들과 '한시'를 지어 읊는 일 등이 '서도동기'의 구체적인 실례입니다.

그리스도교가 서구 사상의 첨병처럼 오해되는 세상에서 교회의 목회자들이 한학을 공부하여 한시를 지어 읊는 일은 유·불·선의 학자들과 융통할 수 있는 매우 좋은 방편의 하나라고 하겠습니다.

....

- 西: 서녘 서 / ■ 道: 말씀 도, 길 도 / ■ 東: 동녘 동 / ■ 器: 그릇 기

서방성자

西方聖者

서방에 성자(聖者)가 있다

"유대인의 왕으로 나신 이가 어디 계시냐? 우리가 동방에서
그의 별을 보고 그에게 경배하러 왔노라 하니"

〈마태복음 2:2〉

자고로 동서고금을 막론하고 민중은 도탄(塗炭)에 빠진 세상을 구원할 성인(聖人)의 출현을 고대하였습니다.

송(宋)나라의 태재(太宰)가 공자에게 물었습니다. "선생님은 성인(聖人)이십니까?" 공자가 대답했습니다. "내 어찌 감히 성인이라 하겠소(聖則丘何敢성칙구하감). 나는 다만 박학다식한 사람일 뿐이오."

태재가 다시 물었습니다. "그러면, 삼왕(三王)은 성인입니까?" 공자가 대답하기를, "삼왕은 지혜 있는 사람과 용기 있는 사람을 잘 임용한 분들이기는 하지만, 성인이었는지는 모르겠소." 라고 했습니다. 여기서 삼왕은 중국 고대에 성군으로 추앙받던 우(禹)임금, 탕(湯)임금, 문왕(文王) 또는 무왕(武王)을 말합니다.

태재가 또 물었습니다. "그러면, 오제(五帝)는 어떻습니까?" 공자가 답하기를, "오제가 어진 사람과 의(義)로운 사람을 임용한 이들이기는 하지만, 그분들이 성인인지는 모르겠소." 라고 했습니다. 오제(五帝)는 복희, 신농, 황제, 요, 순 등을 말합니다.

태제가 또 물었습니다. "그렇다면, 삼황(三皇)은 성인입니까?" 이에 공자는 "삼황(三皇)은 때를 잘 맞추는 사람들을 잘 임용한 분들이긴 하지만 그들이 성인이었는지는 모르겠소." 라고 답했습니다.

"그렇다면, 도대체 누가 성인입니까?"라고 계속해서 태제가 묻자, 공자는 한참동안 얼굴을 찌푸리고 있다가 말하기를, "서방(西方)에 성자(聖者)가 있소(西方之人 有聖者焉), 그가 다스리지 않아도[不治불치] 세상은 어지럽지 않고[不亂불란], 그가 입을 열어 말하지 않아도[不言불언] 백성들은 그를 신뢰하며[自信자신], 그가 교화하지 않아도[不化불화] 몸소 실행하는 까닭에 그 치적이 탕탕(蕩蕩)해서 무어라고 평가할 수 없는 성자(聖者)요." 라고 했습니다. 《열자(列子)》·〈중니(仲尼)〉편에 나오는 이야기입니다.

17세기 예수회 선교사로 중국에 와서 활약한 '쿠플레(Philippe Couplet, 1624-1692)' 신부는 《열자》에 나오는 이 구절을, 공자가 '서방인 팔레스타인에서 예수가 나올 것을 예언한 구절이라'고 해석하여 유럽에 퍼뜨리자, 서방의 학자들은 몹시 흥분했습니다. 쿠플레는 한학에 능통하여, 1687년에는 대학, 중용, 논어를 서양 언어로 번역하고, 또 《중국의 철인 공자》라는 책도 저술하였는데, 그 책에서 《열자》의 이 구절을 인용했습니다.

물론 이 주장은 그럴듯한 논리이지만, 사물을 입체적으로 보지 않고, 본문을 세밀히 살피지 아니한 견강부회의 억지논리였습니다. 당시에, 중국에서 말하는 '서쪽'이란 오늘날의 서구(西歐) 세계를 나타내는 말이 아니고, 중국의 서쪽 '티베트'에서 그 서쪽지역을 나타내는 말이었습니다. 그래서 간혹 옛 중국의 학자들은 《열자》에 나오는 서방 성인을 '석가'의 출현이라고 해석한 주장을 내놓기도 했습니다.

《서전(書傳)》에는 '불통하는 것이 없는 경지를 성인의 경지라(無所不通謂之聖)'라 했고, 《맹자》에서는 '성인은 백세의 스승이라' 했습니다. 《백호통(白

虎通)》에는 '성자는 통(通)이요, 도(道)요, 성(聲)이다. 도(道)로 통하지 않는 것이 없고, 밝아서[明] 비취지 않는 곳이 없다'고 했습니다. 그래서《열자》는 '성인은 전능자라' 했습니다.

　동양과 서양의 사상이 교차하는 지구촌 한 가족을 생각하며 옛《열자》의 성자(聖者) 이야기를 살펴보았습니다.

....

■ 西: 서녘 서 / ■ 方: 모 방 / ■ 聖: 거룩 성 / ■ 者: 놈 자

선구천의

先求天義

|

먼저 하나님의 의(義)를 구하라

"그런즉, 너희는 먼저 그의 나라와 의를 구하라.
그리하면, 이 모든 것을 너희에게 더하시리라."
〈마태복음 6:33〉

일에는 먼저 할 일이 있고, 나중에 할 일이 있습니다. 그 선후를 잘 분간하지 못하면 매사에 실패하게 됩니다. 믿음의 길을 준행하는 데에도 우선순위가 있습니다.

그리스도인의 신행(信行)에는 먼저 해야 할 일 세 가지가 있습니다.

첫째는, 예물을 드리기보다 이웃과 먼저 화해해야 합니다. 예수님은 "예물을 제단에 드리다가 거기서 네 형제에게 원망 들을 만한 일이 생각나거든 예물을 제단 앞에 두고 가서, 먼저 형제와 화목하고 그 후에 와서 예물을 드리라(마태복음 5:23)"고 말씀했습니다. 화해하지 않는 기도는 하나님이 열납하지 않습니다.

둘째는, 그의 나라와 그의 의를 구하는 일입니다.

셋째는, 남의 눈의 티끌을 탓하기 전에 먼저 네 눈 속에 있는 들보부터 빼내는 일입니다.

성탄절 절기에 이르면 성탄을 기리는 갖가지 문화 행사가 다채롭게 펼

쳐집니다. 어린아이들이 기다리는 산타클로스 전통은 주후 350년 경 터키의 지중해 연안에서 사역하던 '성 니콜라우스 주교'에게서 비롯되었다고 합니다. '니콜라우스'는 늘 불행한 이웃을 은밀히 찾아가서 필요한 것을 도와주는 성직자였습니다. 그는 오른손이 한 일을 왼손이 모르게 하듯이 그렇게 사랑을 실천한 분이었습니다. 그렇지만, 그가 행한 아름다운 행적은 한 입 두 입 건너 널리 퍼져 나가게 되어, 11세기에는 전 유럽으로 퍼져 나갔고, 17세기에는 미국으로 이민 간 '화란(네덜란드)'의 교우들에 의해 성 니콜라우스가 '산타클로스'로 변형되었습니다.

1930년 이전까지 '산타클로스'에 대한 전설은 다양했고 표현된 인물도 가지각색이었습니다. 이러한 산타클로스를 지금의 모습으로 정착시킨 인물은 콜라 광고회사에서 삽화를 그렸던 미국인 화가 '해든 선드블롬(Haddon Sundblom, 1899-1976)'이라고 합니다.

성탄목(聖誕木)의 양말 유래는 성 니콜라우스가 가난하여 결혼을 못하고 있는 세 자매를 위해 세 자매가 잠든 틈에 아끼던 보물을 창틈으로 던져 넣었는데, 그것이 마침 걸어 두었던 양말 속으로 들어가게 된데서 유래되었다고 합니다.

성탄절 카드를 보내는 우표 옆에는 '크리스마스 씰'을 붙입니다. 덴마크에 '마이너 호보엘'이라는 우편배달부는 집 없는 어린이들을 치료해주는 병원을 세우는 꿈을 가지고 있었습니다. 그러한 꿈을 실현하기 위해 그는 우체국 책임자에게 우표 옆에 별도로 '씰'을 한 장 씩 더 붙이자는 제안을 했습니다. 그의 아름다운 행적이 미국의 적십자회원인 '에밀리 비젤' 여사에게 알려지게 되고. 비젤 여사는 그것을 결핵환자를 돕는데 사용하기로 하여 널리 퍼지게 되었습니다.

해마다 맞이하는 성탄절의 문화행사는 이웃 사랑에 대한 아름다운 행실에서 비롯된 것입니다.

예수님 신앙은 점점 시들해지는 반면에 산타클로스가 더욱 상업화되어 성탄절의 주인공으로 등극하는 것이 오늘의 세태입니다. 이런 현실에서 2017년 성탄절에 뉴욕의 어느 조각가가 '산타클로스 할아버지'를 십자가에 못박은 조각을 시내에 세워 경종을 울렸던 일이 있었습니다.

'성인부적(聖人不積)'이라는 말이 있습니다.
성인은 쌓아 놓는 사람이 아닙니다.
먼저 그의 나라와 의(義)를 구하고 실천해야 합니다.
〈신동수 목사〉

──────────────────────────────
■ 先: 먼저 선 / ■ 求: 구할 구 / ■ 天: 하늘 천 / ■ 義: 옳을 의

선립근기

先立根基

|

그리스도를 기초로 삼는 것이 우선이다

"누구든지 나의 이 말을 듣고 행하는 자는, 그 집을
반석 위에 지은 지혜로운 사람 같으리니."
〈마태복음 7:24〉

필자는 이 성어에서 '基(기)'자의 의미를 '基督敎(기독교)'의 '基(기)'자로 인용하여 해석해 보았습니다. 따라서 '선립근기'은 '먼저 그리스도에 근거해서 세우라'는 의미입니다.

'기독(基督)'은 '그리스도(구세주)'의 한자식 번역어입니다. 그리스도는 아랍어 '메시하아', 히브리어 '마아시야'와 동의어입니다. '그리스도'는 구약성경에서는 '기름부음을 받은 자'라는 뜻인데, 왕이나 대제사장이 임직할 때 머리에 '기름부음'을 받습니다.

'죄렌 키에르케고르'는 인생의 심정을 3단계로 설명했습니다.
① 제1단계는 미적(美的, aesthetic)인 삶.
② 제2단계는 윤리적(倫理的, ethical) 삶.
③ 제3단계는 종교적인 삶입니다.

'파스칼'은 명상록인 《팡세》에서 "예수 그리스도는 모든 것의 중심이며,

모든 것의 목적이니 그리스도를 알지 못하면 세상의 이치도 못할 뿐만 아니라, 자신도 누구인지 알지 못하게 됩니다. 그리스도 안에는 모든 행복과 선한 덕과 생명과 빛과 소망이 있으며, 그를 떠나면 해(害)와 불행과 흑암과 실망만 있게 되어, 마침내 하나님을 의심하게 되어 몽매한 가운데 빠질 뿐입니다"라고 말했습니다.

'필립스 아카데미'는 미국의 최고 명문으로 꼽히는 고등학교입니다. 이 학교의 동문 35명 중 1명은 미국의 인명사전에 수록되어 있습니다. 대통령, 국회의장, 상원의원, 주지사, 대법관, 경영자와 유명 교수들 중에 이 학교 출신자가 많아서, 모두가 선망하는 학교입니다.

이 학교의 건학이념은 '논 씨비(Non Sibi, Not for Self)'입니다. 이 말은 〈누가복음〉 6장 38절의 "주라! 그리하면 너희에게 줄 것이니 곧 후히 되어 누르고 흔들어 넘치도록 하여 너희에게 안겨 주리라"는 말씀에 기초하고 있습니다.

예수님의 별명은 '남을 위해 사신 분'입니다.
그리스도에 근거하여 사는 삶이 반석 위에 세워진 인생입니다.

■ 先: 먼저 선 / ■ 立: 설 립 / ■ 根: 뿌리 근 / ■ 基: 터 기

성경(聖經)인가? 성서(聖書)인가?

우리는 '바이블'에 대한 번역어로 혹은 '성경'이라 하고, 때로는 '성서'로 쓰는 것을 보게 됩니다. '성경'과 '성서'는 무슨 차이가 있는 것일까요? 현행 '개역개정판 성경'도 표제는 《성경전서》인데, '대한성서공회'에서 간행한 것으로 되어 있습니다.

'한·중·일'에서 번역된 용어를 보면, 1823년의 《신천성서(神天聖書)》(1823년)에서 '성서'라고 지칭한 것 외에는 1636년의 《성경직해(聖經直解)》(1636년, Diaz, 楊瑪諾양마낙)를 비롯하여 오늘에 이르기까지 줄곧 '성경(聖經)'을 사용해 왔습니다. 국문 번역어에서도 서상륜·로스 역 《성경》(1882년)에서 '성경'을 사용한 이래 《개역개정판 성경》(1998년)에 이르기까지 한결같이 '성경'이라고 했습니다.

일본에서 번역된 경우에는 1884년에 일본에서 번역한 '이수정 개인역'에서 '성서'라 하였고, 미국장로교회 선교사인 '루미스(1839-1920)'가 번역한 《구신약성서》(橫濱: 米國聖書公會, 1904년)에도 '성서'라고 한 이래 오늘에 이르기까지 일본에서는 모두 '성서(聖書)'라고 쓰고 있습니다.

그러던 것이 1967년에 간행한 《신약전서》(새번역, 대한성서공회, 1967)는 〈누가복음〉 24:45절은 '성경'으로, 〈로마서〉 1:2절은 '성서'로 번역하여 '성경'과 '성서'를 혼용하였고, 1986년에 가톨릭과 개신교가 함께 번역한 《성서》(공동번역, 1986년)는 '성경'을 쓰지 않고 '성서'만 채택했습니다.

'Canon(경전經典)'은 4세기 중엽 '아타나시우스(Athanasius)'에 의하여 '신·구약성경'의 규범적인 수집을 통칭하여 부르는 말이었습니다. 이는 '바울'이 〈갈라디아서〉 7:16절에서 사용한 희랍어 'Kanōn(자, 尺)'에서 온 것인데, 히브리어(갈대)에서 유래된 '곧은 막대기, 재는 자, 측정의 표준, 규범, 규칙'이라는 뜻입니다.

주자(朱子)는 "경(經)은 항상함(常)이요, 만세토록 바뀌지 않는 항상(恒常)하는 도(道)이다"라고 주석했습니다. 직물을 짤 때, 종(縱)으로 놓은 것을 '경(經)'이라 하고, 횡(橫)으로 놓는 것을 '위(緯)'라고 합니다.(《說文설문》)

《正字通(정자통)》에는 "베틀로 천을 짤 때 항상 경(經)을 먼저 세우고, 위(緯)를 거기에 접속시키기 때문에 경(經)은 항상 더 근본적인 것이라 한다."고 이르고 있습니다. 그래서 경(經)은 길의 뜻을 나타내는 '徑(경)'과 통하고(《周易上經주역상경》·〈乾傳第一건전제일〉), '항상 그러한 것'이란 뜻의 '常(상)'과 통하고(《書傳서전》, 〈大禹謨대우모〉), 모든 것의 기준이 되는 '법(法)'(《중용》)과 통하는 뜻입니다.

이처럼 '경(經)'이라는 것은 단순히 경전의 문헌을 가리키는 말이 아니라, '날실'의 기준이 되는 불변성과 더욱 높은 도리의 항상성 및 보편성을 의미하는 말로 쓰이다가 최고의 불변의 진리를 기록한 문헌을 가리키는 말로 정착되었습니다.

한자의 '경(經)'이 지닌 의미는 마치 '히브리-희랍어계'의 'Canon'과 통하는 바가 없지 않습니다. 영어의 표기로는 성경을 'Holy Bible'이나 'Holy Scripture'라고 합니다. 여기서 'Bible'이나 'Scripture'나 모두 '책[書]'이라는 뜻입니다.

한편, 감리교 잡지인 《감리교생활》에서는 1950년대까지는 논문이나 광고에도 '성경'이란 말이 사용되었고, 1960년대에도 '성경'과 '성서'를 혼용하였습니다. 오늘에는 대체로 보수적인 측의 학자들은 '성경'을 쓰고, 진보적인 측의 학자들은 '성서'를 선용합니다.

굳이 '성경'과 '성서'에 대한 용어상의 차이를 설명한다면, '성경'은 '외경(外經)'을 제외한 '정경'만을 전제한 경우에 사용할 수 있다고 하겠고, '성서'는 정경을 비롯하여 외경(外經)도 포함되는 경우에도 사용할 수 있다 하겠습니다.

....

- 聖: 성인 성 / ■ 經: 경서 경 / ■ 書: 글 서

성경의 용(龍) 동양의 용(龍)

"너희 용들과 바다여, 여호와를 찬양하라."
〈시편 148:7〉

용의 비늘은 360개, 봉황은 날개 깃털이 360개이며, 춘분에 승천했다가, 추분에 내려와 소[淵]에 잠긴다고 했습니다.

여러 종류의 용이 있습니다. 비늘이 있는 용은 교룡(蛟龍), 날개 달린 용은 응룡(應龍), 뿔 없는 용은 규룡(虯龍), 뿔이 없는 붉은 용은 이룡(螭龍), 등천하지 못한 용은 반룡(蟠龍)이라고 합니다.

명(明)나라의 '호승지(胡承之)'는 《진주선(眞珠船)》에서 용의 아홉 아들에 대해 설명했습니다. ① 비희(贔屭), ② 이문(螭吻), ③ 포뢰(蒲牢), ④ 폐안(狴犴), ⑤ 도철(饕餮), ⑥ 공하(蚣蝦), ⑦ 애자(睚眦), ⑧ 산예(狻猊), ⑨ 초도(椒圖)가 그들입니다.

이들은 성격이 제각각 달랐습니다. 비희(贔屭)는 무거운 것을 짊어지기를 좋아해서 무덤의 '신도비(神道碑)'를 비희가 걸머지고 있습니다. 이 석물은 몸은 거북이지만 머리는 용머리 모양을 하고 있습니다. 이문(螭吻)은 높은 데 올라가 먼 곳을 바라보기를 좋아해서 궁궐이나 큰 건축물의 용마루에 이문을 조각하여 달아놓고 화재를 진압하는 상징으로 이용되었습니다. 치미(鴟尾) 또는 망새라고 칭합니다. 큰불이 나면, 치미가 꼬리를 휘휘 흔들어 불을 끈다고 합니다. 셋째인 포뢰(蒲牢)는 목소리가 쩌렁쩌렁 울리며 울기를 잘 해서 범종을 만들 때 용뉴(龍紐)에 얹혀 놓고 있습니다.

동양에서 용(龍)은 임금을 나타내는 '상스러운 짐승[瑞獸]'이었습니다. 조선조 임금이 입은 '곤룡포[龍袍]'는 태종 5년에 명나라 황제가 내린 용포를 근거로 '봉제(縫製)'하여 조선시대 임금의 격식이 되었습니다.

곤룡포의 어깨에는 용이 걸쳐 있지만, 그 발톱의 개수에 따라 차등을 두었습니다. 천자는 7개, 또는 5개[五爪龍], 왕후(王侯)는 4개[四爪龍]를 사용했습니다. 용(龍)도 봉(鳳)도 모두 임금을 나타냈지만, 용이 더 으뜸이고, 그 다음이 봉이었습니다. 그래서 곤룡포의 양편에는 3마리의 봉황을 장식했습니다.

경복궁 근정전 천장에는 용 두 마리가 그려져 있습니다. 이것은 원래 봉황그림이었는데, 청일전쟁 후 고종이 황제로 즉위하며, 봉황그림을 용으로 바꾸어 놓고 독립적 '대한제국'을 표방했습니다. 그 용은 발톱이 일곱 개인 7조룡(七爪龍)으로 그려 붙여 대한제국은 왕후(王侯)의 나라가 아니라 '황제의 나라'임을 표명했습니다. 그렇지만, 당시 직접 집무를 하지 않았던 창덕궁 인정전(仁政殿) 천장에 있는 두 마리의 봉황 그림은 그대로 두어 지금도 그대로 전해지고 있습니다.

성경에서 용은 마귀의 상징입니다. 그렇지만 동양 문화에서의 용은 길상의 뜻이 있습니다. 그래서 조선 천주교의 창시자인 광암(曠菴) 이벽은 《성교요지》에서 '예수 그리스도'를 용[龍現首擧용현수거]으로 표현했고, 중국 북경에 있는 '마테오리치'와 '아담 샬', '페르빅스트' 신부의 묘갈 문양도 5조룡(五爪龍)의 용 문양으로 장식되어 있습니다.

당나라 덕종 때 세운 '대진경교유행중국비'도 그 묘갈 문양이 용무늬로 되어있습니다. 그리스도교(기독교)에 관련된 사물에 대하여 이렇듯 용을 사용한 것은 동양의 정서와 전통에 따라 복음을 길상(吉祥)의 뜻으로 대우한 데서 그랬던 것이라 하겠습니다.

예부터 용(龍)은 길상으로 여겨왔습니다. 그래서 지명이나 바위에도 적용하여, 용(龍)자가 들어가는 지명이 무려 전국에 1261곳이나 있고, 용산(龍山)이라는 지명만도 전국에 70곳에 이르고 있습니다. 하지만 성경은 용에 대해 부정적으로 묘사하고 있으며, 때로는 여호와를 대적하는 바벨론(예레미야 51:34), 애굽(이사야 51:9)을 뜻하기도 했습니다.

소위 '용띠해'를 맞아, 필자가 '기독교타임즈 신년휘호'를 짓고, 문하생 설하성(雪下聲) 신동수 목사가 농호(弄毫)했습니다.

"以一信退治螭龍爭鬪(이일신퇴치이용쟁투) 而設恩惠東山也(이설은혜동산야)."
"용들의 싸움을 일신(一信)으로 격퇴하고, 은혜의 동산을 세워나가자."

《소학》의 태교법(胎教法)

"여자 중에 네가 복이 있으며 네 태중의 아이도 복이 있도다.
네 문안하는 소리가 내 귀에 들릴 때에 아이가
내 복(腹)중에서 기쁨으로 뛰놀았도다."
〈누가복음 1:42~44〉

유가철학에서는 태아의 형성 과정을 이렇게 설명합니다.

사람의 생성은 지기인 '백(魄)'과 천기인 '혼(魂)'의 결합으로 형성되는 것으로 봅니다. 혼(魂)은 '운(云)과 귀(鬼)'의 합성어로써, '운(云)'은 '구름(雲)' 공기와 같은 하늘의 기운을 뜻하고, '백(魄)'은 '백(白)과 귀(鬼)'의 합성어로써 '백(白)'은 아버지의 흰색[白色]의 정액(sperma)을 나타내는 글자입니다.

'혼'은 '청·령적(淸·靈的)'인 것으로 사람의 영적·정신적 요소가 되고, '백'은 '탁·각적(濁·覺的)'인 요소로 뼈대를 골격으로 한 인체의 육체적 요소를 이룬다고 봅니다.

《부모은중경》은 태아의 생성을 이렇게 설명합니다. 태아가 4개월이 되면, 겨우 사람의 모양을 이루기 시작하여, 6개월에는 6정(精), 곧 '안(眼)·이(耳)·비(鼻)·구(口)·설(舌)·의(意)'가 열린다 했습니다. 《동의보감》은 이 기간에 '금정(金精, 金의 정기)'으로 입과 눈이 형성된다하고, 7개월에는 '혼이 유(游)한다'고 했습니다. 《부모은중경》은 8개월에 의(意)와 지(智)가 생긴다고 설명했습니다.

현대 의학에서도 임신 24주~26주 이후에는 태아가 오감을 느낀다고 봅니다. 그 중에서도 시각과 청각은 임신 6개월 후, 미각과 후각은 7개월 만에 느낀다고 보는데, 오감 중 '시각·청각·미각·후각'은 직접적으로 느끼지만, 촉각은 간접적으로 느끼는 것으로 설명합니다.

수억 개의 정자 중에서 하나가 난자와 결합하여 수정(fertilization)하게 되면, 세포분열이 일어나 배아세포(blastocyst)가 되고 자궁에 착상하여 생명이 자라기 시작합니다. 4주가 되면 등과 머리 부분이 서서히 형성되기 시작합니다. 1개월 반(6주)이 지나면 1~2cm의 크기로 머리, 몸통, 팔, 다리가 올챙이 모양으로 구별되기 시작하여 양수(amnion)에 둥둥 떠다니기 시작합니다. 2개월이 조금 넘으면(9주) 손가락에 뼈가 생기기 시작하며, 6개월쯤 되면 키가 25cm 정도로 자라 거의 완전한 사람모양을 갖추게 됩니다. 그리고 10달에 이르면 '응애~' 고고지성(呱呱之聲)을 지르며 이 세상에 나옵니다.

《소학》 첫머리에는 한(漢)나라 '유향(劉向, BC 77-76년)'이 쓴 주문왕의 태교법이 수록되어 있습니다. "① 잠잘 때는 몸을 기울게 하지 말고(寢不側), ② 앉을 때는 몸을 한쪽으로 치우치게 하지 말며(坐不邊), ③ 한쪽 발로 치우쳐 서지 말고(立不蹕), ④ 나쁜 음식을 먹지 말 것이며(不食邪味), ⑤ 고기는 반듯하게 썬 것을 먹으며(割不正不食), ⑥ 자리가 반듯하지 않으면 앉지 말 것이며(席不正不坐), ⑦ 나쁜 색깔은 보지도 말고(目不視邪色), ⑧바르지 않은 소리를 듣지 말 것이며(耳不聽淫聲), ⑨ 밤에는 시 낭송하는 소리를 듣고(夜則令瞽誦詩), ⑩ 평소의 말은 바른 말을 하라(道正事)"고 했습니다.

성경에는 '마리아'가 '엘리사벳'에게 문안하였을 때, 아이가 뱃속에서 뛰놀자, "네 태중의 아이도 복이 있도다"(누가복음 1:41)라고 응답했습니다.
'태교신기'에는 '태교할 줄 모르면 애비나 어미 될 자격이 없나니, 반드시 정심(正心)으로 할 것이니라'고 교훈하였습니다.

■ 胎: 아이 밸 태 / ■ 敎: 가르칠 교 / ■ 法: 법 법

송죽신의

松竹信義

솔과 대쪽 같은 신의

"네 이웃을 네 자신 같이 사랑하라."
〈마태복음 22:39〉

지금은 고인이 되신 감리교회의 '신두수' 목사님은 황해도에서 태어나 청년기에 예수를 구주로 영접하고, 평안북도의 자파구역 자파교회, 노동교회, 용봉교회, 남원교회 등지에서 목회하고 남으로 피난하였습니다. 부산 가덕도 천성교회와 대항교회를 거쳐 충남 아산의 모산교회, 선장교회를 담임하고, 부평의 계양산 북록에서 에덴교회를 돌보았습니다. 그 후 경기도의 남사교회, 그리고 충청도의 마양교회, 전북 삼담교회, 다시 강경의 베다니교회, 공주지방 경천교회에서 등지에서 목회하다 일선에서 퇴은했습니다. 말년에는 골방기도원에서 기도에 전념하다가 세상을 마감했습니다. 그때의 교역자는 2년마다 한 번 씩 임지를 파송 받던 시기였습니다.

신두수 목사님은 그 별호를 '송죽(松竹)'이라 하시고, '송죽신의(松竹信義)'를 좌우명으로 삼고 '솔[松]과 대[竹]'처럼 사셨습니다.

충남 선장교회에서 목회할 때는 아침 먹을 시간에 동냥하는 사람이 주택문을 두드리면 그를 안방 아랫목으로 모시고 상전 모시듯 정성으로 대접해서 보내곤 하였습니다. 그 바람에 자식들은 끼니를 거른 일도 있었습니다. 한번은 추위에 떨고 있는 한센병자가 찾아왔기에 침구를 내어드려 유숙하고 떠났는데 그로 인하여 한센병에 걸린 일도 있었습니다.

노환으로 병중에 있던 봄날, 그의 손자(신동해)가 신학대학에 입학했다는 소식을 듣고는 빙그레 미소 지으며 하늘나라로 떠나셨습니다. 그의 신앙행적을 아는 이들은 그를 성자처럼 사신 분이라고 추모합니다.

그가 세상 떠나시던 날 신광교회 '계양재(桂陽齋) 신광철' 목사가 그를 추모하며 지은 시 한 수가 남아 있습니다.

　　기미년 추운 겨울 이천에서 나시어
　　풍류 심한 가문에서 빈한함을 견디시며
　　스무 살 약관에는 수풍댐서 노역했고
　　만주로 건너가서 숱한 고생 겪으셨다
　　열일곱 살 청년기에 구속의 은총 입어
　　평안도 자파에서 복음을 전하셨다
　　불행한 민족사로 남으로 내려와서
　　이웃사랑 몸 바치다 노환으로 누우셨다
　　병환 중 기쁜 소식 손자의 신학 입학
　　빙그레 미소 지으며 하늘나라로 떠나셨다.

　　〈신광철 목사〉

■ 松: 솔 송 / ■ 竹: 대 죽 / ■ 信: 믿을 신 / ■ 義: 옳을 의

수가단두 불가단발

雖可斷頭 不可斷髮

|

머리를 자를지언정 머리카락은 자를 수 없다

"네가 임신하여 아들을 낳으리니 그의 머리 위에 삭도를 대지 말라."
〈사사기 13:5〉

　개화기의 선구자 '유길준'은 조부 슬하와 '박규수' 문하에서 한학을 배우고, '유만주'의 서재에서 '민영익'과 함께 동문수학했습니다. 그 후 일본의 '후꾸자와 유키치[福澤諭吉복택유길]'의 '게이오의숙[慶應義塾경응의숙]'에 유학하였고, 벼슬은 내부대신에 올랐습니다. 1883년 6월에 민영익을 전권대신으로 한 '견미보빙사절단'이 파견되었는데, 유길준도 사절단의 일원이 되어 조선인 최초로 미국 땅을 밟았습니다. 사절단은 '워싱턴'으로 가는 기차 안에서 미국감리교회의 '가우쳐' 목사를 우연히 만나게 되어, 그로 인해 '남감리교'의 한국선교가 시작되었습니다. 유길준은 사절단의 임무를 끝내고, '매사추세츠 주'의 '덤머(Dummer) 아카데미'에 입학하여 우리나라 최초의 미국 유학생이 되었습니다. 하지만 국내에서 '갑신정변'이 발발하여 몇 개월 밖에 그 학업을 지속하지 못하고 귀국길에 올랐습니다. 돌아오는 길에 영국, 프랑스, 독일, 화란, 포르투갈 등 유럽의 여러 나라를 둘러보고 2년 5개월 만에 귀국하였지만, 그는 곧 바로 '갑신정변'에 연루된 의혹으로 삼청동의 백록동 취운정(翠雲亭)에 연금되었습니다.

　'아관파천'으로 일본에 망명했으나 일본정부에 의해 5년 간 '오가사와라

섬[小笠原島]'에 유배되었습니다. '도쿄[東京]'의 '청산묘지'에 있는 김옥균의 묘비문은 유길준이 지었습니다.

우리나라에서 최초로 상투를 잘라내고 단발을 감행한 이가 유길준입니다. '명성황후'를 시해한 직후 친일 성향의 혁신운동가들은 군부대신 '조희연'이 일본군 병력을 복병시키고, 대궐을 향해 대포까지 걸고, 농상공대신 '정병하'가 고종황제의 머리에 가위를 대고 임금의 상투를 싹둑싹둑 잘라냈습니다. 1895년 12월 30일에는 내부대신 유길준의 이름으로 '임금님이 상투를 자르셨으니 백성들도 모두 단발하라!'는 방문(榜文)을 전국에 내붙였습니다. 체두관(剃頭官)이라는 벼슬을 급조하여 전국의 장터로 보내 장을 보러오는 백성들의 머리털을 강제로 잘라냈습니다. 동학(東學)의 진보회원 16만 명도 일시에 단발작업에 참여했습니다. 이러한 조치에 대하여 최익현을 비롯한 위정척사파들은 '머리를 자를지언정 머리카락은 자르지 못한다(雖可斷頭수가단두 不可斷髮불가단발)'고 외치며 봉기하였습니다.

영국의 탐험가로 우리나라를 두 번씩이나 방문하여 명성황후와도 회동했던 '이사벨라 비숍' 여사는 "조선인의 상투는 단순한 헤어스타일이 아니다. 그것은 조선인의 ① 민족성(Nationality), ② 전통성(Antiquity), ③ 신성성(Sanctity), ④ 남성성의 상징이다"라고 말했습니다.

사도 바울도 '겐그리아'에서 서원의 뜻으로 일시 머리를 깎았습니다(사도행전 18:18). 불교에서는 머리카락을 무명초(無名草)라 하며 번뇌를 단절한다는 의미로 머리를 깎습니다.

얼마 전 대학생들이 반값등록금의 실현을 외치며 '삭발 할 수밖에 없는 현실이 너무 슬프다'며 삭발을 한 일이 있습니다. 이러한 모습을 보며, 개화기의 단발령 사건을 상기해 보았습니다.

- 雖: 비록 수 / ■ 斷: 끊을 단 / ■ 頭: 머리 두 / ■ 髮: 터럭 발

수유사덕

水有四德

물의 네 가지 덕

"내가 주는 물을 마시는 자는 영원히 목마르지 아니 하리니, 내가
주는 물은 그 속에서 영생하도록 솟아나는 샘물이 되리라."
〈요한복음 4:14〉

'고산 윤선도'의 시조 중에 이런 시가 있습니다. "구름 빛이 좋다 하나 검기를 자로 하고 / 바람 소리 맑다 하나 그칠 적이 하노메라 / 좋고도 그칠 뉘 없기는 물뿐인가 하노라."

'노자'는 "가장 좋은 것은 물이라(上善若水상선약수)"고 했습니다.

오늘날 지구촌 곳곳에서 물의 재난이 갈수록 심각해지고 있습니다. 인도의 '갠지스 강'이 말라 들어가고 있고, 중국의 '황하(黃河)'도 처처에 바닥을 드러내고 있습니다. 물 부족사태가 계속되면 지구촌 환경재앙으로 인하여 전 세계의 11억 명의 인구가 깨끗한 물을 공급받지 못하게 될 것이라고 합니다.

근래에 우리나라도 물의 오염이 심각한 지경에 이르고 있습니다. 처처에서 산천을 깎고 막고 오염시켜 아름다운 강산이 말할 수 없이 황폐화되고 있습니다. 이렇게 땅이 썩어 들어가다 보니 심지어는 지하 100미터 아래

에서 길어 올린 지하수에서도 발암물질이 검출되고 있습니다.

물이 좋은 덕성을 지녔다 하더라도 진노할 경우에는 몇 배로 더욱 심하게 보응하여 재앙을 초래합니다. 옛 속담에도 '3년 가뭄은 견뎌도, 사흘 홍수는 못 견딘다'고 했습니다. 물의 무서움을 나타내는 말입니다. 오늘날 오염된 식수로 인해 죽어가고 있는 사람이 1년에 185만명 가량이나 된다고 합니다.

인류학자 '프레이저'의 '홍수신화 연구'에 보면, 동서양의 모든 민족이 홍수를 사회악의 응징으로 수용하고 있다고 말했습니다. '노아 홍수'도 그렇고, 고대 '바빌로니아'에서는 '티그리스', '유프라테스' 강의 잦은 홍수는 사회악이 팽배할 때 '크로노스' 신이 홍수를 몰고 왔다고 보았습니다. 물이 진노하면 걷잡을 수 없는 재앙을 초래합니다.

제자백가 사상가인 '시자(尸子)'는 '물의 네 가지 덕(水有四德)'을 말했습니다. '인(仁)·의(義)·용(勇)·지(智)'가 그것입니다.

첫째, 만물을 깨끗이 하고 소통시키니(沐浴群生通流萬物목욕군생통류만물) 인(仁)이요,

둘째, 더러운 것을 씻어 내고 맑은 물을 소통시키니(揚淸激濁蕩去滓穢양청격탁탕거재예) 의(義)요,

셋째, 부드러운 듯하지만, 범하기 어렵고 약한 듯하나 강한 것을 이기니(柔而難犯弱而難勝유이난범약이난승) 용(勇)이며,

넷째, 가득 찬 것을 싫어하고 겸손하게 흐르니(惡盈流謙오영류겸) 지(智)의 덕이라고 했습니다.

천하가 메마르고 강퍅하던 시절, 하나님은 '에스겔'에게 성전(聖殿) 문지방에서 솟아 오른 물이 메마른 골짜기로 흘러내려 생수의 강이 되어 흘러

넘쳤습니다. 이 환상으로 음란과 우상숭배로 황폐해진 '이스라엘'에 은혜가 회복되었습니다.

　물은 은혜요 생명이며, 치유요 정결이고, 은혜요 형통입니다.

　'세계보건기구(WHO)'에서는 "깨끗한 물이 건강을 증진시킨다(Clean water means better health)"는 구호를 내걸었습니다.

　"하나님은 생수의 근원이십니다."(예레미야 2:13)
　"예수님은 목마른 자에게 생수를 주십니다."(요한복음 4:14)

．．
■ 水: 물 수 / ■ 有: 있을 유 / ■ 四: 넉 사 / ■ 德: 큰 덕

수출서물

首出庶物

|

천지의 수장(首長)께서 사물을 산출하셨다

"만물이 그로 말미암아 지은 바 되었으니, 지은 것이 하나도
그가 없이는 된 것이 없느니라."

〈요한복음 1:3〉

    다산 정약용은 23세에 정조에게 《중용강의》를 지어 바친 조선 유학의 대학자였습니다. 그는 일생 500권이 넘는 책을 저술했습니다. 그 중에서도 그가 특별히 몰두한 저술은 《상례사전(喪禮四箋)》(1811년)과 《주역사전(周易四箋)》이었습니다. 다산이 이 책을 저술한 후, "이 책은 하늘의 도움이 없었다면 결코 나올 수 없었을 것이라"고 말했습니다. 또, 그의 〈두 아들에게 주는 편지〉에서도 당부하기를 "혹시라도 내 저술을 불태워 버릴 일이 생긴다면 《주역사전》과 《상례사전》을 제외한 나머지 저술들은 없애 버려도 좋다"고 까지 말했습니다.

    흑산도에 유배되어 귀양살이하던 다산의 형 '정약전'은 아우가 지은 《주역사전(周易四箋)》에 대해 "내가 이 책을 읽어보니, 처음에는 놀라고, 중간에는 기뻤고, 나중에는 나도 모르게 무릎을 꿇었다. 저자인 동생을 어떤 사람이라고 말해야 좋을지 모르겠다"고 하면서, 대학자 정약전은 크게 감복했습니다. 또한 승려인 혜장(惠藏)은 "다산의 주역사전을 접하고 난 후, 나의 20년 주역 공부가 모두 헛된 일에 지나지 않았다."고 고백했습니다.

    다산은 《주역사전》·〈건괘(乾卦)〉·"단(彖)"에 나오는 구절인 '수출서물(首

出庶物) 만국함녕(萬國咸寧)'을 그리스도교(기독교)의 인격신 '하나님(上帝)' 개념으로 해설하였습니다. 곧, '수출서물(首出庶物) 만국함녕(萬國咸寧)'을 '천지의 수장(首長)이신 하나님[上帝]이 삼라만상을 산출하시니, 만국이 모두 평안해졌다'고 말했습니다. 다산은 '천(天)' 또는 '상제(上帝)'를 천지만물을 다스리는 '지고신(至高神)'으로 믿었으며, 더 나아가 '상제는 인간의 죄까지도 다스리는 분이라'고 했습니다. 다산은 '상제'를 초월적인 동시에 내재자로 보았습니다. 다산의 《주역사전》의 사상은 겉으로는 '주역'이지만, 그 해석은 그리스도교(기독교)의 신학이었습니다. 다산이 던진 이러한 '신(神) 관념'의 새로운 제시는 무신론적 성리학이 횡행하던 조선의 유학계에 어머어마한 충격이었습니다.

다산의 '신관'은 그의 낙관(落款)의 명구(銘句)에도 간간히 보입니다. '신재재중(神在丁中)'은 '하나님이 정(丁)씨 그 속에 계시다'는 의미인데, 이는 곧 '하나님은 내 속에(다산의 신앙 속에) 계신다.' 또는 '이심전신(以心傳神)', 곧 '마음을 하나님께 드립니다' 라는 신앙고백이 담겨있습니다. 이러한 다산의 그리스도교적 신앙고백으로 기록한 명구(銘句)들을 접하노라면 마치 전기충격기로 뇌리를 맞은 듯 가슴이 뜁니다.

한학자요 목사로 종신한 백운당 오지섭 목사는 《주역》·〈설괘전(說卦傳)〉의 "제출호진(帝出乎震) 제호손(齊乎巽)", 곧 '제(帝)가 진방(震方)에서 나와서 손방(巽方)을 가지런히 한다'의 '제(帝)'를 '메시야의 출현'으로 해설하였습니다. 장차 다산의 《주역사전(周易四箋)》이나 《주역》·〈계사전(繫辭傳)〉을 그리스도교(기독교) 신학으로 해설하는 큰 학자가 나오기를 기대해 봅니다.

필자가 '삼필재서당'에서 강(講)했던 《주역》의 한 내용인 '수출서물(首出庶物)'에 대해 그 소감을 적어 보았습니다.

....
■ 首: 머리 수 / ■ 出: 날 출 / ■ 庶: 여러 서, 거의 서, 바랄 서, 첩의 아들 서

슬골삼천

膝骨三穿

|

무릎 뼈가 세 번이나 짓무르도록

"그러므로 너희 죄를 서로 고백하며 병 낫기를 위하여 서로 기도하라.
의인의 간구는 역사하는 힘이 큼이니라."
〈야고보서 5:16〉

'과골삼천(踝骨三穿)'은 '복숭아뼈가 세 번이나 구멍 나도록 공부했다'는 말입니다. 다산 정약용이 강진에서 유배생활을 할 때 '황상(黃裳, 1788-1863?)'이라는 제자를 얻었습니다. 쭈뼛거리는 어린 제자에게 "부지런하고, 부지런하고 또 부지런하여라. 그러면 못할 것이 없단다"라고 격려하며 삼근계(三勤戒)를 주었습니다. 황상은 그 교훈을 뼈에 새기며 열심히 공부하여 시문부분에서 우뚝한 제자가 되었습니다. 황상이 고희(古稀)를 지나, 다산을 뵈었을 때의 일을 회고한 글에 "나의 선생님께서는 귀양살이 20년에 앉아서 저술만을 일삼으시어 복사뼈가 짓물러 세 번이나 구멍이 났습니다"라고 술회했습니다(정민,《다산선생 지식경영법》). 이것이 전설적인 '과골삼천'의 고사입니다. 딱딱한 방바닥에 앉아 저술에 몰두하다 보니, 복사뼈가 세 번이나 구멍이 뚫렸다는 것입니다. 구도자의 자세를 일깨우는 일화입니다.

예수의 제자 '야고보'(마가 6:3)는 '낙타무릎'이라는 별명을 가지고 있습니다. 그가 무릎을 꿇고 얼마나 기도를 많이 했던지, 그의 무릎이 마치 낙타무릎처럼 혹이 나서 굳어졌다고 해서 붙은 별명입니다.

필자는 성지순례 여행 중에 지중해 '밧모 섬' '사도 요한'이 기도하던 굴에 들어가 보았습니다. 요한이 무릎을 꿇고 기도하던 바위자리와 요한이 이마를 처박고 기도하던 자리가 움푹 파여 있었습니다. 그토록 기도가 간절하니 하나님이 하늘문을 여시고 계시를 주셔서 7교회의 모습을 보여 주셨습니다. 그것이 〈신약성경〉·〈요한계시록〉의 계시입니다. '성 프란시스'도 얼마나 기도에 열중했던지 그 무릎이 낙타무릎처럼 굽어졌다고 합니다.

필자(벽해 오세주 목사)는 '황상'의 '과골삼천'의 고사를 읽다가 '슬골삼천(膝骨三穿)' 그리스도교(기독교) 사자성어를 창안하였습니다. '무릎 뼈가 세 번 뚫어질 정도로 기도한다'는 말입니다.

필자가 아는 봉천동의 한 여자목사는 어찌나 기도를 많이 했던지 노년에는 그 무릎이 굽혀지지 않아 다리를 오므리지 못하고 기도했다고 합니다. 그 응답이 교회에 임하고 교우 한 사람 한 사람에게 열매로 충만하게 맺혔습니다.

천국은 '신학(theology)'으로 가는 곳이 아니라 '무릎팍[무릎學]', '닐로지(knee-logy)'로 가는 곳입니다. 공부하느라 앉아 있으면 '복숭아뼈'가 닳지만, 기도하느라 무릎을 꿇으면 '무릎 뼈'가 짓무릅니다.

야곱이 얍복강 강가에서 천사와 담판을 할 때, 기도줄을 끝까지 놓지 않으며 간구하였더니, 응답의 표시로 천사가 야곱의 환도뼈를 후려쳤습니다. 그 후 야곱은 평생을 부러진 환도뼈를 지닌 채 쩔뚝쩔뚝 걸으면서도 '이스라엘'이라는 새 축복 속에 살았습니다.

기도는 영혼의 호흡이며, 하나님과의 대화입니다.

기도 없이 살 수 없습니다.

〈오세주 목사〉

....

■ 膝: 무릎 슬 / ■ 骨: 뼈 골 / ■ 穿: 뚫어질 천

승풍파랑

乘風破浪

|

풍파가 높고 거세더라도
그 풍파를 타고 파도를 헤쳐 나가라

"밤 사경에 예수께서 바다 위로 걸어서 제자들에게 오시니"
〈마태복음 14:25〉

우리말에는 '바람'에 관한 단어가 참으로 세세하게 많습니다. • 간들바람(부드럽게 살랑살랑 부는 바람), • 간새(동남풍), • 갈마바람(남서풍), • 건들바람(첫가을에 선들선들 부는 바람), • 고추바람(맵고 독하게 부는 찬바람), • 꽃샘바람, • 꽁무니바람(뒤에서 불어오는 바람), • 높새바람(북동풍을 뱃사람들이 이르는 말), • 마파람(남쪽 또는 앞쪽에서 불어오는 바람), • 명주바람(명주처럼 보드랍고 화창한 바람), • 보라바람(높은 고원에서 갑자기 산 밑으로 불어 내리는 차갑고 센 바람), • 살바람(봄철에 부는 찬바람), • 샛바람(동풍), • 소스리바람(이른 봄에 살 속을 기어드는 듯이 맵고 찬 바람), • 왜바람(이리저리 방향이 없이 막 부는 바람), • 피죽바람(모낼 무렵 오랫동안 부는 아침 동풍과 저녁 북서풍), • 하늬바람(농부나 뱃사람이 '서풍'을 이렇게 부릅니다), • 황소바람, • 회회바람(선풍旋風) 등, 그 밖에도 '바람' 이름이 참 많습니다.

"승풍파랑(乘風破浪)"은 '바람을 타고 파도를 헤쳐 나간다'는 말입니다. 《송서(宋書)》·〈종각전(宗慤傳)〉에서 '종각(宗慤)'이 "긴 바람을 타고, 만리 물결을 헤쳐 나가리라(願乘長風 破萬里浪)"라고 한 것에서 유래한 말입니다.

남북조시대 송(宋)나라의 '종각'은 어려서부터 담대하고 용감한 사람이었습니다. 열네 살 때에는 떼강도 열 명이 몰려들었는데, 담대히 격퇴한 일도 있습니다.

송나라가 베트남의 '임읍'으로 원정을 나설 때, 종각은 부관으로 출정하였습니다. 임읍의 군주는 코끼리 떼를 내세워 반격을 가해 왔습니다. 송나라 군사들이 당황하고 있을 때 종각이 계책을 내놓았습니다. 코끼리는 사자를 무서워하니 사자처럼 꾸미고 사자춤을 추면 코끼리 떼가 물러갈 것이라 하고, 사자춤을 추었더니 코끼리 떼가 물러갔다고 합니다.

그의 숙부가 물었습니다. "너는 장차 무엇이 되고 싶으냐?" 이에 종각은 "거센 바람을 타고, 만리의 거센 물결을 헤쳐 나가고 싶습니다(願乘長風 破萬里浪)"라고 답하였습니다. '승풍파랑(乘風破浪)' 고사의 유래입니다.

바람은 배를 앞으로 나아가게도 하지만, 배를 엎어 버릴 수도 있으며, 파도는 배를 빠르게 나아가게 하지만, 배를 삼켜 버릴 수도 있습니다. 바람을 타고 파도를 깨며 나아가는 일은 작두 위에 올라 춤을 추는 것과 같이 위험한 일입니다.

'파도를 타면, 파도에 흔들릴지라도 가라앉지 않는다(Fluctuat nec mergitur)!' 2015년 가을, 프랑스 파리에서 테러가 일어났을 때, 프랑스 정부가 외친 말입니다.

널리 애창되는 노래인 'You raise me up'의 가사에 '당신이 일으켜 주시기에 폭풍이 이는 바다도 걸을 수 있어요(You raise me up, to walk on stormy seas)'라고 노래하고 있습니다.

1618년 중국 선교의 사명을 품고 포르투갈 '리스본'을 출발한 배에는 선교사 22명이 탑승하고 있었고, 오랜 항해 끝에 마침내 '마카오'에 도착하였습니다. 그런데 항해 중에 선교사 14명이 죽음을 맞이했고 마카오에 도착했을 때는 8명의 선교사만 남았습니다.

　　선교는 목숨을 내 건 '승풍파랑'의 여정입니다.
　　〈오세범 목사〉

- 乘: 탈 승 / ■ 風: 바람 풍 / ■ 破: 깨뜨릴 파 / ■ 浪: 물결 랑

시미종대

始微終大

|

시작은 미약하나 끝은 창대하리라

"네 시작은 미약하였으나 네 나중은 심히 창대하리라."
〈욥기 8:7〉

하나님은 아주 작고 미미한 것에서부터 시작하여 큰 역사를 이루어 가십니다. 생명력이 있는 씨앗은 성장합니다.

개화기 이전에는 우리나라에 지금과 같은 '사과'가 없었다는 이설도 있지만, 일설에는 대구에서 선교하던 '아담스' 선교사가 미국에서 사과 몇 개를 가져와서 먹고 자기 주택 뜰에 몇 개의 씨를 뿌린 것이 널리 퍼졌다고 합니다. 아담스 선교사는 경북 일대에 28개 처의 교회를 설립했습니다.

배고프던 시절의 여름철에 우리가 맛있게 먹는 감자도 옛날에는 우리나라에 없었습니다. 1832년 7월 30일, '귀츨라프' 선교사가 처음으로 우리나라에 선교하러 왔다가 입국이 허락되지 않아 서해안을 빙빙 돌다가, 충남 보령시 오천면 원산도에 상륙하여 주민들과 함께 감자 100개 이상을 심고 재배법을 가르쳐 주고 떠난 것이 널리 퍼졌다고 알려져 있습니다. 선교사들은 복음과 함께 우리 백성들에게 먹을 양식도 가지고 왔습니다.

동해의 '울릉도' 출신 목사님들이 무려 500여 명에 이르고 있습니다. 놀라운 열매입니다. 울릉도에 처음 복음을 전한 인물은 지금은 이름도 잊혀

져버렸지만, 강화도 출신 감리교회 목회자인 '박현일 전도사'입니다.

박현일은 강화도에서 복음을 받아들인 후 집안 식구들이 동시에 '한 일(一)'을 돌림자로 사용했던 유명한 가문의 일원입니다. 그는 1911년 4월, 교회가 없는 도서(島嶼)인 동해 한 가운데의 울릉도로 가서 울릉도의 3개처에 교회를 세웠는데, 그의 전도로 100여 명의 교우를 얻었습니다. (〈그리스도회보〉, 1911년 9월 30일자).

박현일의 전도로 울릉도의 '도봉기(都奉琪) 씨'가 예수를 영접하여 유사로 봉직했고, '김명권(金明權)'은 속장을 맡았습니다. 도봉기는 자기 집을 수리하여 예배처소로 제공하다가 수개월이 지나서 초가삼간을 매입하여 감리교회 예배당으로 사용했습니다.

박현일 전도사가 강원도 평창구역으로 파송되어 울릉도를 떠나게 되자 그 후임으로 1911년 6월 삼척 원덕 출신의 '김병두 권사'가 부임하여 울릉도교회를 담임했습니다. (《그리스도회보》, 1911년 9월 30일자).

그런데 1912년에 감리교회와 장로교회가 '선교구역분할조정'에 합의하여 강원도와 울진 등은 감리교회로, 경상도는 장로교회 선교지역으로 조정되었습니다. 처음에는 울릉도가 강원도 '죽변'에서 66마일 떨어진 감리교의 강원도 관할 지역이었으나, 1914년에 울릉도가 경상도에 편입되면서, 울릉도의 교회도 장로교 관할구역으로 편속되었습니다. 이에 따라 울릉도 '동광교회'를 비롯한 6개의 감리교회 건물과 교인들도 아무런 조건 없이 모두 경상도의 장로교회 관할로 이관되었습니다(《울릉동광교회연혁》 참조).

장로교회의 '맥켄지(James N. Mackenzie)' 선교사는 1910년부터 울릉도를 내왕하였고, 장로교 관할로 이속된 후에는 '주신조(朱信祚)'를 영수로, '도봉기'를 집사로 임명하였습니다.

1911년 6월, '김병두' 전도인이 울릉도에 파송되어 와서 활약할 때의 교회 현황은 '학습인' 43명, '원입인(Seekers)' 114명 등, 도합 157명이었습니다.

'박현일'과 '김병두', 이 두 사람이 뿌린 복음의 씨앗이 울릉도라는 옥토에 떨어져서 오늘날에 울릉도 출신 목회자만 500명을 넘고 있습니다.

"시미종대!"
"네 시작은 미약하나 네 나중은 창대하리라."

■ 始: 비로소 시 / ■ 微: 적을 미 / ■ 終: 마칠 종 / ■ 大: 큰 대

시은물구보

施恩勿求報

|

은혜를 베푼 후 보답을 구하지 마라

"너는 구제할 때에 오른손이 하는 것을 왼손이 모르게 하라."
〈마태복음 6:3〉

"시은물구보(施恩勿求報)"는 "은혜를 베풀고 보답을 구하지 말라"는 말입니다. (《명심보감》·〈存心篇〉)

"남에게 베푼 일은 염두에 두지 말 것이며(시인신물념(施人愼勿念), 남에게 받은 은혜는 잊지 말아라(수은신물망受恩愼勿忘)." 이는 '양(梁)나라' '소역(蕭繹)'의 말입니다.

짐승도 은혜를 갚는데, 하물며 사람이 받은 은혜를 망각해서는 아니 됩니다. 한편, 은덕을 베푼 일은 대가를 바라지 말고, 적선할 경우에 그 적선한 행위를 그 자리에서 생각지 말아야 그것이 참으로 아름다운 봉사가 됩니다. 하지만 받은 은혜는 갚기를 노력해야 합니다. 은혜를 모르면 짐승만도 못할 때가 있습니다.

우리 주변에는 받은바 은혜에 대해 대처하는 세 종류의 사람을 보게 됩니다. 하나는 은혜를 더 큰 은혜로 갚는 사람입니다. 둘째는 은혜를 도리어 악으로 갚는 사람도 있습니다. 눈물로 기도한 것을 피눈물로 갚는 수도 있습니다. 그리고 '은혜를 갚아야지!' 하는 마음은 있으나, 주저주저하다가 은혜를 갚지 못하는 사람도 있습니다.

2003년 9월 21일, 호주의 북동부 빅토리아주(州)의 농부 '레오나르도 리처즈'는 '멜버른' 인근 '탄질사우스'에 있는 자신의 농장에서 태풍을 대비하며 점검을 하던 중 태풍이 휘몰아쳐 부러진 나뭇가지에 머리를 맞고 쓰러져 정신을 잃었습니다.
　이 사실을 모르고 집안에 있던 '리처즈'의 부인은 애완용 캥거루가 밖에서 이상한 소리를 내며 계속 짖어대자 밖으로 나가 살펴보다가 200m 떨어진 곳에 쓰러져 있는 남편을 발견했습니다. '리처즈'는 곧 병원으로 옮겨져 치료를 받고 무사히 퇴원하였습니다. 그 캥거루 '룰루'는 4년 전 자동차에 치어 길거리에 쓰러져 있는 것을 '리처즈' 가족들이 데려와 젖병을 물려가며 가족처럼 돌봐주었고, 이후 가족들과 함께 살고 있었습니다. 이 소식을 접한 영국의 '왕립동물보호협회(RSPCA)'는 사람을 도운 특별한 동물에게 수여하는 '용기상'을 '룰루'에게 수여했습니다.

　자기가 베푼 적선은 잊어버려야 합니다. 자기가 베푼 적선행위를 잊지 않고 자꾸 되새기면 오히려 교만이 될 수 있습니다. '예전에 내가 그 사람 어려울 때 많이 도와 줬는데…' 그런 생각을 지워야 합니다. 그런 일을 지우기가 그리 쉽지 않지만 부단히 노력해서 되새기지 말아야 합니다. 그래야 그 선행이 더욱 빛이 납니다.
　예수님은 "네 오른손이 한 일을 네 왼손이 모르도록 하라(마태복음 6:3)"고 말씀하셨습니다.

....
- ■ 施: 베풀 시 / ■ 恩: 은혜 은 / ■ 勿: 말 물 / ■ 求: 구할 구
- ■ 報: 보답할 보

시지미자 즉지어굉

施之微者 卽之於宏

|

작은 자에게 행한 것이 굉장한 일이다

"작은 자에게 행한 것이 곧 크고 훌륭한 일이니라."
〈마태복음 25:40〉

　인도에는 5계층으로 사람을 차별하는 오랜 습속이 남아 있습니다. ① 브라만(제사장계급), ② 크샤트리아(무사계급), ③ 바이샤(농민), ④ 수드라(노예, 천민), ⑤ 그리고, '불가촉(不可觸, untouchable) 천민'이라고 부르는 짐승 취급받는 계층이 있습니다.
　인도의 고대 신화에, '시바 신(神)'이 인간을 낳았는데, '시바'의 머리에서 브라만(제사장 족)이 생기고, 가슴 부분에서 크샤트리아(무사 계급)가 생기고, 배에서 바이샤(농민)가 생기고, 발에서 수드라(천민)가 생겼는데, 이렇게 인간을 창조하고 휴식시간에 똥을 누었는데, 시바 신의 똥이 불가촉천민인 '파리아(Paraiyar, 아추유타)'를 낳았습니다.
　지금의 인도 헌법에서는 '카스트 제도'의 차별을 공식적으로 인정하지 않고 있지만, 실제로 차별 대우의 관습은 여전히 상존하고 있습니다. 불가촉천민은 고대에는 인간으로 취급하지 않았다고 하며, 오늘날 인도 인구의 15%를 차지하고 있다고 합니다.
　'마하트마 간디'는 '파리아'나 '아츠유타(불가촉천민)'를 '하리잔', '천사의 자손', 또는 '달리트(Dalit, 억압 받는 사람들)'이라 부르며 해방을 부르짖었습니다. 결국 그는 암살을 당하고 말았습니다.

오늘날 전 세계 70억의 인구 중에서 의식주를 포함한 모든 경비를 하루에 1만원으로 쓰며 생활하는 인구가 10%이고, 나머지 90% 중에서 80%가, 곧 전 세계 인구의 70%가 하루에 2천원 미만으로 살아가고 있습니다. 전 세계 인구 중 하루에 세 끼를 먹고 사는 사람은 10%밖에 안 됩니다. 하루에 8천 명이 굶어서 죽어가고 있습니다.

'간디'는 힌두교인이었지만 그리스도교(기독교)의 찬송가를 좋아했고, '산상수훈' 중에서도 '심령이 가난한 자는 복이 있나니', '네 친구를 위하여 목숨을 버리면 이보다 더 큰 사랑이 없느니라'는 말씀을 더욱 좋아했습니다. 그가 죽은 후 그가 남긴 소유물은 샌들 1켤레, 짚고 다니던 나무 지팡이, 시커먼 뿔테 안경, 니켈로 도금한 시계 하나, 그리고 물병이 고작이었습니다. 그가 죽어 치러지는 장례식에는 1백만 명의 인파가 '줌나' 강가에 모여서, "간디는 죽지 않았습니다. 영원히 우리 곁에 있을 것입니다'라고 외치며, 그의 죽음을 애도했습니다.

지극히 작은 자에게 사랑을 베푸는 것은 매우 큰일입니다.

....
- 施: 베풀 시 / ■ 微: 적을 미 / ■ 宏: 클 굉

시지인길
尸至人吉
|
큰 집은 흉하고 작은 집은 길하다

조선시대 최고의 부자로 '임상옥(정조 3년~철종 6년)'을 꼽습니다. 그는 인삼장사로 돈을 엄청나게 벌어 의주 삼봉산 백마산성 아래에 수 백간짜리 집과 기와집 수 십 채를 짓고 가족은 물론 300여명의 머슴들을 두고 살았습니다.

한 번은 그의 어머니가 아들 임상옥에게 '도대체 네가 번 돈이 얼마나 되느냐?'고 물었습니다. 이에 임상옥은 '제가 번 돈을 은덩이로 쌓아두면 저 앞산 높이만큼은 될 겁니다'고 답했습니다. 당시 조선왕조가 비축하고 있던 은덩어리가 42만 냥이었는데, 임상옥 혼자 벌어들인 교역량이 나라의 돈보다 배나 더 많은 100만 냥이나 되었다고 합니다.

그러던 어느 날, 임상옥이 대궐보다도 큰 집을 지었다는 소문이 조정에도 퍼져서 마침내 암행어사 출두로 그는 투옥되어 곤욕을 치루기도 했습니다. 그의 아들 하나도 일찍 죽었으며, 자신은 쓸쓸이 만년을 보내다가 죽었습니다. 아들도 없이 죽은 그의 그 큰 재산은 누구 손에 넘어 갔는지 모르게 다 사라져 버리고 말았습니다. 그가 말년에 유언처럼 말했다는 유명한 말이 인구(人口)에 회자(膾炙)되었습니다. '집 크게 짓고 망하지 않은 사람 없다!' (이용선, 《조선의 큰 부자》에 나오는 이야기입니다).

한자로 조그만 집은 "사(舍)", 큰 집은 "옥(屋)"이라고 씁니다. '舍(사)'는 '人' + '吉'의 합성어입니다. 작은 집에 살아야 좋은 일이 많이 생긴다는 말입니다. '屋(옥)'은 '시(尸, 시체, 죽을 시)' + '至(이를 지)'입니다. '너무 큰 집에 살면 죽음이 찾아온다'는 뜻입니다. 이것을 파자하여 사자성어로 '시지인길(尸至人吉)'이라고 합니다.

동양의 고전지리학에서도 1인당 적정평수를 7평~8평 정도로 제시합니다. 너무 큰 공간을 차지할 경우 1평 늘어나는데 1가지씩의 재액이 생긴다고 풀이합니다.

조선의 명재상 '황희'는 '비가 오면 집이 새서 우산을 받치고 살았다' 하고, '김종직'은 '셋집이 시끄럽고 습해서 병이 생길 지경이라'고 했으며, 우의정 '허목'은 '집이 좁고 낮아서 일어서면 허리를 구부려야 할 지경이라'고 해서, 그 집의 간판을 '구루암(傴僂庵)'이라 칭했습니다. 궁색하게 사는 것도 덕이 되지 않지만, 집을 너무 크게 짓고 사는 것도 복이 아니라고 합니다.

한때 공직자들의 재산을 공개할 때, 국회의장을 지낸 이의 자녀가 아파트를 75채나 소유하고 있다고 해서 세간이 떠들썩했던 일이 있었습니다.

'집 크게 짓고 망하지 않은 자 없다'는 '거옥필쇠(巨屋必衰)', '시지인길(尸至人吉)'의 교훈을 염두에 두고 살아가는 지혜가 필요합니다.

- 尸: 주검 시 / ■ 至: 이를 지 / ■ 人: 사람 인 / ■ 吉: 길할 길

신래지사

神來之師

|

하늘로부터 온 선생님

"랍비여, 우리가 당신은 하나님께로부터 오신 선생인 줄 아나이다."
〈요한복음 3:2〉

위의 성경구절을 한문성경 《신약전서》(大美國聖經會, 福州, 1896)는 '랍비(Rabbi)'를 '부자(夫子)'라 번역했고, 《신천성서》(1822년)는 '由神來之師(유신래지사)'라 했습니다.

'스승'이란 어떤 사람일까요? '정자(程子)'는 '사도(師道)란 진리와 정의라' 했고, '공자'는 '온고이지신(溫故而知新)하는 자가 스승이라 할 것이라'고 했으며, '예수'는 '내가 길이요 진리요 생명이라'고 했습니다.

서당에서 학문을 가르치는 선생을 훈장(訓長), 학구(學究), 동홍선생(冬烘先生), 포공선생(蒲公先生, 민들레선생), 사부(師傅) 등으로 칭합니다. 스승의 스승은 사조(師祖), 그리고 직접 배우지는 못한 먼 옛날의 선생을 문집과 족적을 흠모하며 공부하는 경우 '사숙(私淑)'이라고 합니다.

근래에 언어가 문란하여서 간혹 어떤 명사에게서 학문을 배운 경우 '사사(師事) 받았다'는 말을 쓰는 경우가 있는데 이것은 잘못된 용어이므로 즉시 고쳐야합니다. '사사(師事)'에서 '事(사)'는 '섬길 사'의 뜻이므로, '사사(師事)'는 스승으로 섬긴다는 말입니다. 따라서 '사사(師事)받다'가 아니라, '사사(師事)하다'가 올바른 표현입니다.

스승에 관계된 용어들이 있습니다.
① 호피(虎皮), 고비(皐比) : 스승이 강학 하는 자리에 호피를 깔았다 하여 스승이 강론하는 자리를 호피(虎皮) 또는 고비(皐比)라고 말합니다. 고(皐)는 높은 언덕의 뜻입니다.
② 구의(摳衣) : 摳(구)는 '걷어든다'는 뜻으로 옷자락을 걷어든다는 말에서 스승으로 모신다는 용어로 쓰입니다.
③ 속수지례(束脩之禮) : 육포 몇 장을 한 단으로 묶어서 훈장에게 바치던 예물을 말하며, 이것으로 수업료를 대신했습니다.
④ 부급종사(負笈從師) : 자기가 공부할 책장을 걸머지고 스승을 찾아 가서 공부하는 것을 말합니다.
⑤ 세족지제(洗足之弟) : 스승의 발을 씻겨 드리는 제자를 가리킵니다.

성경에는 '예수의 품에 안겨 누워서'(요한복음 13:23) 말씀을 들은 제자도 있었고, 스승인 예수의 발을 제자들이 씻긴 것이 아니라, 오히려 예수께서 제자들의 발을 손수 씻겨 주셨습니다.(요한복음 13:4~9)

예수님은 '섬김을 받으러 오신 분이 아니라 섬기려고 오신 분'입니다. (마태복음 20:28)
하나님이 보내어 세상에 오신 스승, '신래지사(神來之師)'이십니다.

....
- 神: 신 신 / ■ 來: 올 래 / ■ 之: 갈 지 / ■ 師: 스승 사

신천옹
信天翁

'신천옹(信天翁)'은 한국 신학의 선구자 '탁사 최병헌 목사'의 친필 한시집의 제목입니다. 신천옹은 '바보새'라는 별명을 갖고 있는 세상에서 가장 큰 새입니다. 북한에서는 '곽새', '큰 꽉새'로 부릅니다.

《열자(列子)》에는 "넓이가 수 천리나 되는 '곤(鵾)'이라는 이름의 새"가 나옵니다. 《장자》·〈소요유(逍遙遊)〉에는 "북쪽 큰 바다에 '곤(鯤)'이라는 고기가 있는데, 하도 커서 그 길이가 몇 천리나 되는지 알 수 없다. 이 '곤어'가 탈바꿈하여 새가 되니 '붕(鵬)새'(鯤化爲鳥 其名曰鵬)"라고 칭했습니다. '붕새'는 그 등의 넓이가 몇 천리나 되는지 알 수 없을 정도인데, 공중으로 높이 날아오르면 그 날개는 하늘의 구름처럼 보이고, 한 번 날게 되면 구만리장천을 날아갑니다. 바람을 일으키며 날아가는 남해는 '광활 무변'하여 '천지(天池)'라고 한다고 했습니다. 《정자통(正字通)》에는 '신천옹'이라는 새가 나오는데, 이 새는 고기를 잡을 줄도 모르고 다른 새가 잡다가 흘린 고기를 주워 먹는 '바보새'라고 했습니다. 이러한 뜻에서 '신천옹'은 '멍한 사람, 무능하고 멍청한 사람'을 지칭하기도 했습니다.

오늘날 세상에서 가장 큰 새는 '알바트로스(Albatross)'입니다. 몸길이 91cm, 날개를 펴면 2m에서 3.7m, 몸무게 10킬로그램, 수명은 40년~60년, 처음 맺은 짝이 사라지기 전까지는 하나와만 짝을 이룹니다. 남아메리카와 뉴질랜드에 서식하였는데, 현재는 멸종위기종이 되었고 일본 '도리섬'에 남아 있다고 합니다. 몸통은 흰색, 머리와 목 뒷부분은 황갈색, 날개 깃은 검은색입니다. 알은 2년에 1개씩 10월에서 12월에 산란하며 부화는

1월 상순에서 2월이며, 포란(抱卵) 일수는 62일에서 64일입니다. 알의 크기는 '타조 알'보다 조금 작으며, 부화한 새끼는 출산 후 4개월이 지나면 둥지를 떠나는데 발에는 발 갈퀴가 있어서 해안가로 뒤뚱뒤뚱 걸어갈 때에 상어떼의 공격으로 상당수가 죽어버립니다. 5년에서 10년이 지나야 어른 새가 되어 산란이 가능하며, 먹이는 새우, 오징어, 날치의 알, 갑각류와 물고기를 주로 먹습니다.

'알바트로스'는 한때 참치잡이 낚시에 걸려서 1년에 10만 마리가 죽어 갔다고 합니다. 19세기 말에는 작은 섬에서 수천마리씩 발견되었는데, 새털 이불업자들의 남획으로 거의 멸종 위기에 이르고 있습니다. 1962년에 국제보호조류로 지정되어 현재 1천 마리 정도가 남아 있습니다. 평소에는 뒤뚱거리지만, 사나운 폭풍이 몰려오면 온갖 새들이 바위틈으로 몸을 숨길 때, 알바트로스는 절벽으로 걸어 올라가 큰 날개를 쭈욱 펴고 절벽 아래로 몸을 날립니다. 날개 짓 한 번으로 6일 동안 활공이 가능하며, 지구를 한 바퀴 도는데 2개월이 걸립니다. 착륙하지 않고도 십 년을 날 수도 있다고 합니다. 잠도 날면서 자고 수시로 바다 속으로 잠수해서 먹이를 낚아채기도 합니다. 이렇게 날 수 있는 것은 자력으로 나는 것이 아니고 바람의 기류를 타고 날기 때문입니다.

알바트로스는 가장 멀리, 가장 높이, 가장 멀리 나는 새입니다.

한국 개신교의 초기 지도자인 최병헌 목사는 왜 자작(自作) 한시집의 제목을 '신천옹'이라고 붙였을까요? '신천옹'을 집필한 그 시기가 1921년(신유년) 전후이니 삼일만세운동 이후의 일제강점기를 살아가는 시대에 스스로를 책망하며 '바보새', '신천옹(信天翁)'이라고 붙인 것은 아니었을까요?

〈오세주 목사〉

■ 信: 믿을 신 / ■ 天: 하늘 천 / ■ 翁: 늙은이 옹

십승지지

十勝之地

|

십자가로 이기는 곳

"십자가의 도가 멸망하는 자들에게는 미련한 것이요,
구원을 받는 우리에게는 하나님의 능력이라."

〈고린도전서 1:18〉

《정감록》 비결(祕訣)에는 환란의 때에 보신(保身)할 수 있는 곳으로 십승지지(十勝之地)를 말하고 있습니다. 백두산 정기가 평양으로 옮겨져 '평양 1천년(고구려)', 그 다음 개성에서 500년(고려), 그리고 한양 500년(조선), 그 후에는, 정(鄭)도령이 지배하는 800년 세상이 오고…" 운운하는 내용으로 되어 있습니다. 정도령의 출현이 다가오면 나라에 큰 병란이 일어나는데, '십승지지(十勝之地)' 보신처로 피난해야 살아남을 수 있다는 내용입니다.

십승지지는 풍기, 속리산, 가야산, 무주 덕유산, 단양 영춘, 진목(鎭木, 진천 목천 사이), 부안 호암굴 아래, 두류산, 영월 중동 상류, 소백(小白)·대백(大白) 양백지간(兩白之間) 등을 꼽습니다. 그래서 나라가 어수선할 때면 정감록 신봉자들은 십승지지를 찾아 들어갔습니다. 구한말에도 그랬고, 일제 말기에도 그랬고, 8·15 광복 때도 그랬고, 6·25 난리 때도 그랬습니다.

그리스도교(기독교)의 한국 선교 초기에는 이 감결을 그럴싸하게 기독교식으로 해석하며 기독교로 입문한 사람들이 제법 있었습니다.

① '십승지지'는 다름 아닌 '십자가로 이기는 곳'이며, ② '궁궁을을(弓弓

乙乙'의 '궁궁(弓弓)' 두 글자를 합치면 그 가운데가 '버금 亞(아)'자 모양이 되니, 그 모양을 '십자가'라고 하며, 그 뜻은 '아멘[亞們]'이라 하고, ③ '좌궁우궁(左弓右弓) 중유백십(中有白十)'이란 문구도 '십자가'를 뜻한다고 해석했습니다.

'정도령'에 대한 풀이도 여러 가지였습니다. "정도령의 '정(鄭)'자는 '당나귀라 하여, 예수님이 예루살렘으로 입성하실 때 당나귀를 타고 가셨으니, '鄭도령'은 바로 예수님이다. 그리고 '정(鄭)'자를 파자(破字)하면, '酋大邑(유대읍, 자전에서는 '추'로 읽는다)'이 되니, '유대 땅 베들레헴에서 예수님이 태어 나셨다', 게다가 예수님이야말로 '바른 도'를 행하신 분이니 예수님이 정(正)도령이며, 예수님은 십자가에 못 박히셨으니 '못 정(釘)'자 '정도령'이다"라고 했습니다.

이런 해석들은 물론 '견강부회(牽强附會)'의 억지해석입니다. 그렇지만 이런 식의 정감록 해석법은 글줄깨나 읽는 유식한(?) 목사들의 입을 통해서 1960년대 말까지도 이어져 내려왔습니다.

강화도의 선교초기의 인물인 초시(初試) '김상임'은 47세 되던 해에 "정감록에서 찾던 십승지지가 바로 '십자가의 도(道)'로다!"라고 탄복하고, 그 길로 교회로 달려가 감리교인이 되어 강화도 초기 신앙에 크게 공헌하였습니다. 김상임은 자신의 집 앞마당을 교회에 내놓아 거기에 열 두 칸 예배당을 짓고, 적극적으로 전도에 열중하여 1년 사이에 교우가 50여 명으로 증가했습니다. 김 초시의 개종 이후 100여년 지난 오늘의 강화도에는 무려 4개의 지방에 200처가 넘는 감리교회가 설립되어 복음의 일선에서 크게 활약하고 있습니다.

"십자가로 이기는 곳, 그곳이 바로 십승지지입니다."

....

- 十: 열 십 / ■ 勝: 이길 승 / ■ 之: 갈 지 / ■ 地: 땅 지

애산(愛山)과 다석(多夕)

'애산(愛山) 김진호' 목사는 고종 10년, 경북 상주에서 출생하여 한학을 공부하고 상경하여 '상동교회'에 입문한 애국지사입니다. 상동교회 전도사가 되어 비밀애국결사인 신민회 회원으로 활약했습니다. 1916년부터 '배재학당'에서 성경과 한문, 조선역사를 가르쳤고, 3·1만세운동에 적극 가담하여 아들과 같이 체포되어 옥고를 치렀습니다. 애산은 이태원교회, 홍제동교회를 세웠고, 배재학당에서 19년 6개월을 복무하였으며, 궁정동교회, 삼청동교회를 담임하고 원동교회, 계동교회 등 서울 한복판의 주요 교회에서 목회를 했습니다.

애산은 1940년에는 함북 청진으로 파송되어 그 일대 5개 처에 교회를 세웠습니다. 1947년 6월, 남쪽으로 내려와서 궁정교회로 돌아가 복무하던 중 6·25전쟁을 만났습니다. 말년에는 총리원의 보조로 근근이 지내다가 세상을 떠났습니다.

애산은 1500편의 순(純) 한문설교와 수천 편의 한시, 그리고 《병중쇄록》,《임하춘추》,《빙어(氷語)》 등 엄청난 분량의 한문문집을 저술했습니다.

애산이 동서양의 종교를 통섭하여 회통한 탁월한 사상가 '다석(多夕) 유영모'와 교유한 일이 애산의 기록에 남아 있습니다. 애산은 1873년생이고, 다석은 1890년생이어서 애산이 다석보다 17년 연상이니, 다석은 애산 친구의 제자입니다.

애산의 저서 《병중쇄록(病中鎖錄)》(애산교회 김주황 목사 소장) 중에 있는 이야기입니다. 애산이 다석을 알게 된 것은 애산의 신민회 동지 '김도희(金道

熙)'를 통해서였습니다. 김도희는 '기일(奇一, 게일)' 박사의 성경 번역에 동참한 인물로 애산과는 신민회 모임에서 자주 만났습니다. 애산은 김도희에 대해 '그의 높은 절의를 흠모하지 않을 수 없다'며 존경했습니다.

김도희가 다석 유영모를 애산 김진호 목사에게 소개했습니다. 당시에 김도희는 경신학교 교사였고 다석은 경신학교 학생이었습니다. 다석의 부친은 장로교 장로였습니다. 다석은 그의 부친과 김도희 선생의 고결한 인격에 많은 감화를 받았습니다.

다석은 '장자'의 '담연무욕(淡然無慾)' 사상에 근거하여 '일일일식(一日一食) 주의'를 실행하며 살았습니다. 그의 이러한 행적 때문에 사람들은 다석을 '일식(一食) 선생'이라 불렀습니다. 다석은 장자철학을 좋아하고 '남화경(南華經)'을 애독했습니다.

다석이 애산에게 '담연무욕으로 정진하면 사람이 세상을 떠날 시간까지 알아지게 된다'고 하자, 애산이 '그것은 천기(天機)에 해당되는 것입니다. 주께서 말씀하시기를 그런 일은 너희가 알 바 아니며, 주의 뜻대로 정하는 것이므로 더 이상 말하지 마시라'고 권고했습니다. 다석은 실제로 자신의 사망예정일을 선포했지만 적중하지 않았습니다.

다석은 1935년부터 구기동에 이주하여 농사를 지으면서 살았습니다. 다석은 하루도 빠짐없이 우이동에 있는 그의 부친의 산소를 도보로 다녀왔습니다. 1949년 당시에도 여전히 그곳 소옥(小屋)에 거주하고 있었습니다.

애산의 한문 설교집 《무화과》(제1집)에는 다석 유영모의 설교 2편이 수록되어 있습니다.

오늘은 기독교사상에 근거하여 동서양의 사상을 통섭하고 회통(會通)한 두 사상가, 애산과 다석의 교유 일단을 살펴보았습니다.

....
- 愛: 사랑 애 / ■ 山: 뫼 산 / ■ 多: 많을 다 / ■ 夕: 저녁 석

애산 목사의 조선인 십계명
愛山 牧師의 朝鮮人 十誡命

경북 상주 출신 애국지사 애산(愛山) 김진호 목사는 일제로부터 광복 직후 우리 백성이 지켜야 할 〈조선인 십계명〉을 지어 공포했습니다.
〈"林下春秋임하춘추", 1947년 6월〉

① 조선 織(직, 옷감)이 아니면 입지 말자.
② 조선 穀(곡, 곡식)이 아니면 먹지 말자.
③ 조선 茶(다, 차)가 아니면 마시지 말자.
④ 조선 語(어, 말)가 아니면 말하지 말자.
⑤ 조선 車(차)가 아니면 타지 말자.
⑥ 조선 器(기, 그릇)가 아니면 쓰지 말자.
⑦ 조선 靴(화, 신발)가 아니면 신지 말자.
⑧ 조선 椅(의, 의자)가 아니면 앉지 말자.
⑨ 조선 곡물을 외국에 방매하지 말자.
⑩ 조선 글을 존귀하게 여기자.

〈※ 애산의 손자 김주황 목사가 자료를 제공했습니다.〉

....
- 愛: 사랑 애 / ■ 朝: ① 아침 조, ② 조정 조 / ■ 誡: 경계할 계
- 命: ① 목숨 명, ② 명령 명.

애인여기

愛人如己

네 이웃을 네 몸같이 사랑하라

"이웃 사랑하기를 네 몸같이 하라."
〈마태복음 5:38~48〉

"네 이웃을 네 몸과 같이 사랑하라!" 이 말씀은 기독교 윤리의 극치가 되는 대표적 계명입니다. 그래서 이 말씀은 '황금 같은 계명', '골든 룰(Golden Rule)'이라고 부릅니다.

'빅토르 위고'의 《레미제라블》에서, 주인공인 '장발장'이 젊은 시절 하도 배가 고파서 지나가던 길거리에서 빵 한 조각을 훔쳐 먹다가 경찰에 잡혀서 가혹한 감옥살이를 했습니다. 감옥에서 형을 다 살고 나온 후에도 그를 쫓던 형사 '자베르' 형사는 질기도록 '장발장'을 추적하며 괴롭혔습니다. 그런데 세상이 바뀌어서 프랑스 혁명이 일어나고 '장발장'은 백성들의 열렬한 추대로 도의원이 되었습니다. 도의원의 업무를 시작하던 날, '장발장'의 추종자들이 그를 괴롭히던 '자베르' 형사를 총살시키려고 와와! 소리 지르며 붙잡아 왔습니다. 그때, '장발장'이 잠시 숨을 고르고, 이렇게 말하였습니다. "여러분, 자베르 형사를 풀어 주시오!" 짐짓 놀란 자베르가 입을 열어 '장발장'을 향하여 이렇게 반문하였습니다. "장발장! 나는 그대를 그토록 괴롭혔는데, 당신은 나를 왜 풀어 주시려 하십니까?" 이에 '장발장'은 "세상에는 넓은 게 많소. 저 넓은 벌판이 있고, 그 대지보다도 더 넓은 바다가 있고, 그 바다보다 더 넓은 저 하늘이 있고, 그리고, 그 하늘보다도 더 넓은 하나님의 사랑과 용서가 있소"라고 응수했습니다. 자베르의 눈에서는 눈물이 주르르 흘렀습니다.

현재 우리나라의 장기기증자의 70%는 기독교인들이 앞장서서 기증하고 있다고 합니다. 뭐니 뭐니 해도, 기독교인들이 자기를 헌신하는 일에 앞장서고 있습니다.

경기도 파주 오두산 통일전망대에는 독립운동가인 고당(古堂) 조만식 장로의 동상이 우뚝 서 있습니다. 그 분에 관한 아름다운 이야기 하나가 전해내려 옵니다.

어느 해 연말, 교회에 중요한 회의에 참석하고 밤늦게 조만식 장로가 집으로 돌아가고 있을 때, 영하 15도의 추위 속에 길가 어디선가 추위에 죽어가는 신음소리를 듣게 되었습니다. 서둘러 다가가서 보니, '거적을 뒤집어쓰고 있는 걸인'이 병들어 떨고 있었습니다. 고당은 황급히 집으로 가서 어젯밤에 자신이 덮고 자던 명주이불을 지게에 걸머지고 다시 돌아와 그 걸인에게 덮어주고 귀가했습니다. 이튿날 아침, 고당의 침실로 들어온 고당의 부인은 남편이 명주 이불이 아닌 무명 이불을 덮고 자는 것을 보고 짐짓 놀라서 물었습니다. "명주 이불은 어디에 두고 무명 이불을 덮고 주무셨어요?" 이에 고당은 "급하게 좀 쓸데가 있어서 밤에 어디에 주고 왔어요!"라고 답했습니다.

'고당 조만식 선생'을 '간디처럼 사신 분'이라고 칭송하는 이유가 이 일화에 담겨 있습니다. 고당은 '이웃을 네 몸처럼 사랑하라' 하신 말씀을 몸소 실천하신 신행의 모본이십니다.

....

■愛 사랑 애/ 人 사람 인/ 如 같을 여/ 己 몸 기

야소방향

耶穌芳香

|

그리스도의 향기

"우리는 구원 받는 자들에게나 망하는 자들에게나
하나님 앞에서 그리스도의 향기니"
〈고린도후서 2:15〉

　최근에 아침 일찍 전철을 탄 적이 있습니다. 때마침 출근 시간인지라 전철 안은 마스크를 착용한 사람들로 초만원이었습니다. 승객들 틈새에서 겨우 중심을 잡고 서서 이젠 좀 적응이 되나 싶었는데, 이번엔 마스크 틈으로 배어들어오는 각종 냄새 때문에 고역을 치러야했습니다. 사람들이 내뿜는 입김과 땀 냄새, 그리고 독특한 사람 냄새, 여기에 더하여 정체를 알 수 없는 냄새까지 뒤섞여 숨쉬기조차 힘들었습니다. 그런데 어느 순간 기분이 상쾌해졌습니다. 향긋한 냄새가 은은하게 마스크 틈새를 비집고 들어왔기 때문입니다. 향기의 진원지는 바로 앞좌석에 앉아서 조용히 음악을 듣고 있던 한 승객이었습니다. 문득 '나에게는 어떤 향기가 날까?' 궁금증이 들었습니다.

　'꽃, 향, 향수 따위에서 나는 좋은 냄새'를 '향기(香氣)'라고 합니다. 향기는 사람들의 마음을 상쾌하게 만들고, 상대방에게 호감을 갖도록 해주기도 합니다. '악취에는 코를 막고 향기에 미소 짓는 것'은 어쩌면 인간의 본성이라고 봐도 무방할 것입니다.

　그런데 세상에 향기가 어디 '꽃이나 향이나 향수' 따위에서만 나는 것일까요? '문향(文香)'도 있고 '언향(言香)'도 있습니다.

'문향(文香)'은 '문장에서 나는 향기'입니다. 독서를 하다보면 자신도 모르게 고개를 끄덕이고 무릎을 치는 문장을 만날 때가 있습니다. 바로 '문향'을 음미하게 되는 순간입니다. 이에 대해 '이기주 작가'는 이렇게 말합니다. "깊이 있는 문장은 그윽한 문향(文香)을 풍긴다. 그 향기는 쉬이 흩어지지 않는다. 책을 덮는 순간 눈앞의 활자는 사라지지만, 은은한 문장의 향기는 독자의 머리와 가슴으로 스며들어 그곳에서 나름의 생을 이어간다. 지친 어깨를 토닥이고 상처를 어루만지는 꽃으로 피어난다."(이기주, 《글의 품격》)

다음으로, '문향'이 있듯이 '언향(言香)', 곧 '향기 나는 말'도 있습니다. 향기 나는 말은 듣는 이의 마음에 잔잔한 여운을 남기며 오래도록 그것을 곱씹게 합니다. 되새길수록 스며나오는 아름다운 향기로 인해 상처가 치유되기도 하고, 입가에 절로 미소가 번지게도 합니다. 그래서일까요? '히브리 지혜자'도 이런 말을 했습니다. "함부로 말하는 사람의 말은 비수 같아도, 지혜로운 사람의 말은 아픈 곳을 낫게 하는 약이다."(잠언12:18)

그런데 '바울 사도'는 '그리스도인'을 향하여 '그대들은 그리스도의 향기'라고 말했습니다. 참된 그리스도인들이라면 그의 말과 행위와 삶 전체를 통하여 어떤 형태로든지 복음을 전하는 일을 하면서 살아가게 됩니다. 그리고 그 과정에서 '그리스도의 향기'가 사람들에게 전해지게 되는 것이지요. 참으로 연약하고 한없이 부족한 존재인 우리가 '그리스도의 향기'라니요! 이는 전적으로 주의 은총이 아닐 수 없습니다.

지금 우리가 쓰고 있는 글에는 과연 어떤 향기가 배어 있나요!
지금 우리 입에서 나오는 말은 '악취'인가요, '향기'인가요!
지금 우리는 과연 '그리스도의 향기'가 되어 살아가고 있나요?
생각할수록 모골이 송연해집니다.
〈이동원 목사〉

약슬득몽

約瑟得夢

|

야곱이 꿈을 꾸다

"요셉이 다시 꿈을 꾸고 그의 형들에게 말하여 이르되,
'내가 또 꿈을 꾼즉 해와 달과 열한 별이
내게 절하더이다' 하니."
〈창세기 37:5, 37:9〉

사람은 하룻밤에 매회 15분쯤 다섯 번 가량의 꿈을 꾼다고 합니다. 꿈의 내용을 대체로 다음과 같이 구분합니다. (조용헌, 《살롱》, 랜덤하우스)

첫째, 하늘나라의 광경을 보는 '계시몽(啓示夢)'입니다. 교회의 기도자들 중에서는 환몽 중에 하늘나라를 구경하고 오는 이들이 가끔 있습니다. 약산 오 목사는 환몽 중에 천국에 가서 예수님을 만나고 고질병을 예수님의 손길로 치유 받는 체험이 있습니다.

둘째, 예언자(預言者)들의 꿈인 '선지몽(先知夢)'입니다. 창세기의 요셉의 꿈이 그것입니다.

셋째, 대낮에 생각했던 일들이 꿈으로 나타나는 현상입니다.

넷째, '상사몽(相思夢)'입니다. 어떤 일에 몰두하면 그 일이 꿈에 나타나는 현상입니다. '프로이트'는 인간의 일상에서 충족시키지 못하고 억압된 욕구가 무의식의 세계에 잠겨 있다가 꿈에서 충족하게 된다고 보며, 그 욕구의 대부분은 성적인 것이라고 분석했습니다.

다섯째, 자신의 깊은 속마음을 보는 신적 '영몽'입니다.
여섯째, '잡몽'으로 분류되는 '개꿈' 등이 있습니다.

〈창세기〉 37장에서 야곱의 11번째 아들 '요셉'은 자기가 꾼 꿈 이야기를 형들에게 말했다가 시기를 받아 이집트로 팔려갔습니다. 밭에 묶어놓은 '곡식단'들이 모두 일어서서 요셉의 단에게 절하는 꿈과 해와 달과 11별들이 요셉에게 절하는 꿈이었습니다. 그 일로 이집트로 팔려간 '요셉'은 '이집트'의 황제가 꾼 꿈을 명쾌히 해몽하여 이집트의 총리대신에 올랐고 7년 대흉년을 잘 극복하는 명재상이 되었습니다.

꿈에 관한 찬송가 490장을 불러봅니다.

"주여 지난 밤 내 꿈에 뵈었으니 그 꿈 이루어 주옵소서
마음 괴롭고 아파서 낙심될 때 내게 소망을 주셨으며
나의 놀라운 꿈 정녕 이루어져 주님 얼굴을 뵈오리다."

■ 約: 약속할 약, 간략할 약 / ■ 瑟: 비파 슬 / ■ 得: 얻을 득 / ■ 夢: 꿈 몽

역려과객

逆旅過客

인생은 나그네길

"너희는 나그네요 우거하는 자라."
〈레위기 25:23〉

'인생은 나그네 길 어디서 왔다가 어디로 가는가'라는 한때 유행했던 대중가요의 가사 내용입니다.

성경은 인생이 사는 날이 길지 않다는 말씀을 말하고 있습니다. "주께서 나의 날을 한 뼘 길이만큼 되게 하시매 나의 일생이 주의 앞에는 없는 것 같사오며(시편 39:5)", 이렇게 인생의 길지 않은 한 생애가 고통으로 점철되어 있다고 말합니다. "사람은 그 생애가 짧고 걱정이 가득하며(욥기 14:1)", "사람은 고생을 위해서 났으니 불꽃이 위로 날아가는 것 같으니라(욥기 5:7)"고 하여 '고해인생(苦海人生), 화택세간(火宅世間)'이라고 말합니다.

그 밖에도 성경에는 인생과 세간의 무상함을 이렇게 말합니다. ① 그림자 같은 인생(역대상 29:15 ; 시편 39:6, 102:11). ② 꿈같은 인생(욥기 20:8). ③ 한숨에 불과한 인생길(욥기 7:7). ④ 안개 같은 인생(욥기 7:18). ⑤ 풀과 같은 인생(시편 102:11 ; 이사야 40:6~7). ⑥ 시드는 꽃과 같은 육체. "인생은 그 사는 날이 풀과 같으며, 그 영화가 들의 꽃과 같도다. 그것은 바람이 지나가면 없어지느니라(시편 103:15~16)."

인생길을 '나그네 인생'이라 하고, 인간을 '도상적(途上的) 존재'라고 말합니다. "내가 세상에 나그네 된 지 130년이니이다. 내 조상들의 수(壽)에는 미치지 못하지만 험한 세월을 보냈나이다(창세기 47:9)." "너희는 나그네요 우거하는 자라(레위기 25:23)."

'이백'은 "춘야연도리원 서(春夜宴桃李園 序)"에서 "천지는 만물의 여인숙이요, 세월은 천추만대를 지나가는 과객이로다(夫天地者부천지자는 萬物之逆旅만물지역여요, 光陰者광음자는 百代之過客백대지과객)"이라고 읊었습니다.

옛 찬송가인 '합동찬송가'에는 "역려과객 같은 내가 힘이 부족하오니 / 전능하신 주 여호와 내 손 잡고 갑소서"라는 찬송시가 있었습니다. 굉장히 유식한(?) 찬송가 가사였습니다. 이를 지금의 '새 찬송가'(376장)에서는 "나그네와 같은 내가 힘이 부족하오니"로 고쳐서 부르고 있습니다. 옛적 부녀들과 할머니 성도들이 매우 수준 높은 찬송가 가사를 힘차게 부른 일에 새삼 감동적으로 느껴집니다.

시인 '롱펠로우'는 "슬픈 곡조로 노래하지 마라. 인생은 한갓 헛된 꿈이라"고 읊었습니다. 인생길 가는 것이 천년만년이 아닙니다.
"오늘도 걷는다마는 정처 없는 이 발길~"을 기독자(그리스도인)들은 "태산을 넘어 험곡에 가도 빛 가운데로 걸어가면"을 부르면서 힘차게 나아갑니다.

....
- 逆: ①거스릴 역. ②맞이할 역 / ■ 過: ①허물 과. ②지날 과.
- 旅: ② 나그네 려. ② 여행할 여. ③ 무리 려. ④ 군대 려
- 客: 나그네 객.

연경기종

延頸企踵

|

학수고대

"아멘, 주 예수여 오시옵소서!"
〈요한계시록 22:20〉

인생길은 '기다림'의 생애입니다. 갓난아기 때 어머니의 젖을 기다리기 시작하여, 죽는 날까지 수많은 기다림 속에 살아가고 있습니다. 이렇게 보면, 인류의 역사는 다름 아닌 기다림의 역사라고 할 수 있습니다.

성경에는 '메시아'의 탄생을 기다린 사람들에 대한 기사들이 있습니다. 〈누가복음〉 1장에서는 '엘리사벳'이 '마리아'에게 큰 소리로 "당신은 여자 중에 참으로 복이 많은 여자입니다. 당신 태중의 아이도 복이 있습니다"라고 '예수님'의 잉태를 알리니, '마리아'가 감격하여 하나님께 찬송을 드리는 장면이 나옵니다. "계집종에게 주의 은혜가 임하였으니, 내가 주를 찬양하며 기뻐하나이다. 주는 비천한 인생을 높이시고 주리는 자에게 좋은 것으로 배부르게 하시나이다. 아멘!" 하고 화답하였습니다.

'안나'라는 여자는 홀로된 지 84년 된 외로운 여자였지만, 84년 동안 성전을 떠나지 않고 주야로 금식하며 '메시아'의 탄생을 기다렸습니다. 동방박사들도 하늘의 별을 보며 '메시아'의 강림을 기다렸습니다.

'연경기종(延頸企踵)', 또는 '연경거종(延經擧踵)'이라는 말이 있습니다. 목을 길게 빼고 뒤꿈치를 들고 기다린다는 말입니다. '학수고대(鶴首苦待)'라는 말도 이와 비슷한 말입니다.

'나다나엘 호손'의 '큰 바위 얼굴'에서 '어니스트'는 바위 위에 새겨진 큰 바위 얼굴을 기다리며, 자신도 어떻게 살아야 큰 바위얼굴의 사람처럼 될까를 생각하며 겸손과 신실함으로 살아갑니다. 그러던 어느 날, '어니스트'의 설교를 듣던 시인이 바로 '어니스트'가 '큰 바위 얼굴의 그 사람'이라고 소리칩니다.

고통의 세상에서 허우적거리며 살아가는 인생은 메시야의 나라가 오기를 학수고대합니다. 그날은, "여호와를 경외함으로 즐거움을 삼고, 가난한 자를 공의로 심판하며, 성실로 그의 몸의 띠를 삼으며, 이리가 어린 양과 함께 살며, 암소와 곰이 함께 먹으며, 사자가 소처럼 풀을 뜯고, 젖 먹는 아이가 독사의 굴에 손을 넣는" 그런 세상입니다. 사랑의 나라, 정의가 강물처럼 흐르는 세상이 그립습니다. 인간을 나타내는 말인 '호모 사피엔스'에는 생각하는 사람, 희망의 존재라는 뜻이 있습니다. 기다림은 희망입니다.

학의 목처럼 목을 길게 빼고, 뒤꿈치를 들고 주의 강림을 간절히 고대합니다.

- 延: 늘일 연, 맞을 연 / ■ 頸: 목 경 / ■ 企: 발뒤꿈치를 들 기
- 踵: 발꿈치 종

연무앵가

燕舞鶯歌

|

제비 날고 꾀꼬리 노래하고

"너희 용들과 바다여, 땅에서 여호와를 찬양하라."
〈시편 148:7〉

"푸르른 하늘 보면 당신이 생각나서 / 한 마리 제비처럼 마음만 날라가네 / 당신은 제비처럼 반짝이는 날개를 가졌네 / 다시 오지 않는 나의 님이여." (윤승희)

'오스카 와일드'의 동화 '행복한 왕자'에서 왕자를 도와 가난한 사람들을 돕다가 얼어 죽는 제비, 그리고, 흥부와 놀부에서 마음 착한 흥부를 찾아가던 그 제비들이 근래에는 한반도 상공을 외면하여 찾아보기가 쉽지 않습니다. 조류학자들의 조사에 의하면, 한 해 동안 우리나라에 찾아오는 제비가 5백만 마리 정도가 된다고 하는데, 최근에는 그 숫자가 40~50%로 줄어들었다고 합니다. 지난 해 자기가 살던 집으로 돌아오는 제비들도 눈에 띄게 줄어서 귀소율도 10%미만으로 떨어졌다고 합니다. 한편, 제비는 금슬이 좋아서, 수컷이 죽으면 암컷 제비가 수절하는 특성이 있는데, 최근에는 귀소(歸巢)할 때, 짝이 바뀌어 다른 제비와 돌아오는 경우가 많아졌다고 합니다. 제비는 날아가는 속도도 빠르고, 그 거리도 제일 긴 새인데, 그것도 요즘에는 강남(태국)으로 날아가는 도중에 추락하는 새들이 늘어나고 있다고 합니다. 또한 봄가을 계절풍을 타고 강남 갔다 돌아오곤 하는데, 그것도 요즘 제비들은 돌아가는 시기를 놓쳐 낙오되는 숫자가 적지 않다고 합니다. 제비들에게 왜 이런 현상이 일어나고 있는 것일까요? 그 첫째가 농약이나 폐수에 오염된 벌레를 잡아먹어서 생체적응력(bio-rhythm)의 균형이 무너진 때문이라고 합니다.

우리의 산천이 오염되어 금수강산 어느 곳도 성한 곳이 없게 되었습니다. 전국의 747개 지하수의 17%에서 암을 유발하는 물질이 나오고 있습니다. 지하수도 함부로 먹을 수 없습니다. 호랑이, 표범, 여우, 사향노루 등 포유류와 노랑부리백로, 황새, 검독수리 등 조류는 멸종된 지 이미 오래 되었습니다.

'라파엘로'가 교황의 '서명실'에 그린 벽화 '아테네학당'에는 고대 철학자 '플라톤'과 '아리스토텔레스'가 등장합니다. 플라톤은 손가락으로 하늘을 가리키고, 아리스토텔레스는 땅을 가리키고 있습니다. 플라톤은 이데아를 지향하고, 아리스토텔레스는 땅의 철학의 소중함을 묘사한 그림입니다.

하나님은 천지를 창조하시고 인간에게 "땅에 충만하고, 모든 생물을 다스리라"는 복을 허락하셨습니다(창1:28). 여기서 '다스리라'는 말씀은 마구 파헤치라는 말이 아닙니다. 자연을 훼손하면, '땅은 가시덤불과 엉겅퀴를 산출합니다'(창3:18). 땅을 망하게 한 자들은 심판을 받게 됩니다(계11:18).

"연무앵가(燕舞鶯歌)!"
'제비 날고, 꾀꼬리 노래하는' 아름다운 세상을 지켜가야 합니다.

....
■ 燕: 제비 연 / ■ 舞: 춤출 무 / ■ 鶯: 꾀꼬리 앵 / ■ 歌 :노래 가

연저휼인

吮疽恤仁

|

피고름을 입으로 빨아준 사랑

"네 이웃을 네 자신과 같이 사랑하라 하산 것이라.
이보다 더 큰 계명이 없느니라."
〈마가복음 12:31〉

전국시대 위(衛)나라 장수 '오기(吳起)'가 군사의 종기를 빨아 준 일이 있습니다. 이를 '연저지인(吮疽之仁)'이라고 합니다. 《사기(史記)》·〈오기전(吳起傳)〉에 있는 고사입니다.

'손양원 목사'는 경남 함안 출신으로 보통학교 3학년 때 '멕레이(F. L. Macrae, 맹호은孟浩恩)' 선교사로부터 세례를 받았습니다. 1939년에는 전남 여천군의 한센환자 요양원인 '애양원(愛養院)' 교회의 전도사로 부임하여, 소외된 환자들을 정성껏 돌보며 혼신의 힘을 쏟았습니다. 1948년에는 그의 두 아들을 죽인 원수를 사랑하며 회개케 하고 양아들로 입적을 시켜 가족으로 받아들였습니다.

찬송가 '어서 돌아오오', 동요 '산골짝의 다람쥐' 등을 작곡한 박재훈 목사는 여수의 손양원 목사 순교기념관을 방문하였다가 벽에 걸려 있는 한센환자의 발바닥에 곪은 고름을 입으로 빨아주는 손양원 목사의 모습을 보고 그 자리에서 무릎을 꿇었습니다. 그는 즉석에서 '오페라 손양원'을 작곡하기로 서원하였습니다.

　박재훈 목사는 병고에 시달리면서도 90세 노구를 무릅쓰고 마침내 오페라를 완성하여 2012년 3월, 예술의 전당에서 절찬리에 공연했습니다.

　'이웃 사랑하기를 네 몸같이 하라'는 예수님의 교훈을 몸소 실천한 손양원 목사의 행적을 보며 예수의 제자 된 모습을 느꼈습니다.

....

■ 吮: 빨 연 / ■ 疽: 종기 저.

열공융창인관

熱攻融創忍關

|

야망의 DNA 6가지

"너희 발바닥으로 밟는 곳은 모두 내가 네게 주었노니"
〈여호수아 1:3〉

'부(富)의 지도'를 바꾸는 영웅호걸들, 그들에게는 '야망의 DNA 6가지'가 있습니다. 중국의 부호들은 아래의 여섯 가지 항목은 중국의 부호들이 실천요목으로 설정하고 정진하고 있습니다.

첫째, 열(熱)입니다. 천하를 제패하려는 야망입니다.

중국의 역사 속에 출몰했던 숱한 영웅호걸들의 꿈은 중원을 제패해 천하 통일의 꿈을 이루는 것이었습니다. 진시황, 한무제, 유방, 주원장, 칭기스칸, 모택동 등이 그랬습니다. 알렉산더 대제는 '더 이상 점령할 땅이 없다'며 통곡했다고 합니다. '마윈[馬雲마운]'은 1999년 항저우의 20평 아파트에서 '알리바바'를 창업할 때, '우리는 세계에서 가장 큰 인터넷 회사가 될 것입니다'라고 선언했습니다.

둘째, 공(攻)입니다. 폭풍 같이 질주하는 공격력입니다. 목표를 설정하고 두려움 없이 실행하는 것입니다.

중국의 창업가들은 종종 비즈니스계를 무협지 세계에 비유합니다. 전쟁이 시작되면 승부수를 띄우며 가용자원을 모두 투입해 폭풍같이 몰아칩니다. 겁도 없이 던지는 투신입니다.

셋째, 융(融)입니다. 힘의 흐름을 타는 융통성과 적응력입니다.

중국의 '샤오미'를 창업한 '레이쥔[雷軍뢰군]'은 "성공은 성실함만으로 이룰 수 없습니다. 가장 유망한 시장을 찾아 흐름을 타야 합니다. 융통성이 없으면 고사하고 맙니다"라고 말했습니다. '적자생존(適者生存)'입니다.

넷째, 창(創)입니다. 끊임없이 배우고, 모방하고, 재창조하는 일입니다. '마화텅[馬化騰마화등]'은 "우리가 성공한건 남들이 고양이를 보고 그릴 때, 고양이를 본떠 호랑이를 그렸기 때문"이라고 말했습니다.

다섯째, 인(忍)입니다. 포기할 줄 모르는 집념과 인내심입니다. '1만(萬) 시간의 법칙'이라는 것이 있습니다. 하루에 3시간씩 10년을 정진하면 그 분야의 일가견을 갖게 된다는 법칙입니다. 성공의 제1의 요인은 천재적 재능이 아니라 끊임없이 정진하는데 있습니다.

여섯째, 관(關)입니다. 응집력 강한 '관시[關係]', '네트워크'입니다. 이는 특히 중국에서 사업을 하는 이들에게는 가장 중요한 것입니다.

'부(富)의 지도'를 바꾸는 영웅호걸들은 이와 같은 '야망의 DNA'를 계발하여 용감히 정진하고 있습니다.

이러한 야망 DNA 6가지는 '신(信)'에 기반을 두어야 성취될 수 있습니다. 신념이 100%라면, 신앙은 무한합니다.

〈오세도 목사〉

- 熱: 더울 열, 몸달 열 / ■ 攻: 공격할 공 / ■ 創: 지을 창 / ■ 忍: 참을 인
- 融: 융통할 융, 화할 융, 녹을 융 / ■ 關: 관계할 관

영언여작

靈言蠡勺

스콜라 철학의 영혼론

"표주박으로 영혼의 세계를 측량하며 말하다."

"내 영혼아 여호와를 송축하라."
〈시편 103:1〉

중국에서 서양 문물과 기독교를 소개하는 책들을 한문으로 번역하여 간행한 책들을 '한역서학서'라 부릅니다. 예수회 전교자 예수회 동양순찰사인 '발리냐노(Valignano, 范禮安범례안)' 신부의 전교지침에 따라 예수회는 동양에서 현지적응의 문화주의, '보유이불(補儒離佛)'의 선교전략을 폈습니다.

'삼비아시(Francesco Sambias, 畢方濟필방제)'는 1582년 이탈리아 코센차에서 태어나 '예수회'에 입회하였고, 포르투갈 '리스본'을 출발하여 1610년에 마카오에 도착했습니다. '삼비아시'의 한자식 이름은 '필방제(畢方濟)'입니다. 그는 1646년에는 광주(廣州)에 교당을 건립하였습니다.

《영언여작》은 삼비아시 신부가 구술하고 중국의 학자 '서광계'가 한문으로 번역한 '중세 스콜라철학의 영혼론'을 설명한 책입니다. 《영언여작》이 저술되기 바로 직전에 번역된 《천주실의》가 나오기 전까지 우리 동방에는 '영혼'이라는 개념어가 없었습니다.

《영언여작》에서 '영(靈)'은 '아니마(Anima)'를 뜻하는데, '아니마'는 '영혼' 또는 '영성(靈性)'으로 번역될 수 있으며, '영언(靈言)'은 '아니마'에 관한 이야기입니다. 그리고 '여작(蠡勺)'은 조그마한 표주박으로 바닷물을 측량한다는 말입니다. 그러므로 '영언여작'이란 말은 '조그마한 식견으로 바다같이 넓고 큰 영혼의 세계를 다룬 책'이라는 말입니다.

《영언여작》에서는 동물계를 '혼(魂)'으로 구분 지으며, '영혼'은 '이성적 혼'이고, '생혼(生魂)'은 식물의 생명원리이며, '각혼(覺魂)'을 동물의 생명원리로 구분했습니다. 우리가 흔히 말하는 '영혼'을 지칭할 때는 'Anima'의 음역인 '아니마(亞尼瑪)'란 용어를 그대로 사용했습니다. 이 책에 따르면, ① 물질에 '성장혼(생혼, anima vegetabilis)'이 배어들면 그것은 식물입니다. ② 물질과 생혼이 결합되어 있는 것에 '감각혼(동물혼, anima sensitiva)'이 배어들면 그것은 동물입니다. 그리고 ③ 물질과 생혼, 그리고 각혼이 결합되어 있는 것에 '영혼(anima rationalis, 이성적 혼)'이 배어들면 그것은 인간입니다. '본성적 욕구[性欲, appetitus naturalis]'는 만물에 보편적으로 있는 것이어서 생혼[生]·각혼[覺]·영혼에 모두 있는 것이며, '감각적 욕구[司欲사욕]'는 식물에는 없고, 동물과 인간에게만 있는 것이며, '이성적 욕구[靈欲영욕]'는 식물과 동물에는 없고, 오로지 이성적 재능을 지닌 천사와 인간에게만 있는 것이라고 했습니다. 식물의 혼에는 감각과 이성이 없고, 동물의 혼에는 생명과 감각은 있으나 이성이 없습니다. 그리고 사람의 혼에는 생명과 감각도 있고, 이성도 있습니다. 이는 아리스토텔레스와 토마스 아퀴나스의 전통을 따른 영혼관입니다.

인성론의 용어인 '영혼'은 '한역서학서'에 처음으로 등장합니다. 그 이전에는 동양철학의 인성론 용어로 '혼(魂)·백(魄)·혼령' 등의 용어를 썼습니다.

- 靈: 영혼 영 / ■ 言: 말씀 언 / ■ 勺: 잔질할 작, 작 작(1홉슴의 100분의 1)
- 蠡: 표주박 려, 좀 목을 려, 달팽이 리, 소라 라, 옴 라

오불의

五不宜

|

다섯 가지 마땅치 않은 일

"주의 영광 중에서 우리를 하나는 주의 우편에,
하나는 좌편에 앉게 하여 주옵소서."
〈마가복음 10:38〉

'퇴계 이황' 선생은 경상도 예안현 궁벽한 산골에서 진사의 막둥이로 태어났습니다. 퇴계가 태어난 지 7개월 만에 부친이 세상을 떠났습니다. 그는 6살 때부터 한문공부를 시작하여, 12세 때에는 《논어》를 공부했습니다. 24세에 향시에 응시했으나 세 번이나 낙방하였고, 34세가 되어서야 급제하여 벼슬길에 올랐습니다. 그런데 퇴계는 관직에 나아간 지 3년 만에 틈만 나면 낙향하려고 애를 썼습니다. 하지만 형조정랑, 홍문관교리 등의 벼슬에 오르고 단양군수, 풍기군수에 부임하였습니다. 예조판서, 대제학, 이조판서 등에 제수되었으나 모두 사직을 하고, 69세 되던 해 3월 서울을 훌쩍 떠나 한강을 건너 고향으로 돌아왔습니다. 70세 되던 해인 선조 3년(1570년)에는 영의정에 추증되었습니다.

퇴계가 1569년(기사년) 3월 4일, 임금에게 마지막 하직 인사를 올리고 서울을 떠나 고향으로 돌아올 때, 당시 재상들은 퇴계를 벼슬로 묶어 둘 수 없는 인물이라는 표현으로 '산금(山禽)'이라고 불렀습니다.

우의정 '홍섬(洪暹)'은 시를 지어 퇴계를 전별했습니다.

白鷗波浩蕩(백구파호탕)　갈매기처럼 훨훨 날아가시는데
萬里誰能馴(만리수능순)　만리 길 날아가는 그를 뉘라서 길들일 수 있으리.

　퇴계는 낙향하여 건지산 기슭에 '양진암(養眞菴)'을 짓고, '토계(兎溪, 吐溪)'라고 불리던 집 앞의 시내를 '퇴계(退溪)'라 고쳐 부르며, 이를 '호'로 취했습니다. 환갑 되던 해에는 '도산서당' 동쪽에 '절우사(節友社)'를 마련하고 '송(松), 죽(竹), 매(梅), 국(菊)'을 심고는 이를 관상했습니다.

　퇴계 선생은 55세 되던 해에 세 번째 사직서를 올리며 자신이 벼슬길에 나아갈 수 없는 이유 5가지[五不宜오불의]를 들었습니다. '첫째, 어리석음을 감추고 자리에만 연연하는 부당함. 둘째, 병든 몸으로 일 없이 녹만 축내는 일. 셋째, 허명(虛名)으로 세상을 속이는 일. 넷째, 함부로 나아가지 말아야 할 것을 알면서도 억지로 벼슬하는 일. 다섯째, 자신이 맡은 일이 아닌데도 굳이 물러서지 않음'을 꼽았습니다.

　퇴계는 병환이 위중해지자, 자식에게 "내가 죽고 난 후, 조정의 예장(禮葬)을 사양하라. 비석도 세우지 말고, 다만 조그마한 빗돌에다 '퇴도만은진성이공지묘(退陶晩隱眞城李公之墓)'라고만 쓰라"고 유언했습니다. 묘비도 '퇴도만은(退陶晩隱)', '도산에 물러나 만년을 숨어 지내다'는 말을 썼습니다.

　그 후 며칠이 지난 아침, "매화분에 물을 주어라" 말하고는 누워 있던 자리를 정돈한 후, 부축하여 몸을 일으키자 앉아서 세상을 떠났습니다.

나서려고만 하지 말고, 물러설 줄도 알아야 합니다.
〈이동원 목사〉

....
- 不: 아니 불 / ■ 宜: 마땅할 의

욕대사인

欲大事人

|

크고자 하면 남을 섬겨라

"너희 중에 누구든지 크고자 하는 자는 너희의 종이 되어야 하리라."
〈마태복음 20:26〉

"크고자 하는 자는 마땅히 남을 섬겨라(욕위대자欲爲大者 당위인역當爲人役)!" 이는 '배재학당'의 교훈입니다.

이 교훈은 '아펜젤러' 목사님이 지은 것을 한학자 '조한규(趙漢奎)'가 한역(漢譯)한 것입니다. 세상에서 성공하고 출세하려면 약육강식의 '정글의 법칙'에서 살아남아야 한다고 합니다. 경쟁자들을 짓밟고 올라서야 살아남을 수 있다는 것입니다. 하지만, 예수님께서는 그와 반대로, '크고자 하면 자는 남을 섬겨라'고 말씀하십니다.

전북 김제 금산리에 있는 금산교회는 '기역(ㄱ)자' 예배당으로 유명한 곳입니다. 금산교회는 지역의 부호 '조덕삼'이 '테이트(최의덕)' 선교사의 전도를 받고 자기 집 사랑채에서 예배를 드리기 시작한 곳입니다. 당시 조덕삼의 집에는 경상도 남해 출신으로 떠돌아 들어온 '이자익'이라는 머슴이 있었는데 그도 주인을 따라 예수를 믿었습니다. 마부 머슴인 이자익은 교회 일에 열심을 다했는데, 그 교회 장로 선출 투표에서 주인 조덕삼은 탈락하고, 머슴 이자익이 당선되었습니다. 이런 결과에 대해 교인 모두가 긴장하고 있었습니다. 이때 조덕삼이 그 자리에서 일어나 "이 일은 하나님께서 행하신 일이므로 저는 이자익 장로님을 도와 교회 일에 열심을 다하겠습니다"라고 말했습니다. 이자익은 조덕삼 가(家)의 머슴일 뿐만 아니라, 조덕삼보다도 열두 살이나 연하의 사람이었습니다.

또한 그 이듬해에 뒤늦게 장로가 된 조덕삼은 이자익을 평양신학교로 보내어 신학을 공부하고 목사님이 되도록 정성을 다해 후원하였습니다. 그리고 훗날, 이자익을 금산교회 담임목사로 초빙하여 주의 종으로 섬겼습니다.

후일 이자익은 장로교 총회장을 3번씩이나 역임하는 큰 인물이 되었으며, 두 집안은 모두 하나님의 큰 복을 받았습니다. 조덕삼의 손자는 장로로 정치가가 되어 일본대사를 역임하였으며, 이자익의 손자는 유명한 대학의 교수로 사회에 크게 공헌하였습니다.

"크고자 하는 자는 마땅히 남을 섬기시오!"

▪ 欲: 하고자 할 욕 / ▪ 事: 섬길 사, 일 사 / ▪ 人: 사람 인, 남 인

용맹정진

勇猛精進

|

용맹정진하라

"모세는 구름 속으로 들어가서 산 위에 올랐으며
모세가 사십 일 사십 야를 산에 있으니라."
〈출애굽기 24:18〉

    불가(佛家)의 수행정진(修行精進)은 이렇게 구분합니다. ① '보통정진'은 하루 8시간씩의 수행이고, ② '가행정진'은 1년 내내 하루에 4시간을 자고 18시간을 수행하는 것이며, ③ '용맹정진'은 거의 잠을 자지 않고 행하는 수행입니다. 특별기간 수행은 1주일 또는 3주, 또는 3개월 내내 하루에 10시간 이상씩 좌선(坐禪) 정진하면서도 일주일 동안은 아예 눕지 않고(不臥불와), 한숨도 자지 않고(不眠불면), 말도 하지 않고(不言불언) 장좌불와(長坐不臥)하며 좌선에만 열중하는 수행을 말합니다. 용맹정진은 잠을 자지 않고 정진하기 때문에 졸음과의 싸움입니다. 수행자에게 가장 큰 적은 잠이기 때문에 잠을 수마(睡魔)라고도 하며, 행여 꾸벅 졸기라도 하면 죽비로 내리칩니다. 실상 '큰 대(大)'자로 누우면 인생의 고통에서 해방됩니다. 그러나 그렇게 되면 만사휴의(萬事休矣)입니다. 해인사는 지금도 종정 이하 전 대중이 동안거(冬安居) 동안 '음력 납월 8일 성도일' 전 1주일 간 용맹정진에 들어갑니다.

    한 선사가 두문불출하고 하루에 세 시간씩 자며, '이게 뭐꼬?' 화두를 잡고 7년간 '장좌불와'하고 20년을 수도에 정진했습니다. 20년 만에 도를 깨쳤다고 소문이 퍼지자 수천 명이 추종자가 몰려들었습니다. '과연 20년 만에 무슨 말을 하려나?' 그의 입을 쳐다보았습니다. 입을 열고 외친 첫 마디는 "예수님께 감사하십시오! 부처님께 감사하십시오!"라는 말이었습니다(《주부생활》, 1998년 5월). 대중들이 짐짓 놀라 술렁거리자, "내 말귀를 못 알아듣는구먼!" 하고는 다시 산 속으로 들어갔다고 합니다.

모세는 산에 올라 40일간 하나님께 간구했고, 예수님은 광야에서 40일을 단식하며 기도했습니다.

옛 선비들이 학문을 구하러 집을 나설 때에는 "대장부 뜻을 세워 고향을 떠나는데(男兒立志出鄕關), 장차 뜻을 이루지 못한다면 죽어도 돌아오지 않으리라(學若不成死不還)"는 단호한 결단을 하고 집을 떠났습니다. 반딧불과 눈덩이로 책을 밝히며 공부하는 '형설(螢雪)의 공(功)'을 쌓았습니다. 주춤거리거나 놀고먹으며 성공할 수 있는 일은 없습니다.

심리학자 '이반 예브로모브' 박사는, "사람의 두뇌에는 한 사람이 40개 국어를 터득할 수 있고, 러시아 대백과사전 1질을 다 외울 수도 있고, 각기 다른 분야의 연구를 통해 30개의 박사학위를 받을 수 있는 능력이 주어져 있다"고 말했습니다.

정신을 한 곳으로 집중하면 쇠나 돌도 가히 뚫을 수 있습니다(精神一到정신일도 金石可透금석가투).

때로는 백 척 높은 절벽 위에서도 한 걸음 더 내딛는 용맹정진의 결행을 해야 할 때가 있습니다.

....

■ 勇: 용감할 용 / ■ 猛: 사나울 맹 / ■ 精: 알맹이 정 / ■ 進: 나아갈 진

유비무환

有備無患

|

미리 준비해 두면 염려할 게 없다

"너희도 준비하고 있으라. 생각지 않은 때에 인자가 오리라."
〈마태복음 24:44〉

   춘추시대 진(晉)나라에 '도공(悼公)'이라는 군주가 있었습니다. 그에게는 '사마위강'이라는 유능한 신하가 있었는데 그는 법을 엄정하게 집행하기로 유명했습니다.
   하루는 도공의 동생 '양간(楊干)'이 군법을 어지럽혔습니다. 사마위강은 차마 양간을 처형하지 못하고 대신 양간의 마부를 참수했습니다. 그러자 양간이 도공에게 매달려 울며 부르짖었습니다. "지금 사마위강은 뵈는 게 없는 듯 왕실까지 욕을 보였습니다."
   아무 영문도 모르고 있던 도공은 벌컥 화를 내면서 당장 사마위강을 잡아들이라고 했습니다. 그때 신하 '양설(羊舌)'이 사마위강을 변호하고 나섰습니다. "사마위강은 충신입니다. 필시 무슨 곡절이 있을 것입니다." 양설의 변명이 끝나기도 전에 사마위강은 궁문에 이르러서 도공에게 상소문 한 통을 올리고는 그 자리에서 자결하려고 하였으나 문지기의 만류로 자결을 이루지는 못하였습니다.
   상소문을 읽어 본 도공은 그제야 그 내막을 알고는 신발도 신지 않은 채 궁을 내려와 사마위강을 껴안고 말했습니다. "그대에게 아무 잘못이 없는 것을 이제야 깨달았소." 이 일이 있고나서 도공은 사마위강을 더욱 신임하여 나라의 중책을 맡겼습니다.

당시 진(晉)나라의 북쪽에는 '무종국(無終國)'이라는 오랑캐가 있었습니다. 평소 진나라의 위협에 시달려 왔던 무종국은 화친을 목적으로 사신을 보내며 진기한 예물을 진상했습니다. 그렇지만 도공은 매우 냉정하게 대하며 신의 없는 그들을 가차 없이 치려했지만, 사마위강의 충간으로 화친을 맺고 외환(外患)을 줄였습니다. 결국 진나라는 강국이 되었습니다. 도공은 공로가 큰 사마위강에게 금은보화를 크게 내리려 하였지만 사마위강은 정중히 사양했습니다. 이후 도공은 마침내 패업(霸業)을 이루었습니다. (《좌전(左傳)》·〈양공(襄公)〉 11년조).

《서전(書傳)》에서는 "편안할 때 위기를 생각하고(居安思危거안사위), 미리 대비하면(思則有備사즉유비) 근심이 사라지는 법(有備無患)"이라고 말합니다.

"천리를 가려는 사람은 석 달 식량을 마련한다(適千里者적천리자, 三月聚糧삼월취량)"는 속담도 있습니다.

〈마태복음〉 25장에는 '한밤중에 신랑이 불현듯 나타날 때, 등불의 기름을 준비하지 못한 여인은 낭패를 당하고, 미리미리 등불을 밝힐 기름을 준비한 슬기로운 여인은 신랑을 기쁨으로 맞게 된다'는 말씀이 있습니다.

"인자가 도적같이 오리니, 항상 예비하여 애통함이 없게 하시오."
(마태복음 24:43~44)

....
■ 備: 갖출 비 / ■ 患: 근심 환

육사자책

六事自責

|

여섯 가지 조목을 따라 자책하다

"엘리야가 갈멜산 꼭대기로 올라가서 땅에 꿇어 엎드려
그의 얼굴을 무릎 사이에 넣고"
〈열왕기상 18:42〉

근래, 지구촌 곳곳에서는 큰 재앙들이 일어나고 있습니다.

2004년, 12월에는 인도네시아에서 '쓰나미[津波]'로 10만 명 이상의 사상자가 발생했고, 얼마 지나지 않은 때에, 미얀마에서는 태풍으로 14만 명 이상이 죽었습니다. 중국 '쓰촨성[四川城]' 대지진 발생 때에는 순식간에 사망자와 실종자가 8만 명, 부상자가 23만 명에 이르는 큰 재앙이 발생했습니다. 이 지진으로 인구 6만 명의 한왕진(漢旺鎭) 마을은 완전히 사라져 버렸습니다. 이 지진에 대하여 환경론자들은 거대한 '샨샤 댐'의 건설로 인한 환경파괴가 그 재앙의 인공적 원인이라고 말합니다.

《묵자》는 재앙을 일러 위정자의 도덕적 방탕에 대해 하늘이 내리는 벌, 곧 '천견재이(天遣災異)'로 설명합니다. "천자가 방탕하면, 하늘이 벌을 내린다"는 사상입니다.

지진 발생은 우리나라에서도 예외가 아닙니다. 옛 사료에 지진에 관한 기록이 2천 5백회 이상 기록되어 있습니다. 최근 1931년에서 1980년까지

50여 년 동안에 전 세계에서 리히터 규모 7.0 이상의 지진이 490차례나 발생했습니다.

　주전 14세기 경, 은(殷)나라 '탕왕(湯王)'이 통치하던 시절, 은(殷)나라에 큰 가뭄이 들었습니다. 신하들이 탕왕에게 '백관을 거느리고 상림(桑林)에 나가 사람을 잡아서 인두(人頭)로 하늘에 제사해야 한다'고 간언했습니다. 이에 탕왕은 "이 일은 사람을 위한 일인데 어찌 사람을 희생해서야 되겠느냐? 만약 사람을 바쳐야만 한다면 내가 손수 제물이 되겠다"고 말했습니다. 이렇게 탕왕은 '책임이 자신에게 있다'고 하며, 깊이 통회하고 자책했습니다.
　실제로 탕왕은 손발톱을 깎고 수염을 밀고, 목욕재계한 후 '자신을 결박하여 산 제물로 드리도록' 하고, 상림(桑林)에 나아가 가슴을 치며 '반성(反省) 고천문(告天門)'을 지어 하늘에 고하며 통회자복했습니다.
　'육사자책(六事自責)'의 내용은 이렇습니다.
① 첫째, 정치에 절제가 있었는가?(政不節歟).
② 둘째, 백성 중에 실직자가 늘어나지 않았는가(民失職歟).
③ 셋째, 궁궐은 화려하지 않았는가(宮室崇歟).
④ 넷째, 치맛바람이 거세지 않았는가(女謁盛歟).
⑤ 다섯째, 뇌물이 성행하지 않았는가(苞苴行歟).
⑥ 여섯째, 무고한 자를 참소하지 않았는가(讒夫昌歟)? 등입니다.

　탕왕이 참회의 기도를 올리자마자 시커먼 먹구름이 수 천리에 걸쳐서 모여 들어 단비가 쏟아져 내렸습니다(《十八史略》). 마치, 열왕기상 18장에 나오는 엘리야의 기도를 연상케 하는 대목입니다.

　'세계자연보호기금(WWF)'에서는 근래 들어 생물계가 파괴되어 가고 있는 현상에 대해 1억 3천만 년 전에 지구에 불어 닥쳤던 제5차 생물 대멸종 현상이 다시 시작된 것으로 경고하고 있습니다. 환경재앙은 지진뿐만 아니라 한재(旱災)와 풍재(風災)도 겹쳐 일어나고 있습니다.

오늘날 환경변화와 기후위기에 따라 일어나고 있는 다양한 기상이변과 미세먼지가 가득하여 마스크를 쓰지 않고는 돌아다닐 수 없게 된 상황, 그리고 고위 공직자들이 구석구석에서 부패한 불신의 세태를 보면서 안타까움을 금할 수 없습니다.

바로 지금이야 말로 위정자는 물론 이 사회 각계의 지도자들이 가슴을 치며 '반성(反省) 고천문(告天文)'을 고하고 '육사자책'을 실행해야 하지 않겠습니까?

- 六: 여섯 육 / ■ 事: 일 사, 섬길 사 / ■ 自: 스스로 자 / ■ 責: 꾸짖을 책

은광연세

恩光衍世

|

은혜의 빛이 온 세상에 퍼지다

"또 재산과 소유를 팔아 각 사람의 필요를 따라 나눠 주며"
〈사도행전 2:45〉

'은광연세(恩光衍世)'는 '추사 김정희'가 제주도 유배 시절, 제주 출신 여성 거부 '김만덕'의 행적을 기리며 김만덕의 양손(養孫)인 '김종주'에게 써 준 편액글씨의 문구입니다. 김만덕은 정조 때 흉년으로 굶주리는 백성들을 사재를 털어 구휼한 거상입니다. 김만덕에 대해서는 '채제공'이 쓴 《만덕전》에 자세히 기록되어 있습니다.

김만덕은 중개상인의 딸로 태어나, 열 살 무렵 부친이 풍랑에 파선되어 사망하고 이어 모친도 병들어 세상을 떠나게 되어 고아가 되었습니다. 친척 집에서 겨우 목숨을 부지하다가, 기생집에 의탁되어 그녀도 기녀가 되었습니다. 철이 들면서 기녀가 천시 받는 신분임을 깨달은 후, 제주 목사에게 탄원하여 '양인(良人)'으로 환원되었습니다.

양인이 된 김만덕은 제주도 특산물인 귤, 미역, 말총, 전복 등을 육지의 옷감이나 화장품 등과 교환하는 상업으로 큰 부자가 되었습니다. 그녀는 기회 있을 때마다 자기 재물을 아낌없이 이웃에게 널리 베풀었습니다. 정조 19년에는 전국에 큰 흉년이 들어 백성들이 굶주림으로 죽어갈 때, 그는 진휼미 500석을 내놓아서 1천 명이 넘는 백성들을 구제했습니다.

제주 목사가 김만덕의 선행을 조정에 아뢰어 정조는 내의원의 의녀 벼슬을 주어 대궐로 불러들여 상까지 내리고, 금강산 구경을 시켜주었습니다. '다른 소원이 또 없느냐?'고 물으니, '이것으로 만족합니다'라고 아뢴 후 제주도로 돌아왔습니다. 그 후로도 지성껏 선행을 베풀다가 1812년 74세에 세상을 떠났습니다.

그가 죽은 지 20년이 지난 후, 추사 김정희가 제주도로 귀양을 와서 그녀의 소문을 듣고는 감동하여 양손(養孫) 김종주에게 '은광연세(恩光衍世)'를 써 주었습니다. '은덕의 빛이 세상에 널리 퍼진다'는 뜻입니다.

강화도 교동도 출신 '박두성'이란 분이 있었습니다. 이 집안은 교동도 선교 초기에 예수를 믿은 집이었는데, 때가 되면 그 집에 '맹구'라는 이름을 가진 맹인이 들러서 한바탕 소동을 벌이는 광경을 보며 자랐습니다. 이를 보면서 그는 '내가 크면 저런 사람들도 책을 읽을 수 있게 글자를 만들어야지!' 그런 마음을 먹었습니다. 이후 그는 서울에서 공부하고 서울 맹학교 교사로 취업하여 32년 동안 교사로 헌신하며, 틈틈이 '점자'를 만드는 일에 나섰습니다. 그리고 실패를 거듭하다가 6년 7개월 만에 드디어 한글 점자를 창제했고, '점자 성경'도 손수 만들어 맹인들도 하나님 말씀을 읽을 수 있게 했습니다. 하지만 그는 이 과정에서 과로가 겹쳐 시력을 잃고 말았습니다. 몇 년 전에는 수백 명의 맹인들이 그의 생가로 모여 와서 '맹인의 세종대왕' 박두성 장로를 기리며 잔치를 벌인 일이 있습니다.

"너희의 빛이 사람 앞에 미치게 하여 그들로 너희 착한 행실을 보고 하늘에 계신 너희 아버지께 영광을 돌리게 하라."(마태복음 5:16)

- 恩: 은혜 은 / - 光: 빛 광 / - 衍: 퍼질 연 / - 世: 인간 세

의인물용

疑人勿用

|

의심나면 등용하지 마십시오

"믿음이 작은 자여 왜 의심하였느냐"
〈마태복음 14:31〉

    춘추(春秋) 오패(五霸)의 하나인 제(齊)나라의 '환공(桓公)'은 유명한 '관포지교(管鮑之交)'의 그 '포숙아(鮑叔牙)'의 천거로 '관중(管仲)'을 재상에 기용했습니다. 이후 주(周)나라 초엽에 약 140개나 되던 나라를 35개국을 겸병하여 제후국 가운데서 최강의 나라로 부흥하였습니다. 환공은 42년간 재위에 있었고, 관중은 40년을 재상의 자리에 있었습니다.

    제(齊)나라의 환공(桓公) 재위 41년, 명재상 관중의 임종이 가까웠을 때, 환공이 관중의 집을 찾아가서 물었습니다. "다음 재상은 누가 좋겠소?" 이에 관중은 "주군께서 마음에 두고 계시는 분이 있을 줄로 압니다"라고 답했습니다.

    환공은 "이아(易牙)는 어떻소?"라고 물었습니다. '이아'는 환공이 총애하는 전속 주방장이었는데, 어느 날 환공이 이아에게 농담 삼아 한 마디 했습니다. "내가 세상의 온갖 산해진미를 모두 맛보았는데, 아직 사람 고기는 먹어보지 못했구나." 그날 저녁 환공은 일찍이 맛보지 못했던 새로운 요리를 접했습니다. 이아가 자기의 세 살 된 아이를 잡아 만든 요리였던 것입니다. 이를 익히 알고 있던 관중은 "이아는 절대 안 됩니다. 충성도 좋지만 그런 비정한 인물은 위험합니다. 이아를 멀리 하십시오!"라고 답했습니다.

환공이 다시 물었습니다. "그러면, '개방(開方)'은 어떻소?" 개방은 위(衛)나라 출신으로 제나라에서 일하는 15년 동안 한 번도 고향에 돌아가지 않은 사람이었습니다. 관중이 말했습니다. "15년 동안 자기 부모도 찾지 않은 인정을 모르는 사람이 재상이 되어서는 아니 됩니다."

계속해서 환공이 "수조(豎刁)는 어떻소?"라고 물었습니다. '수조'는 자원해서 거세를 하고 환관이 된 사람이었습니다. 이에 관중은 "수조는 주군의 환심만 사는데 급급한 사람이어서 안 됩니다. 지금 당장 이아와 개방, 그리고 수조를 궐 밖으로 쫓아내셔야 합니다! 그 사람들은 조정을 그르칠 사람들입니다" 라고 답했습니다.

그 일이 있은 후 얼마 지나지 않아 관중은 세상을 떠났습니다. 그런데 관중의 충언에 귀 기울이지 않은 환공은 '이아, 개방, 수조' 세 사람을 등용하여 관중의 빈자리를 채웠습니다.

환공에게는 정(正)부인이 셋, 애첩 여섯이 있었습니다. 그런데 그 세 부인에게는 모두 후사가 없었습니다. 환공은 애첩 중에서 정(鄭)나라 출신의 애첩 '정희(鄭姬)'의 소생 '소(昭)'를 후계자로 지목해 두었습니다. 환공이 죽자 이아와 수조는 환공의 시신을 방치해 둔 채, '소(昭)'를 제치고 위(衛)나라 출신 애첩 '위희(衛姬)'의 소생 '무궤(無詭)'를 후계자로 세우려고 치열하게 왕위쟁탈전을 벌였습니다. 그러는 사이에 수습되지 않고 방치해둔 환공의 시신에서 나온 벌레가 방안에 가득했다고 합니다. 이런 일들이 일어나면서 제나라의 국정은 크게 흔들렸고 제나라는 점차 쇠망의 길로 접어들었습니다.

"의인물용(疑人勿用) 용인물의(用人勿疑)"는 《명심보감》·〈성심편〉에 나오는 말입니다.

'인촌 김성수' 선생, '고건' 전 총리, 삼성그룹의 창업자 '이병철' 회장이 좌우명으로 삼은 표어입니다.

이병철 회장은 단호하게 말했습니다. "의심이 가는 사람에게는 일을 맡기지 말고, 일단 일을 맡겼으며 의심하지 말고 대담하게 일을 맡기시오!"

- 疑: 의심할 의 / ■ 勿: 말 물 / ■ 用: 쓸 용, 사용할 용

이마두(利瑪竇, 마테오 리치)의 묘소에서

"땅 끝까지 이르러 내 증인이 되리라"
〈사도행전 1:8〉

2010년 8월 중순, 중국에서 선교하다 별세한 '마테오 리치[利瑪竇이마두, 1552-1610]'와 그 외에 다른 몇몇 가톨릭 선교사가 잠들어 있는 '북경 묘역'을 방문한 일이 있습니다. 그곳은 '마테오 리치'를 비롯하여 '아담 샬[湯若望탕약망]', '페르비스트[南懷仁남회인]' 등 63인의 선교사들이 묻혀있는 묘역입니다. 그들의 출신지는 이탈리아, 독일, 벨기에, 슬로베니아, 포르투갈, 체코, 프랑스, 오스트리아, 스위스 등 유럽의 여러 나라들입니다.

'마테오 리치'의 비석은 높이가 3.5미터나 되는 커다란 '비갈(碑碣)'입니다. 원래 비갈은 보통 비석과는 달리 지체 높은 양반의 묘소에나 세울 수 있는 것으로, 비신의 머리 부분이 둥글게 되어 있는 비석입니다. 그곳 선교사들의 묘비는 모두 비갈(碑碣) 형태였습니다. 게다가 그 비갈마다 특이하게도 용(龍) 그림 문양이 새겨져 있었고, 용의 발톱이 두 개[二爪龍이조룡] 내지 다섯 개까지[五爪龍오조룡] 새겨져 있었습니다.

동양문화에서 용 문양의 발톱은 그 개수에 따라 신분의 차등을 표시합니다. 황제는 발톱이 5~6개, 제후나 왕은 4개로 차별을 두었습니다. 선교사 묘역의 비갈에 용 발톱 조각의 문양이 새겨져 있는 것을 보고 당시의 선교사들이 중국에서 중국 황제로부터 어떤 대우를 받으며 활동했는가를 가늠할 수 있었습니다.

마테오 리치는 이탈리아 출신으로 가톨릭 '예수회(耶穌會, Jesuit Order)'에 가입하여 당시 최고의 과학자요 수학자인 '클라비우스'로부터 수학, 천문학, 지도제작법을 공부한 사제입니다. 그는 중국에 와서 세계지도인 〈곤여만국전도(坤輿萬國全圖)〉을 간행했고, '논어·맹자·대학·중용' 등 유교의 '사서(四書)'를 라틴어로 번역했습니다. 예수회는 현지 적응의 보유론(補儒論)적 문화주의 선교지침에 따라 활동을 전개했습니다. 마테오 리치는 '유클리드'의 《기하원본(幾何原本)》을 한문으로 번역하고, 또 《교우론》, 《기인십편(畸人十篇)》, 《천주실의》를 저술했습니다. 《천주실의》는 17세기 초, '이수광(李晬光)'에 의해 조선에 소개되었고, 성호 이익이 《천주실의》에 발문을 붙여 보급하여 조선에서 가톨릭이 놀랍게 번져 나갔습니다.

중국에서 한문으로 번역된 '한역서학서(漢譯西學書)'는 중국뿐 아니라 조선조 후기 사회와 개신교 계통에도 막대한 영향을 미쳤습니다. 예수회 선교사들은 《천주실의(天主實義)》 이외에도 무려 170여 년에 동안 600여 권의 '한역서학서'를 번역하여 간행했습니다.

한국 감리교회의 초기 목사인 '탁사(濯斯) 최병헌'도 《영환지략(瀛環志略)》, 《태서신사》, 《격물탐원》 등을 읽었고, '백사당(白沙堂) 양주삼' 총리사도 《만국공보》, 《덕혜입문(德慧入門)》을 읽었으며, '백운당 오지섭' 목사도 《사민필지》, 《만국통감》 등을 독서했습니다.

오늘날 여전히 사각지대에 놓여 있는 이 '한역서학서'를 오늘의 연구자들은 읽어내야 합니다. 그래야만 단절된 조선 중기 이후의 우리의 사상사와 기독교의 역사를 제대로 이해할 수가 있습니다.

〈임상권 목사〉

■ 利: 이로울 리 / ■ 瑪: 마노 마 / ■ 竇: 구멍 두

이신득영

以信得永

|

믿음으로 영생을 얻는다

"이는 그를 믿는 자마다 멸망치 않고
영생을 얻게 하려 하심이라."
〈요한복음 3:16〉

'쇠렌 키에르케고르'는 인간을 3단계로 구분하였습니다.

첫째는, 심미적 단계입니다. 이 단계는 감각적 경험적 즉시적(卽時的) 단계입니다.

둘째는, 윤리적 단계입니다. 이 단계는 보편적 윤리를 추구하는 단계로, 무한한 절대자 앞에서 자신은 아무 것도 아니라는 것을 깨닫는데서 출발하는 것으로 보았습니다.

셋째는, 종교적 단계입니다. 하나님 앞에선 단독적 단계, 곧 '코람 데오(Coram Deo)'의 단계입니다. 이 단계는 믿음을 필요로 합니다. 믿음으로 영생에 이르는 길입니다.

그리스도인의 영생은 시간의 연장이 아닙니다.

그리스도교(기독교)는 시간에 '처음과 끝이 있는(有始有終유시유종)'의 시간관을 말합니다. 시간은 하나님이 천지를 만드실 때 생겨났다가 최후의 종말에 시간도 끝을 갖게 된다는 것입니다.

옛 선비들은 병풍에 학, 거북, 사슴, 해, 달, 구름, 산, 물, 들판, 그리고 솔과 불로초 따위의 '십장생(十長生)'을 그려 넣고 '장생불사'를 추구했습니다. 고대의 인도인들은 '겁(劫, Kalpa)'과 '찰나(刹那, Ksana)' 등의 시간 단위를 사용했습니다. 긴 시간으로 사용되는 '백겁'이니 '억겁'이니 하는 시간도 시간은 아무리 길게 늘어놓아도 그것이 영원이나 영생이 되지 않습니다. 그리스도교(기독교)의 영생관은 영혼불멸이거나 영원불사가 아닙니다.

희랍어에는 시간을 두 가지 언어로 사용합니다. 하나는, '크로노스(chronos)'이고, 또 하나는 '카이로스(chairos)'입니다. '크로노스'는 한 살, 두 살, 세 살 하는, '달력의 시간'입니다. 반면에 '카이로스'는 '믿음의 시간, 구원의 시간, 그리스도 안에서의 시간'을 말합니다. 즉, '길이'로 계산하는 시간이 아니라 '내용'의 시간, '의미'의 시간입니다. '부피나 양'의 시간이 아니라, '질의 시간'을 나타내는 말입니다. 믿음으로 얻는 '하나님 나라의 시간'입니다.

'구원'은 '때문에(because of)'라는 조건의 충족으로 얻는 것이 아닙니다. '그럼에도 불구하고(in spite of that)'입니다. 훌륭한 사람이어서가 아니라, 죄인임에도 불구하고 우리에게 은혜를 주시는 예수 그리스도를 믿으면 영생을 얻을 수 있습니다.

"예수께서 이르시되, 나는 부활이요 생명이니 나를 믿는 자는 죽어도 살겠고, 무릇 살아서 믿는 자는 영원히 죽지 아니하리라."(요한복음 11:25~26)

──────────────────────────────
- 以: 써 이 / ■ 信: 믿을 신 / ■ 得: 얻을 득 / ■ 永: 길 영

인기외천

認己畏天

자신을 알고 하나님을 경배하라

"네 마음을 다하고 목숨을 다하고 뜻을 다하여 주 너의 하나님을 사랑하라
하셨으니 이것이 크고 첫째 되는 계명이요, 둘째도 그와 같으니
네 이웃을 네 자신과 같이 사랑하라."

〈마태복음 22:37~39〉

이스라엘 사람들은 문설주에 손가락 크기만큼 도톰한 '쉐마'를 붙여놓고, 문을 드나들 때마다 거기에다 입도 맞추고 경의를 표하고 있습니다. '쉐마'에는 〈신명기〉 6:4절에서 9절까지의 말씀이 기록되어 있습니다.

"네 마음을 다하고 목숨을 다하고 뜻을 다하여 주 너희 하나님을 사랑하고, 네 이웃을 네 몸과 같이 사랑하라"는 말씀을 한문으로 표기하면 '경천애인(敬天愛人)'이 됩니다. 한자문화권에는 예부터 하나님을 '믿는다[信]'는 표현이 없었습니다. 하나님은 믿음의 대상이 아니라 경배의 대상이었기 때문에, '신천(信天)'이라고 쓰지 않고 '경천(敬天)'이라고 써 왔습니다.

'백사당(白沙堂) 양주삼' 총리사는 '진심으로 만유의 천부(天父)를 경외하고, 마땅히 성의를 다해 온 세상의 형제를 사랑하라'는 말씀을 낙관에 새겨 좌우명으로 삼고 살았습니다.

'한국의 슈바이처'로 존경받는 '장기려' 박사는 어려서 예수를 영접하고, '경성의전'을 나와 '평양'의 '기흘병원'에서 근무하다 6·25전쟁으로 부인과 아들 하나를 남겨두고 의료 기구 몇 점을 보따리 속에 넣고 남하했습니다. 부산에서 창고 하나를 빌려 피난민과 전상자들을 하루에 200명씩 무료로 치료해 주었습니다. 평생 의사로 지냈지만 집 한 칸도 없이 이웃에 사랑을 베풀다가 하늘의 부름을 받았습니다.

그의 비석에는 단 한 줄, "주를 위해 살다간 사람"이라고 적혀있습니다.

'한센병자 수용지'에는 남편이 한센병에 걸린 것을 안타깝게 여기고, 건강한 부인이 남편을 따라 들어가 남편의 뒷바라지를 하다 자기도 그 병에 걸려 종신한 사람들의 이야기가 전해 옵니다.

'인기(認己)'는 '삼비아시'의 《영언여작》에 나오는 말인데, 이는 '소크라테스'의 '네 자신을 알라(Gnothi 세아우톤)'를 '한역(漢譯)'한 말입니다. '삼비아시'는 '영혼(아니마)'에 대해 논하는 것은 '자신을 알고 하나님을 앎으로써(認己而認陡斯인기이인두사) 복을 누리게 하려는 것으로 귀결된다(以亨其福焉이형기복언)'고 했습니다.

마음을 다하고, 성품을 다하고, 뜻을 다하여, 하나님을 사랑하고, 이웃을 사랑하며 살기를 원합니다.

....
- 認: 알 인 / ■ 己: 몸 기, 자기 기 / ■ 畏: 두려워 할 외 / ■ 天: 하늘 천

일념통천

一念通天

마음을 다하면 하늘과 통한다

"내게 능력 주시는 자 안에서 내가 모든 일을 할 수 있느니라."
〈빌립보 4:13〉

"일념통천(一念通天)"은 "오직 한 마음으로 정성을 다하면 하늘과 통한다"는 말입니다.

소련의 심리학자 '이반 예프로모프'는 '인간이 타고난 두뇌의 능력을 10%만 활용하더라도, 한 사람이 40개 국어를 구사할 수 있고, 백과사전 1질을 모두 암송할 수 있고, 전혀 다른 분야의 박사학위를 30개 취득할 수 있는 능력이 있다'고 말했습니다.

옛날 '페르시아'의 국왕 '제록(濟祿)'은 40만 명의 병사 이름을 모두 외웠다고 하며, '반다(般多)' 국왕 '미적리달(米的利達)'은 22개 국어를 너끈히 할 수 있었다는 기록이 있습니다. (프란체스코 삼비아시,《영언여작》, 김철범 신창식 역, 일조각, 67쪽).

필자의 스승 '신사훈' 박사는 18개 국어에 능통했습니다. '판소리의 셰익스피어'라고 불리는 '신재효' 선생의 손자인 그는 미국 '드류 신학교' 재학시절 '전(全) 미국 희랍어경시대회'에서 1등을 했습니다.

8·15광복 직후 귀국하여 서울의 '감리교신학대학교' 신학부장을 역임하

고 '서울대학교' '종교학과'를 개설하고 교수를 지낸 신학자입니다. 신사훈 박사는 중학교 2학년 때부터 '영어성경'을 읽기 시작하여 처음부터 끝까지 50독을 완독했더니, 웬만한 언어는 쉽게 터득할 수 있었다고 합니다.

최근에는 73개국의 언어를 터득한 사람이 있어 화제입니다. 50대 초반의 '이혜영 씨'는 남편을 따라 프랑스에서 거주하며 '공부하지 않고 배울 수 있는 언어는 없다'는 것을 깨닫고 여러 외국어를 공부하기 시작했습니다. 유럽에 거주하면서 영어는 물론, 프랑스어·스페인어·이탈리아어 등 9개 언어를 공부했습니다. 8년 후 미국에서 영어와 스페인어를 가르치는 어학원을 운영하면서 서점에 들렀다가 우연히 인도네시아어 초급 책이 눈에 들어와 그 언어를 공부하기 시작했습니다. 혼자서 독학하는 그의 외국어 공부는 초등학교 1학년 교과서를 읽을 정도로 공부한다고 합니다. 그는 우리에게 이름조차 생소한 '하우사어(語)·바스크어·우르두어'까지 공부했다고 합니다.(《조선일보》, 2016년 5월 14일자)

'정신일도(精神一到)면 하사불성(何事不成)'이라는 말이 있습니다. '하나로 정신을 일도(一到)하면 이루지 못할 일이 어디 있는가?'라는 말입니다.

"일념통천(一念通天)!"
마음을 일도(一到)하면 하나님과 통하게 됩니다.
내게 능력 주시는 자 안에서 내가 모든 일을 할 수 있습니다.

....
- 一: 한 일 / ■ 念: 생각 념 / ■ 通: 통할 통 / ■ 天: 하늘 천

일노일로

一怒一老

한 번 성내면 한 번 더 늙는다

"항상 기뻐하라, 쉬지 말고 기도하라, 범사에 감사하라, 이것이
그리스도 예수 안에서 너희를 향하신 하나님의 뜻이니라."
〈데살로니가전서 5:16~18〉

우리의 전통가옥에는 대문이나 기둥에 '주련(柱聯)'이나 '입춘 축(祝)'을 써 붙이고, 그렇게 살기를 소원했습니다. 주련에서 많이 애용하는 문구에 '한 번 웃으면 한 번 젊어지고, 한 번 화를 한 번 늙어진다(一笑一少일소일소 一怒一老일노일노)'는 주련(柱聯)과 '가화만사성(家和萬事成)', '소문만복래(笑門萬福來)' 등을 써서 붙이고 그렇게 살기를 기구했습니다. 가정이 화목하면 만사가 형통하고, 웃으면 복이 옵니다.

민족의 지도자 '도산 안창호'는 선교사가 세운 간이 중학교를 2년 중퇴했습니다. 그는 자서전에서 자기의 특기 두 가지를 말했습니다. 대동강 유역 태생이기 때문에 노 짓는 일을 잘 하고, 또 하나는 청소를 잘한다고 했습니다. 도산은 미국에서 조국의 독립을 위해 투신했는데, 청소를 잘하여 신용을 얻어서 주변에서 좋은 사람을 많이 만나게 되었다고 합니다. 그의 가훈은 '하하 허허 호호 후후'라는 아주 평범한 가훈이었습니다. 상법(相法)에서 '골난 인상은 복이 떠난다'고 설명합니다. '칼릴 지브란'은 '울지 않는

지혜와 웃지 않는 철학은 멀리 하라' 했습니다.

미국 'UCLA 대학병원'의 '프리트' 박사가 인간의 '대뇌, 좌측 뇌'에서 4제곱센티미터 가량의 조그만 웃음보 부위를 발견했다는 보도가 있었습니다. 이 웃음보를 자극하여 매우 희귀한 불치의 관절염 환자를 치료했다고 합니다.

'일노일로(一怒一老)'는 '화를 내면, 그만큼 늙는다'는 교훈입니다. 정신의학자 '엘미게이스'의 연구에 의하면, 사람이 성질냈을 때의 숨결을 시험관에 넣고 액체 공기로 냉각했을 때 침전물(沈澱物)이 생기는데, 화를 낸 침전물은 그 색깔이 '차 색깔[茶色다색]'이나 '밤색[褐色갈색]'으로 나타나고, 고통이나 슬플 때는 '회색' 침전물이 나오고, 후회하고 한숨 쉬며 내쉰 숨결에서 생긴 색깔은 '복숭아 빛'을 띤다고 합니다. 그 중에서 밤색 침전물에서 나오는 독소를 1시간 계속해서 수집했는데, 그 속에 80명의 목숨을 앗아갈 정도의 독소가 들어 있었다고 합니다. 그리고 그것을 직접 실험용 쥐에게 주사했더니, 몇 분 내로 즉사했다고 합니다.

"한 번의 분노를 참으면, 백일의 근심을 면할 수 있습니다(忍一時之忿인일시지분 免百日之憂면백일지우)."

운다고 슬픔이 지워지지 않습니다. 성질부린다고 문제가 해결되는 것도 아닙니다.

한번 웃으면 한 번 더 젊어지고, 성질을 부리면 한 번 더 늙어집니다.

웃으면 복이 옵니다.

이 교훈을 당장 실천해 보십시오.

■ 笑: 웃을 소 / ■ 少: 젊을 소 / ■ 怒: 화낼 노 / ■ 老: 늙을 로

일도벽천

一禱闢天

|

크게 기도하면 하늘 문이 열린다

"문을 두드리라. 그리하면 열릴 것이니"
〈마태복음 7:7〉

아무리 기도해도 하늘 문을 닫고 들어주지 않는 기도가 있습니다. ① 죄를 품고 하는 기도, ② 증오심으로 드리는 기도, ③ 불순종의 기도, ④ 정욕을 위한 기도(잠언 28:9), ⑤ 허영과 과시, 자랑과 영웅심으로 드리는 기도(야고보서 4:3), ⑥ 용서하지 않는 기도, ⑦ 복수하는 기도, ⑧ 자고(自高)의 기도, ⑨ 화해가 없는 기도, ⑩ 욕심으로 하는 기도, ⑪ 저주하는 기도, ⑫ 믿음 없는 기도, 따위는 허공으로 떠도는 공염불에 지나지 않습니다. 하나님은 겸손히 구하는 자에게 가까이 하십니다.

중세의 영성가 '베르하르트 클레르보'는 죄인된 인간이 하나님께로 나아가는 4단계를 설명하고 있습니다. 자신의 비참함을 인지하는 단계가 그 첫째 단계요, 남의 비참함에 대하여 긍휼한 마음을 갖게 되는 것이 둘째 단계요, 셋째는 은혜의 극치, 관조의 황홀, 최고의 정열에 이르는 단계요, 마지막 단계는 자아를 분쇄하고 이타적 헌신에 투신하는 것이라고 했습니다.

예수님은 중요한 순간에는 반드시 기도를 쉬지 않으셨습니다. 제자를 선택하실 때도 기도하셨고, 신앙고백사건 때도 기도하셨으며, 변화산의 변모도 기도하러 가셨을 때 일어난 일이었습니다. 예수님은 땀방울이 핏방울같이 떨어지도록 기도하셨습니다. 악마로 하여금 승리를 얻지 못하도록 항상 깨어서 기도해야 합니다.

'이용도 목사'가 강원도 통천구역에 담임자로 파송되어 갔을 때, 그곳에는 이미 하나님의 은혜와 성령의 뜨거운 능력을 체득한 '심언 박재봉'이라는 젊은 일꾼이 있었습니다. 이용도는 박재봉의 안내로 금강산 백정봉 꼭대기 바위에 올라 하나님의 실재를 체험하기 전에는 하산하지 않기로 결의하고 무기한 단식기도에 들어갔습니다. 마침내 10일 간의 단식기도 끝에 이들이 큰 은혜를 받았고, 그로 인하여 그 불길이 암울했던 일제강점기의 한국의 정신적 영적 세계에 사랑으로 폭발하여 강산을 휩쓸었습니다.

감리교회의 '고(故) 백운당 목사님' 서재에는 '일도벽천(一禱闢天)' 휘호가 걸려 있었습니다. '크게 기도하면 하늘 문이 열린다'는 뜻입니다. 옛 성현의 글에도 '일단(一旦)에 활연관통(豁然貫通)한다'는 말이 있습니다. '도를 터득하니, 도를 통하면 훤히 관통한다'는 말입니다.

"일도벽천(一禱闢天)!"
크게 기도할 때 하늘 문이 열립니다.

■ 一 한 일: / ■ 禱: 빌 도 / ■ 闢: 열릴 벽 / ■ 天: 하늘 천

일안사목
一顔四目
|
한 얼굴에 눈이 네 개

"너희가 보는 것을 보는 눈은 복 되도다."
〈누가복음 10:23〉

'상법(相法)'에는 '눈을 보는 법'인 '안신칠법(眼神七法)'이 있습니다. ① 눈빛이 감춘 듯 어둡지 않은 눈(藏而不晦장이불회). ② 편안하지만 어리석지 않은 눈(安而不愚안이불우). ③ 눈빛이 발한 듯하나 밖으로 드러나지 않은 눈(發不露발불로). ④ 맑은 눈이지만 메마르지 않은 눈(淸不枯청불고). ⑤ 온화하지만 힘이 있는 눈(和而不弱화이불약). ⑥ 화난 듯해도 싸우지 않는 눈(怒而不爭노이부쟁). ⑦ 강한 듯하나 외롭지 않은 눈빛(剛而不孤강이불고) 등입니다.

《금강경》에는 '사물을 보는 눈 다섯 가지[五眼오안]'를 말합니다. ① 육신의 눈, 육안(肉眼). ② 지옥 등의 삼천대천(三千大千) 세계를 볼 수 있는 천안(天眼). ③ 지혜의 눈, 혜안(慧眼). ④ 중생을 제도하는 법안(法眼). ⑤ 궁극적인 눈, 불안(佛眼)을 말합니다. 이 중 육안을 제외한 '천안·혜안·법안·불안'은 마음으로 보는 눈입니다.

그리스도인에게는 '믿음의 눈'인 '신안(信眼)', '영적인 눈'인 '영안(靈眼)'이 있습니다.

하나의 얼굴에 네 개의 눈을 그린 초상화들이 있습니다. 두 개의 눈만으로는 모자라서 두 개를 더 붙여서 그렇게 사물을 주시했다는 뜻일 것입니다. 한자를 처음으로 창제했다는 중국 고대의 '창힐(蒼頡)'의 얼굴에는 눈이 4개가 있습니다. 눈 4개로 치밀히 관찰하여 한자를 창제할 수 있었다고 본 것입니다.

국립박물관이 1999년도 '올해의 작가'로 선정한 화가 '김호석'은 조선조 명재상 황희 정승의 눈을 4개로 그렸습니다. 아래쪽의 두 눈은 본래 가지고 있었던 순정어린 눈이고, 위쪽의 두 눈은 핏발을 세운 채 혼탁한 우리를 매섭게 바라보고 있는 구도로 그렸다고 합니다.(《신동아》 558호)

'구원의 세계'는 할례 받지 못한 '안·이·비·설·신·의(眼耳鼻舌身意)'로 형성된 육신의 안목(眼目)이 아니라 영안(靈眼)으로 바라보는 신안(信眼)에 의해서만 이를 수 있는 길입니다. 예수 믿는 사람을 핍박하여 교회를 잔멸하려고 다메섹으로 급히 가던 '사울'이 다메섹에 가까이 이르렀을 때, 홀연히 하늘로부터 빛이 그를 둘러 비취자 사울은 땅에 엎드러졌습니다. 그때 예수님의 음성이 들려 왔습니다. '주여, 누구시니이까?' 이르시되, '나는 네가 핍박하는 예수니라.' 사울이 땅에서 일어나 눈을 떴지만 아무것도 보지 못하는 눈이 되어버렸습니다. 사흘 후에 '아나니아'라는 주의 제자가 사울이 머무는 곳에 이르러, '사울아, 다메섹의 길에서 네게 나타나셨던 그 예수님이 나를 보내서 너로 다시 보게 하시고 성령으로 충만하게 하신다'고 하며 사울에게 안수했더니, 사울의 눈에서 비늘 같은 것이 벗겨지고 다시 볼 수 있게 되었습니다. 정욕의 안목, 교만한 눈, 육안(肉眼)에 덕지덕지 붙어 있는 비늘 같은 것이 벗어지고 신령한 눈, 믿음의 눈이 열린 것입니다. 그제야 진리를 볼 수 있는 눈이 열렸습니다. 핍박하던 예수가 아니고 구세주 예수를 만나 보게 되었습니다. 이후 사울은 소아시아와 터키와 그리스,

로마에 까지 가서 복음을 전하는 전도자가 되었습니다.

신약성경의 절반에 해당되는 바울서신들은 모두 바울의 저술들입니다. 신학자들은 2천년 그리스도교(기독교) 역사상 예수 그리스도를 가장 잘 이해하고 가장 충성한 인물로 바울을 꼽고 있습니다.

전도에 진력하다 체포되어 유대에서 로마로 향하는 그를 태우고 가는 배를 '아놀드 토인비' 교수는 '이 배는 유럽을 싣고 있다'고 높이 평가했습니다.

〈사도행전〉 본문의 '다시 보게 된지라'의 '다시'는 '위엣 것을 다시 보게 되었다'는 말입니다. 땅 아래 탐욕과 정욕의 세계가 아니라 주님의 세계를 보는 눈으로 거듭났습니다.

'우리가 다 수건을 벗은 얼굴로 거울을 보는 것 같이 주의 영광을 보매 그와 같은 형상으로 변화하여 영광에서 영광에 이르리라'(고린도후서 3:18)

'모세는 120세에 죽었으나 그 기력과 눈이 흐려지지 않았습니다.'(신명기 34:7)

〈오홍석 목사〉

....
- 顔: 얼굴 안 / ■ 四: 넉 사 / ■ 目: 눈 목

일엽지추

一葉知秋

|

낙엽 한 잎 떨어지네, 가을이로구나

"너희 생명이 무엇이냐? 너희는 잠깐 보이다가 없어지는 안개니라."
〈야고보서 4:14〉

"일엽지추(一葉知秋)"는 "一葉落兮(일엽락혜) 知天下之秋(지천하지추)", 곧 "낙엽 한 잎 떨어지니, 가을임을 알겠노라"의 줄임말입니다.

옛 시에 이런 시가 있습니다.

못가 봄풀의 꿈을 아직 깨지 못했는데
어느덧 섬돌 앞 오동에는 벌써 가을 소리 들리누나.

未覺池塘春草夢(미각지당춘초몽)
階前梧葉已秋聲(계전오엽이추성).

'어거스틴'이 성경을 연구하다가 잠이 들었습니다. 아이 하나가 바닷가에서 조개껍질로 모래에 바닷물을 퍼 담고 있었습니다. "얘야! 뭐하니?" "바닷물을 다 퍼서 바다를 말려 보려구요!"

바로 그 순간, 어거스틴은 "조그만 지식으로 측량할 수 없는 하나님의 세계를 탐색하는 일은 마치 조개껍질로 바닷물을 퍼내는 것과 같구나!"라고 크게 깨달았습니다.

성경은 인생의 모습을 다음과 같이 묘사했습니다.

인생은 '꽃과 같이 자라나서 시들며, 그림자같이 지나가며'(욥기 14:2), '꿈같이 지나가며, 환상처럼 사라지는'(욥기 20:8), '한 뼘에 지나지 않는 존재'라고 했습니다. '안개'(야고보서 4:14)요, '연기'(시편 102:3)와 같은 인생입니다.

1970년대에, 유행하던 노래 중에 "바보처럼 살았군요"라는 유행가가 있습니다. '이종용'이라는 가수가 불러 인기를 얻었던 노래입니다. 그는 대마초를 피우다 적발되어 영어(囹圄)의 몸이 되었습니다. 그가 수감 생활을 할 때에, 수감 중에 만난 한 사형수가 이종용 가수에게 예수 믿기를 권하면서, 하나님의 일을 하고 자기 몫까지 살아 달라는 유언을 남기고 세상을 떠났습니다. 이 일로 그는 회개하고 예수님을 영접했습니다.

그는 지난날을 회고하며, '내가 정말 바보처럼 살았구나!' 회개하고 개심하여 신학을 공부하고 목사님이 되어 새 사명으로 살아가고 있습니다.

우리의 이 세상의 삶이 '일장몽' 같을지라도 예수님을 구주로 영접하고 그의 뜻을 따라 살면 영생을 누리게 됩니다.

창밖에 떨어져 우수수 흩날리는 낙엽 한 잎을 보면서, 인생의 의미를 생각해 봅니다.

- 一 한 일 / ■ 葉: 잎 엽 / ■ 知: 알이지 / ■ 秋: 가을 추

일이신지

一以信之

|

한결 같은 믿음으로

"우로나 좌로나 치우치지 말라. 그리하면 어디로 가든지 형통하리니"
〈여호수아 1:7〉

처음에 먹었던 마음을 끝까지 지키는 것은 그리 쉬운 일이 아닙니다. 시작할 때 단단히 마음을 먹었던 결심이 사흘도 가지 않아 변하고, 일의 중간에 그만 두는 경우를 종종 보게 됩니다.

'공자'는 '일이관지(一以貫之)'를 말했습니다. "나의 도(道)는 오로지 한 길로 관통한다(吾道一以貫之오도일이관지)"는 말입니다.

필자는 '貫(관)'을 '信(신)'으로 대체해 보았습니다. "믿음 하나로 일관한다"는 뜻입니다. "의인은 오직 믿음으로 살리라(로마서 1:17)"고 했습니다. 종교개혁자들은 '오직 믿음(Sola fidei)'을 슬로건으로 내걸고 개혁에 투신하였습니다.

감리교의 한국 선교 초기 강화도에는 성(姓)이 각각 다른데도 이름을 일제히 '한 일(一)자'를 돌림자로 개명(改名)한 신앙 운동가 70여 명이 있습니다.

이러한 개명 운동이 일어난 시기는 1893-1894년경에 시작되었으나 십수 년 후의 인물에서도 '한 일(一)자' 이름을 쓰는 사람들이 있는 것으로 보아 1회적 사건은 아니었습니다.

그들이 '한 일(一)자' 돌림자로 개명한 이유는 이렇습니다. ① 그리스도

안에서 한 형제이다. ② 한 마음으로 주를 따르자. ③ 변치 말고 한결같이 정진하자. ④ 일편단심 주를 섬기자는 뜻에서 그렇게 했습니다.

　조선조 봉건주의적 씨족사회에서는 항렬(行列, 돌림자)을 매우 중시 여겼습니다. 그 항렬을 통하여 문중의 기강을 세우고 촌수를 따져 윤례의 기본을 삼았습니다. 기독교가 전래된 초기에 강화도 교인들이 그런 전통적 항렬 유습을 적극적으로 수용하여 '한 일(一)자' 항렬 개명 운동을 전개한 것은 동서고금에 유래 없는 희한한 일로 강화도 신앙의 주체성을 나타낸 토착적 신앙행태입니다.

　이들 70여 명의 '한 일(一)자' 돌림자 복음운동가들은 전국각지에서 복음 전파에 크게 헌신하였습니다. 그 중 '박현일'은 1911년 4월 복음의 황무지인 '울릉도'에 가서 1년 동안 전도하여 세 곳에 교회를 세우고 100여 명의 감리교인들을 전도했습니다.

　'박현일·종순일·허진일·최족일·김경일·윤희일·권신일'은 '영종도·덕적도·장봉도·용유도·시도·신도·영흥도·대부도·영종도·삼목도·교동도' 등 중부 서해안 도서(島嶼) 지역에 수 십 개의 교회를 세웠습니다. 특히 '박현일'과 '허진일'은 덕적도 우포해변에 둑을 쌓아 농사짓는 땅을 만들어 굶주린 주민들의 식량난도 해결해 주어 주민들의 삶을 윤택하게 하였고, 초기 한국교회의 기반을 든든하게 세워나갔습니다.

　'일이신지(一以信之)'의 믿음으로 살아간 빛나는 전도자들이었습니다.

■ 一: 한 일 / ■ 以: 그럼으로써 이 / ■ 貫: 꿰뚫을 관 / ■ 之: 갈 지, 그것 지

일일우신

日日又新

|

날마다 새롭고 또 새롭게

"내가 만물을 새롭게 하노라."
〈요한계시록 21:5〉

　새해 첫 날을 한자로는 '원단(元旦)', 또는 '원정(元正)', '세수(歲首)', 또는 '연수(年首)'라고 합니다. 우리말 '설'은 그 뜻의 유래에 몇 가지 설이 있습니다. ① 하나는, '세월이 가는 게 서럽다'는 뜻에서 '설'이라고 하고, ② 또 하나는, '조심해서 살살 살아가라'는 뜻에서 '설'이 되었다고도 하고, ③ 또, '햇살처럼 솟아나라'는 데서 유래했다고도 합니다.

　성경에는 정월 초하룻날 많은 일들이 있습니다. ① 노아의 대홍수는 설날에 그쳤습니다(창 8:1). 죄악이 가득했던 옛 세상을 깨끗이 청산하고, 구원의 새 역사가 시작된 날입니다. ② 다음으로, 설날에 장막을 완성하였고(출 40:2), 성전을 성결케 했습니다. 종교개혁자들은 '교회는 항상 새로워져야 한다(Ecclesia samfer Reformanda)'고 외쳤습니다. ③ 그리고 이 날에 죄를 속량(贖良) 받는 '속죄제'를 드렸습니다(에스겔 45:18). 그리고 또, 이날 바벨론의 포로생활을 떠나 예루살렘으로 향하는 일이 있었습니다. 정월 초하루는 이렇게 새 출발을 하는 날입니다.

고대 중국 은(殷)나라의 '탕왕(湯王)'은 '날마다 날마다 새롭게, 또 새롭게 (日新 日日新 又日新)'이라는 명문(銘文)을 새겨놓고 날마다 그 구절을 묵상하고, 또 실천하여 마침내 성군이 되었습니다. 그 일곱 자로 된 탕왕의 명문을 필자가 '일일우신(日日又新)'이라고 줄인 것입니다.

'어거스틴'은 젊은 시절 한때 방탕한 생활을 했습니다. 그리고 이단인 '마니교'에 9년 동안이나 깊이 빠져 지냈습니다. 아들의 방탕함에 그의 어머니 '모니카'는 눈물의 기도를 그치지 않았습니다.

그러던 어느 날, 친구인 '알피스'의 집에 놀러 갔다가 창밖에서 아이들의 노래 소리를 들었습니다. "톨레 레게, 톨레 레게(들어 읽어 보아라)!" 이 짧은 노래가 귓가에 울릴 때, 그는 급히 옆에 놓여있는 성경을 펼쳐 보았습니다. "낮에와 같이 단정히 행하고, 방탕과 술 취하지 말며, 음란과 토색하지 말며, 오직 예수 그리스도로 옷을 입고 정욕을 위하여 육신의 일을 도모하지 말라"(로마서 13:3~4)는 말씀이었습니다. 그의 눈에서는 하염없이 눈물이 흘러내렸습니다. 마침내 그의 삶에 일대 전환을 가져오는 역사적인 회심을 맞이하게 되었습니다.

새롭게 살려면 3가지가 필요합니다.
① 첫째, 뚜렷한 목표, ② 둘째, 끊임없는 노력, ③ 그리고 성령의 도우심입니다.

죄악 가운데 살았던 옛 생활을 청산하고 새롭게 살기를 원합니다.

....
- 日: 날 일 / ■ 新: 새 신 / ■ 又: 또 우

일일일생

一日一生

|

하루하루가 모두 한 생애

"나는 날마다 죽노라."
〈고린도전서 15:31〉

옛 사람들은 사람의 출생을 '부정모혈(父精母血, 아버지의 알맹이[精]와 어머니의 피)'을 받아 태어난다고 했습니다. 그런데, 요즘에는 환경오염이 태아 형성에 좋지 않은 영향을 미쳐 덴마크 의사의 연구에 의하면 남자의 정액 숫자가 50%나 격감되고 있다고 합니다.

산모의 태중에서 조심스럽게 생장하고 열 달이 지나면 드디어 고고(呱呱)의 소리를 지르며 세상에 태어납니다. 아이의 첫 울음 '고고지성(呱呱之聲)'을 옛 시인은 "앞으로 살아갈 세상이 걱정스럽다고 울음을 터뜨리고 태어난다(生兒初哭萬愁墮생아초곡만수타)"고 했습니다.

'다석 유영모'는 '육당 최남선'이나 '춘원 이광수', '위당 정인보'도 크게 외경했던 철인(哲人)이었습니다. 다석은 하루하루의 삶을 귀중하게 여기며 일생을 하루하루로 계산하는 방식으로 삶을 표시했습니다. 사람이 3만 일을 살 경우 그것을 나이로 계산하면 82살 50일을 살아야 됩니다.

'톨스토이'의 나이도, 석가와 공자의 나이도, 최남선의 나이도 그렇게 계산했습니다. 김교신은 16,079일, 최남선은 24,639일, '시각장애인의 세종대왕'이라 불리는 '박두성'은 27,514일, '이승만'은 32,952일, 인도의 '네

루 수상'은 27,223일, '간디'는 28,608일, '헬렌켈러'는 32,116일을 살았습니다.

다석의 '일일일생(一日一生)'의 정신은 '하루에 한 삶', '일생(一生)'으로 삼고. 아침에도 저녁에도 부지런히 정진하는 '종일건건(終日乾乾)'의 삶을 살았습니다. 이러한 사상은 '씨ᄋᆞᆯ 함석헌'에게 그대로 전수되었습니다.

'노만 빈센트 필'은 매일 아침에 일어나 하루를 기도로 시작하고, '나는 믿습니다'를 외치면서 현관문을 나섰습니다. '아브라함 링컨'은 대통령 집무실에 출근하여 '모든 일이 내 뜻대로 결정되지 아니하고, 주님이 원하시는 길을 걸어 갈수 있게 하옵소서'라고 매일 매일 기도하고 집무를 시작하였습니다.

"소년은 늙기 쉽고, 학문은 이루기 어려우니(少年易老學難成소년이로학난성), 한 치의 세월도 소홀히 여기지 말라(一寸光陰不可輕일촌광음불가경)."

"누구든지 나를 따라오려거든 날마다 자기 십자가를 지고 나를 따를 것이니라."(누가복음 9:23)

- ■ 一: 한 일 / ■ 生: 날 생

임심이박

臨深履薄

|

깊은 연못에 다다른 듯이 살얼음판을 걷듯이

"아무 일에든지 다툼이나 허영으로 하지 말고 오직 겸손한 마음으로
각각 자기보다 남을 낫게 여기고"
〈빌립보서 2:3〉

충남 강경에 아담하게 솟아있는 옥녀봉에는 '임리정(臨履亭)'과 '팔괘정(八卦亭)'이 있습니다. 임리정은 조선 유학사에서 '예론'의 거두인 '사계(沙溪) 김장생'이 인조 4년(1626년)에 세운 정자이고, 팔괘정은 사계의 제자 '우암 송시열'이 세운 정자입니다. 그 바로 턱밑에는 조광조, 이황, 이이, 성혼, 김생, 송시열을 존숭하는 '죽림서원(竹林書院)'도 있습니다.

〈임리정기(臨履亭記)〉에 의하면, '임리(臨履)'는 '여리박빙(如履薄氷)'의 줄임말로 '살얼음을 밟듯이' 삼가 조심스럽게 인생을 살아가라는 처세의 교훈입니다. 이 말은 원래 《시전(詩傳)》·〈소아(小雅)〉·"소민(小旻)"에 "전전긍긍(戰戰兢兢) 여림심연(如臨深淵) 여리박빙(如履薄氷)", 곧 "두려워하고 경계할지라. 깊은 못에 다다른 듯, 살얼음 위를 걷듯!"에서 따온 말입니다(오세종, 《천자문 새 강해》, 75). 이 말을 4자로 압축하여 주흥사 《천자문》에서는 '임심이박(臨深履薄)'이라 교훈했습니다.

'경기도 서종면 양수리 마재'의 '다산 정약용' 고택에는 '여유당(與猶堂)'이라는 편액이 있습니다. "머뭇거리기는 마치 겨울날 시내를 건너듯(與兮若冬涉川여혜약동섭천), 두리번거리기는 마치 네 이웃을 두려워하듯 하라(猶兮若畏四隣유혜약외사린)"는 《도덕경》의 말입니다. 가톨릭에 관련되었다하여 전남 강진에서 귀양살이 18년을 보내고 폐족이 된 자신을 되돌아보며 스스로 삼가며 지은 당호(堂號)입니다.

한편, '임심(臨深)'은 '깊은 물을 내려다 보듯하라', '높은 자리에 앉아 있는 것은 지극히 위태롭다'는 뜻이 있습니다. 《공자가어(孔子家語)》·〈유행해(儒行解)〉에는 '깊은 연못을 내려다보며 높다고 생각하지 않는다(不臨深而爲高불림심이위고)'라 했습니다. 깊은 연못에 다다른 듯이, 살얼음판 위를 걷듯이, 조심스럽게 살고, 또 자고하지 말라는 교훈입니다.

수년 전 필자는 '삼필재(三筆齋)' 한문서당의 재생들과 강경에 가서 필자의 학우인 '강경역사문화연구원'의 윤석일 목사(강경제일교회)의 안내로 옥녀봉 임리정을 방문한 바 있습니다. 그때의 소감을 적어 보았습니다.

- 臨: 임할 림 / ■ 深: 깊을 심 / ■ 履: 밟을 리 / ■ 薄: 엷을 박

재이천견

災異天譴

|

재난은 하늘의 꾸짖음이다

"피 섞인 우박과 불이 나와서 땅에 쏟아지매 땅의 삼분의 일이 타 버리고
수목의 삼분의 일도 타 버리고 각종 푸른 풀도 다 타 버렸도다."
〈요한계시록 8:7〉

    2008년 중국 '쓰촨성[四川城]'에서 참혹한 대지진이 발생했습니다. 5월 12일 '석가 탄생일' 오후 2시 28분 쓰촨성 '원촨[汶川]'에서 발생한 그 지진으로 사망자가 4만 75명, 부상자 23만 명에 이른다고 중국정부가 발표했고, 신화통신은 추가로 실종자가 32,000명, 그리고 집을 잃고 거주할 곳을 찾는 이재민이 500만 명 이상이었습니다. 312만 8천 채의 가옥이 붕괴되고, 1560만 9천 채가 피해를 입었으며, 그 밖에도 교통·전력·통신·수도 등의 인프라도 심각한 손실을 입어 그 피해액이 우리 돈으로 약 22조 원을 넘는 것으로 보았습니다. 인구 6만의 '한왕진(漢旺鎭)' 마을은 사라져 버렸고, 가옥 90%가 붕괴된 '베이촨(北川) 현'은 너무 많이 파괴되어 마을을 다른 곳으로 통째로 이사할 계획이라고 합니다.

    쓰촨성 대지진의 발생 원인으로 히말라야 산맥을 끼고 있는 '인도판'과 '유라시아판'의 충돌에 따른 발생이라고 설명하기도 하고, 거대한 '샨샤 댐' 건설로 인한 인공적 원인이라고 설명하는 이도 있습니다. 이는 인간이 환경을 파괴한 그 대가로 받은 자연의 분노 즉 환경을 통한 재앙입니다.

'전한(前漢)'의 '동중서'는 "천자(天子)'가 부덕(不德)하면 하늘은 재해를 내리고, 이어서 괴이(怪異)를 내린다"고 주장했습니다. 《묵자》·〈상동중(尙同中)〉에도 "재이(災異)는 하늘이 내린 벌", 곧 '재이천견설(災異天譴說)'이라 했습니다. '재이천견설'은 초기에는 천자 한 사람에게만 그 발생 책임을 묻는 경향이 강했지만, '동중서'는 재이발생의 책임소재를 황후나 외척, 신하에게도 있다고 주창하여 경각심을 불러 일으켰습니다.

우리의 옛 사서인 《삼국사기》, 《고려사》, 《조선왕조실록》, 《증보문헌비고》 등의 사료에 1,800회 이상의 '고(古) 지진'이 발생한 기록이 있습니다. 근세에도 '지리산 쌍계사 지진(1936. 7. 4.)'을 비롯하여 '속리산 지진(1978. 9. 16.)', '홍성 지진(1978. 10. 7.)'과 '영월 지진(1996. 12. 13.)'과 '경주(2016. 9. 12.)·포항(2017. 11. 15.)의 지진' 등이 국민들의 가슴을 놀라게 하고 했습니다.

고려후기에 이르러 '모든 재이는 정치과정에서의 도덕적 결함, 특히 임금의 도덕적 결함에서 발생하는 것이라'는 '재이천견설'이 확립되었습니다.

재난이 올 때, 자연계의 생물들이 미리 예지하고 대처합니다. 2008년 '쓰촨성 대지진' 당시에도 '쓰촨성'의 이웃지역인 '구이저우[貴州]성' '쭌이[遵義]시' '퉁쯔[桐梓]현'에서는 지진발생 사흘 전부터 수십만 마리의 두꺼비 떼가 이동하는 현상이 있었다고 합니다.

우리도 자연계의 이상한 현상을 유심히 관찰해야 하지 않을까요?

■ 災: 재앙 재 / ■ 異: 다를 이 / ■ 譴: 꾸짖을 견

적선여경

積善餘慶

|

선을 쌓으면 경사가 있으리라

"선을 행하되 낙심하지 말지니 포기하지 아니하면 때가 이르매 거두리라.
우리는 기회 있는 대로 모든 이에게 착한 일을 하라."
〈갈라디아서 6:9~10〉

《명심보감》 첫 머리에 '적선여경(積善餘慶)'이라는 말이 있습니다. "선한 일을 많이 하는 집안에는 경사가 많고, 나쁜 짓을 많이 하는 집안에는 재앙이 많다(積善之家적선지가 必有餘慶필유여경 積不善之家적불선지가 必有餘殃필유여앙)"는 말을 네 글자로 압축해 놓은 문구입니다. 주흥사《천자문》에도 나오는 말입니다. 원래는 《주역》·〈곤괘〉에 나오는 말을 《명심보감》에서 인용한 것입니다.

'명(明)나라'의 '원료범(袁了凡)'은 임진왜란 때 '이여송 장군'을 따라 함경도에 와서 전투를 하고 간 사람입니다. 원료범이 태어났을 때 지나가던 한 점쟁이가 "이 아이는 일찍 죽을 것"이라는 예언을 했습니다. 뜻밖의 걱정을 만난 부모들은 정성을 다해 기도를 드렸습니다. 그런데 그날 밤 꿈에 천사가 나타나 "좋은 일을 많이 하면 목숨이 연장될 것이오!"하고 사라졌습니다. 그 때부터 원료범은 적극적인 적선을 시작했습니다. 하루에 1가지씩 좋은 일을 하면 1년이면 365가지, 10년이면 3,650가지가 되니, 10년을 목표로 "3,000가지 좋은 일을 해 보자!"는 목표를 세우고 구체적으로 실천하기 시작했습니다. 그리하여 10년 동안 3,000가지의 좋은 일을 하여, 방방곡곡에 원료범의 선행에 대한 소문이 자자하게 퍼졌습니다. 일이 그렇게 되자 마침내, 황제의 귀에까지 그 소문이 들어가게 되었고, 황제는 그에게 높은 벼슬을 내렸습니다. 이에 원료범은 그치지 않고 내친 김에 좋은 일 10,000가지를 목표로 설정하고 그 선행을 위해 발 벗고 나섰습니다. 그러는 사이 그는 많은 사람의 칭송을 받으며 장수를 누렸습니다. 그 행적은 《음즐록(陰騭錄)》이라는 책에 기록되어 있습니다.

원료범의 실천한 선행규칙은 이렇습니다.
① 여인위선(與人爲善) ; 남과 더불어 좋은 일을 하자.
② 애경존심(愛敬存心) ; 사랑하고 존경하는 마음을 보존하는 노력을 게을리 하지 않는다.
③ 성인지미(成人之美) ; 남의 아름다운 것을 이루어지도록 한다.
④ 권인위선(勸人爲善) ; 남에게 착한 일하도록 권면한다.
⑤ 구인급위(救人急危) ; 남의 위급함을 구제한다.
⑥ 흥건대리(興建大利) ; 남에게 큰 이익을 주도록 한다.
⑦ 사재작복(捨財作福) ; 재물을 베풀어 나누어 준다.
⑧ 호지정법(護持正法) ; 진리를 수호한다.
⑨ 경중존장(敬重尊長) ; 어른을 공경하고 존중한다.
⑩ 애석물명(愛惜物命) ; 생명을 애석히 여기고 사랑한다.

원료범은 "남을 위한 만(萬)가지 선행은 결국 자기를 위하는 길이다."라는 명언을 남겼습니다. 진정한 봉사는 보답을 바라지 않는 섬김이어야 합니다. '은혜를 베풀었거든 보답을 구하지 말라(施恩勿求報시은물구보)'(《명심보감》)는 말이 그것입니다. 베푼 것에 대한 보답을 기대하는 것은 섬김이 아니라 교만이 될 수도 있습니다.

운명을 바꾸는 구체적인 방법이 있습니다. ① 적선(積善). ② 좋은 멘토를 만나는 일. ③ 말씀을 소리 내어 읽고 외우는 일(讀經). ④ 백경천도(百經千禱), 곧 성경을 100독 하고, 천 번 기도하는 일. ⑤ 그리고 그리스도를 구주로 영접하는 일입니다.

믿음은 운명을 바꿉니다.

....
■ 積: 쌓을 적 / ■ 善: 착할 선 / ■ 餘: 남을 여 / ■ 慶: 경사 경

조상신[鬼]의 수명(壽命)이 줄어들고 있다

"압살롬이 살았을 때에 자기를 위하여 한 비석을 마련하여 세웠으니,
이는 그가 자기 이름을 전할 아들이 내게 없다고 말하였음이더라."
〈사무엘하 18:18〉

선조의 기일이 되면 기독교에서는 추모예배를 드리기도 하지만, 전통의 례로는 조상신에게 제사를 지냅니다.

제사의 대상인 조상신은 무엇일까요? 고대의 예서(禮書)인 《주례》에서는 '천신(天神)·지기(地祇)·인귀(人鬼)' 3신(神)을 말합니다. '천신'은 '하느님' 곧 '상제(上帝)'를 말하고, '지기'는 '사직(社稷)' 따위의 '땅 귀신'을, '인귀'는 조상신을 말합니다. 인귀는 '귀(鬼)', 또는 '귀신(鬼神)'이라고도 합니다.

유교철학에서 인간구성의 요소는 '혼·백론(魂·魄論)'으로 설명합니다. 인간은 물론 삼라만상은 혼기(魂氣)와 체백(體魄)의 기(氣)가 '모이고 흩어지는 것(凝聚消散응취소산)'에 의해 생존하기도 하고 소멸된다고 봅니다. 혼(魂)에서 '云(운)'은 '구름[雲]', '공기', 곧, '천기(天氣)'를 말하며, '백(魄)'에서 '白(백)'은 아버지의 흰색 '정액(sperma)'을 나타냅니다. '혼'은 '청·령적(淸·靈的)'인 것으로 사람의 '영적', '정신적 요소'이며, '백'은 '탁·각적(濁·覺的)'인 것으로 뼈를 골격으로 한 '육체적인 요소'를 이룹니다.

유교철학에서는 '백'이 생기는 시점은 남녀가 '구합(媾合)'할 때 생성되는 것으로 설명합니다. 혼과 백에서 백(魄)이 혼(魂)보다 10개월 먼저 생성되며, 혼(魂)은 백(魄)보다 10개월 후에, 곧 태아가 자궁에서 나오며 첫 울음

을 울 때 호흡과 함께 천기(天氣)가 들어와 형성된다고 합니다.

　사람이 죽으면 진행되는 상례의 절차 중에서 '입관절차'에 이르면, '혼(魂)'과 '백(魄)'이 제 각기 자기 본래의 귀처로 이산합니다. '혼'은 천기(사당, 신주)로 돌아가고, 백(魄, 시신)은 관속에 입구(入柩)되어 상여를 따라 '무덤(지기)'으로 돌아갑니다. '혼승백강(魂昇魄降) 사상'입니다. 사람이 죽으면 산소에 하관을 하고 진혼제(삼우제)를 치르고, 여러 절차를 거쳐 부제(祔祭)를 치르며 혼령을 조상신에 반열에 모십니다. 그러니까 사자(死者)의 혼령은 사후 100일 가량이 되면 조상신이 된다고 보는 것입니다. 조상신은 영원불멸의 존재가 아닙니다. 사후(死後) 잔생(殘生)을 어느 정도 유지하다가 종국에는 모두가 다 촛불이 다 타면 소진되듯이 소멸된다고 합니다. 부조지전(不祧之典)의 혼백도 오랜 세월이 지나면 궁극에는 소진된다고 봅니다.

　조상신[鬼]의 잔명은 얼마나 유지되는 것일까요? 《주례(周禮)》에는 6대 120년을, '숙저자(叔苴子)'는 '5대가 지나면 없어지지 않는 혼백이 없다(無五世不盡之魂무오세불진지혼)'고 하여 5대 100년을, '주자(朱子)'는 4대 80년을 말했습니다. 그런데, 고려 말의 '정몽주'나 조선조의 헌법인 《경국대전》은 신분의 차이를 따라 그 제사하는 연대수를 제한했습니다. 6품 이상의 조상에게는 3대(60년)를, 7품 이하는 2대(40년), 서민은 부모만 제사하라(20년)고 했습니다. 하지만 백성들은 그 제한 규정을 준수하지 않고, 거의가 4대 봉사를 거행했습니다. 근래의 '가정의례준칙'에는 2대 제사(50년)로 국한하고 있습니다. 이것이 전통제례의 내세관입니다. 조상신의 수명은 이처럼 후대에 이를수록 점점 줄어들어 왔습니다.

　그리스도의 구원은 세상의 선악행적과 지위부요에 관계없이 믿음여부에 달려있습니다.

....

■ 鬼: 귀신 귀, 영혼 귀 / ■ 壽: 목숨 수 / ■ 命: 목숨 명

줄탁동시

啐啄同時

|

안에서 주도적으로 쪼고
밖에서 협조하여 알에서 나온다

"두 사람이 땅에서 합심하여 무엇이든지 구하면 하늘에 계신
내 아버지께서 그들을 위하여 이루게 하시리라."
〈마태복음 18:19〉

　닭은 먹이를 위해 땅을 99번 헤집는다는 속설이 있습니다. 닭은 종일토록 흙을 뻐리적거리면서 지냅니다. 그런데 일단 알을 품으면 하루 동안을 모이를 먹지 않고 지냅니다. 어미닭이 둥지를 자주 떠나면 온도를 유지할 수 없기 때문에 좋은 병아리가 나오지 않습니다.
　먹은 것을 배설할 때에도 꾹 참고 있다가 하루 한 번 둥지에서 나와 한 번 먹고 한 번을 배설합니다. 그때의 배설물은 알 만큼이나 굵직합니다. 둥지를 빈번히 들락날락거리면 병아리의 발육이 좋지 않아 병신이 생기거나 또는 나와 보지도 못하고 알 속에서 죽는 경우가 허다합니다. 이를 중사(中死)라고 합니다.
　닭이 알을 품은 지 21일이 되면 병아리가 알에서 나옵니다. 이때 병아리는 알 안에서 밖으로 나오려고 부리로 계란을 쪼고, 어미닭이 계란껍질을 밖에서 품어주고 굴려주는 일을 하면 병아리가 부화할 수 있습니다.
　이때 알 속의 병아리가 안에서 주동을 하고, 어미 닭은 밖에서 새끼를

부르는 소리를 내서 보조하는 정도로 협조합니다. 이를 사자성어로 '줄탁동시(啐啄同時)'라고 합니다. 이 성어(成語)는 '놓쳐서는 아니 될 기회'라는 뜻으로 사용되고 있습니다.

많은 사람들이 '줄탁동시' 성어를 즐겨 사용하고 있습니다. 그런데 대부분의 경우 계란을 쪼을 때 어미 닭이 주도적으로 쪼아서 병아리가 나오는 것으로 설명하고 있는데 이는 잘못 설명하고 있습니다.

필자(오세주 목사)는 17살 되던 농업고등학교 1학년 어린나이에 계란을 병아리로 부화시키는 '부란기(孵卵器)'를 형님(오세도 목사)과 직접 제작한 적이 있습니다. 이 기계 속에 300개의 계란을 한 번에 넣고, 21일을 관리하여 그 중 85%의 병아리를 부화시키는데 성공한 적이 있습니다. 이렇게 부란(孵卵)의 실전을 통해서 '줄탁동시'의 과정을 정확히 경험해 보았습니다.

계란 속의 병아리는 21일이 되면 스스로 계란의 겉껍질을 깨고 밖으로 나옵니다. 병아리가 알속에서부터 깨고 나오기를 시작하면 40분~50분 정도 걸려서 밖으로 나옵니다. 이때 병아리가 몸부림치는 광경을 안쓰럽게 여기고 어미닭이 주둥이로 계란껍질을 까주거나, 사람이 까주면 그 병아리는 오래 살지 못하고 죽어버립니다. 힘들고 어려워보여도 스스로 까고 나오도록 기다리며 제 스스로 까고 나와야 건강한 병아리로 성장하게 됩니다. 병아리가 까고 나오는 과정에서 어미닭이 할 수 있는 것은 21일 동안 온도와 습도를 맞춰주고, 계란을 굴려주고. 공기를 순환시켜주면서 알속에서 병아리가 잘 성숙 되도록 도와주는 일입니다.

'줄탁동시' 성어는 사제지간의 관계나 의사와 환자와의 관계를 이야기 할 때에도 많이 적용하고 있습니다. 스승이 아무리 잘 가르쳐도 안에 있는 병아리 같은 학생이 스스로 주도적으로 탐구하지 않으면 학문은 성취되지 못합니다. 또한 환자의 경우에도 좋은 의사의 치료를 받아도 환자 자신이 적극적인 노력이 있어야 그 병에서 쉬이 일어설 수 있는 것입니다.

알 속의 병아리는 때가 되면 누구의 도움 없이 스스로 출산하기 위한 고통을 겪어야 합니다. 남에게 의존하려 하지 말고 스스로 살아가려 하는 자가 건강하게 살아 갈 수 있습니다.
〈오세주 목사〉

- 啐: 안에서 쪼을 줄/ ■ 啄: 밖에서 쪼을 탁 / ■ 同: 한가지 동
- 時: 때 시

지과위무

止戈爲武

|

창[戈]을 멈추는[止] 것이 무(武)이다

"전쟁하는 활도 끊으리니"
〈스가랴 9:10〉

우리나라에는 처처에 무술 도장이 있습니다. 그래서 어려서부터 태권도 · 택견 · 당수도 · 검도 · 합기도 · 십팔기 · 권투 · 유도 · 격투기 등을 배우며 자랍니다. 그래서 우리 국민은 웬만하면 유단자 단증을 갖고 있습니다. 단재 신채호는 《조선상고사》에서 "우리나라 송도의 수박(手拍)이 중국으로 건너가 권법이 되었고, 일본으로 건너가 유도가 되었다"고 했습니다.

원래 전통 무술도장에서는 일권필살(一拳必殺) 격투술을 먼저 가르치지 않습니다. 일본 메이지유신 이후에는 싸움기술이었던 검술 · 유술 · 당수 · 수박희 등의 무술에 '도(道)'자를 붙여서 격투기가 아니라 일종의 도(道)와 같은 것이라는 표시를 하려고 했습니다. 따라서 도장에서는 "기예를 배우기 전에 먼저 예를 알아야 하고, 무예를 익히기 전에 먼저 덕을 밝혀야 함 (未曾學藝先識禮미증학예선식례 未曾習武先明德미증학습선명덕)"을 가르쳤습니다. '이소룡'에게 송판 깨는 기술을 가르쳐 준 미국 태권도의 대부 '이준구 사범'은 유단자가 되려는 자에게 '먼저 사람 되기'를 권합니다. 공부, 인품의 함양, 효도심이 그것입니다. 문(文)을 경시하고 격투술에만 전념하면 포악

자가 되기 쉽고, 문(文)에만 치우쳐 무예를 경시하면 꽁생원이 되기 쉽기 때문입니다.

경남 통영에는 '수군통제영'의 '세병관(洗兵館)'이 있습니다. 선조 36년에 건축하기 시작한 통제영인데, 일제강점기에 대부분 훼손되었습니다. 광복 후 '정동제일교회 문화재예배당'을 리모델링을 한 윤남순 사장이 세병관 중수(重修) 작업을 맡아서 시행했습니다.

세병관 정문의 편액이 '지과문(止戈門)'입니다. '지과(止戈)'란 '무(武)'자를 파자(破字)한 글자이며, '지과위무(止戈爲武)'는 《좌전(左傳)》에 나오는 말입니다. '창[戈]의 공격을 멈추라[止]'는 뜻입니다. 무(武)의 최고 경지는 창과 공격, 전투, 싸움을 그치는데 있습니다. 함부로 깝신거리며 주먹을 휘두르지 말라는 교훈입니다.

'한산대첩'의 영웅 이순신 장군의 흔적이 남아 있는 통제영으로 들어가는 정문 편액이 '지과문'인 것은 싸움을 그치고 평화를 지향한다는 뜻입니다. 하수(下手)는 힘으로 이기고, 상수(上手)는 도(道)로 이깁니다. 《손자병법》에도 "백전백승이 최선이 아니고, 싸우지 않고도 굴복시킬 수 있는 것이 최선(不戰而屈人之兵부전이굴인지병 善之善者也선지선자야)"이라고 했습니다.

영국 최고의 검객으로 꼽히는 '오말'이라는 고수가 평생을 앙숙으로 지내온 라이벌과 겨루었습니다. 일전을 겨루는 현장에서 그의 적수는 말에서 떨어지는 치명적 실수를 범했습니다. '오말'이 찌르지 않고 동작을 멈추자, 적수는 신경질을 부리며 '오말'의 얼굴에 침까지 뱉었습니다. 그 때 '오말'은 칼을 칼집에 꽂으며 이렇게 말했습니다. "나는 화났을 때에는 검을 쓰지 않습니다."

'뉴욕'의 '유엔본부' 앞마당에는 매우 인상적인 조각물이 서있습니다. 권총의 총구를 비틀어 놓은 모양의 조각상입니다. 스위스 제네바의 '올림픽 박물관' 입구에도 총신을 비틀어 매듭처럼 만들어 놓은 조각상이 서있습니다. 총성 없는 평화의 세상을 이루어나가자는 뜻입니다.

초(楚)나라 '초자(楚子)'는 '무(武)'의 덕목으로 ① 난폭함의 금지[禁暴금폭], ② 무기를 거둬들임[戢兵집병], ③ 화합[和衆화중]과 평화[安民안민]를 제시했습니다.

예수님은 제자가 내리친 칼날에 귀가 떨어져 나간 '말고'의 귀를 붙여 주시며 제자에게 이렇게 말했습니다.

"네 칼을 도로 칼집에 꽂으라. 칼을 쓰는 자는 다 칼로 망하리라." (마태복음 26:52).

....
- 止: 그칠 지 / ■ 戈: 창 과 / ■ 爲: 할 위, 될 위 / ■ 武: 호반 무

지과필개

知過必改

|

잘못을 알았으면 반드시 고쳐라

"하늘에 계신 너희 아버지께서 완전하심과 같이 너희도 완전하여라."
〈마태복음 5:48〉

주흥사 《천자문》에는 "지과필개(知過必改)"라는 구절이 있습니다. "잘못을 알았거든 반드시 고쳐라"는 뜻입니다. 이 말을 그리스도교의 신앙내용으로 뜻을 새겨보았습니다.

오늘날 기독교의 위기는 '믿기만 하면 된다'는 만병통치 교리 때문입니다. 이는 바울의 로마서를 전체 맥락에서 파악하지 못하고 몇몇 자구에 사로잡힌 오류 때문입니다. 바울은 본래 자기 의를 성취하기 위한 치열한 삶의 과정 중에 하나님의 의 앞에 굴복했다고 고백한 것을 믿음이라고 하였습니다.

당연히 바울이 예수를 만난 이후에도 얼마나 사랑의 왕국을 이루기 위해 철저하게 자신과 싸우며 삶을 불태웠는가를 깨닫는다면 함부로 쉽게 싸구려 은혜와 믿음을 들먹이지는 못할 것입니다.

그리스도 신앙이란 무엇인가? 나 밖을 향하여 온갖 힘을 다해 타자를 정복하는 종교가 아니요, 정복하고 극복하는 대상은 나 자신이요, 밖으로는 오직 사랑만 내보내는 종교가 예수를 따르는 그리스도 신앙입니다. 적어도 초대교회 300년 동안은 이러한 사랑의 왕국을 예수님께 물려받았으나, AD 4세기에 기독교가 세상권력을 취하고부터는 세상 밖을 향해서도 온갖 권력을 휘둘렀습니다. 뿐만 아니라 기독교 내부의 다양하고 진실한 삶을 향해서도 교권을 휘둘러서 정통을 사수한다는 명목 하에 예수와는 전혀 다른 곁길로 나갔습니다.

이렇게 무섭고 잘못된 흐름은 십자군 전쟁이나 아메리카 원주민 학살 등을 거쳐서, 오늘날까지도 교회 안에서 종종 나타나는 폭력현상으로 곳곳에 드러나고 있음은 참으로 불행한 일이 아닐 수 없습니다.

기독교가 처음 동아시아에 들어왔을 때, 동양의 지식인들은 기독교가 대중적이기는 하나 도의 깊이가 없다고 오해하였습니다. 왜냐하면 동양의 종교는 한결같게 인간 내면의 수양과 삶을 기본으로 한다는 덕목이 있었기 때문입니다. 그러나 그것은 본래의 기독교를 몰라서 하는 평가입니다.

'바울'은 "우리의 씨름은 혈과 육이 아니라 하늘의 악한 영(에베소서 6:12)"이라 했으며, "내가 이미 얻었다 함이 아니라 예수께 잡힌바 된 그것을 잡으려고 좇아가노라(빌립보서 3:12)" 하였습니다. 심지어 진리의 길을 걷기 위해 "나는 날마다 죽노라(고린도전서 15:31)" 하였습니다. 단지 차이가 있다면 전에는 자기 의를 이루기 위한 씨름이었다면, 이제는 하나님의 의, 사랑의 왕국을 이루기 위해 허물을 고치는 자기 욕망과의 싸움이라는 점입니다.

동양고전인 주흥사 《천자문》에 나오는 '지과필개(知過必改)!' 이 구절을 그리스도인의 새로운 마음으로 되새겨 보기를 권합니다. 이 교훈은 '그리스도인의 완전'을 이루라는 주님의 명령과 통하는 말씀입니다.

〈한규준 목사〉

....

■ 知: 알 지 / ■ 過: 허물 과, 지날 과 / ■ 必: 반드시 필 / ■ 改: 고칠 개

지령총증

智齡寵增

|

지혜도 자라고 은총도 더하고

"예수는 지혜와 키가 자라가며 하나님과 사람에게
더욱 사랑스러워 가시더라."
〈누가복음 2:52〉

　많은 이들이 '유대인은 우수하다'는 말을 합니다. '아인슈타인'을 비롯하여, '프로이트', '토마스 만', 미국 국무장관을 역임한 '키신저' 등 이루 헤아릴 수 없을 정도로 기라성 같은 인물들의 상당수는 유대인 출신입니다. 노벨상 수상자의 20%, 세계 100대 은행가의 80%, 세계적 사상가, 문학가, 철학자, 신학자, 과학자 등의 75%가 유대인입니다. 유명한 음악인 '번스타인', '카를로스', '베토벤', '모차르트' 등, 세계 유명 음악인의 83%도 유대인 출신입니다. 그들이 이렇게 우수한 민족이 된 원인으로 어릴 때부터 부모가 가르친 '쉐마'(신명기 6:4~9)의 교육에서 찾고 있습니다.

　이스라엘 '하이파' 출신 '루스 실로'가 지은 '유대인의 천재교육'에는 이와 같은 내용들이 수록되어 있다. ① 똑똑한 아이보다 개성 있게 키울 것. ② 질문은 많이 하는 아이로 키워라. ③ 물고기 한 마리를 주면 하루를 살지만, 물고기 잡는 법을 가르쳐 주면 평생을 살 수 있다. ④ 공부는 꿀처럼 달고 맛있는 것이다. ⑤ 모방할 만한 아버지상을 만들어라. ⑥ 형제간에 비교하지 마라. ⑦ 언어 학습은 어릴수록 유리하다. (어려서 한문 공부를 시켜라.) ⑧ 나쁜 감정으로 잠들지 않게 하라. ⑨ 놀 수 있을 때 충분히 놀게 하라. ⑩ 대가족을 경험하게 하라. ⑪ 적선을 가르쳐라. ⑫ 선물을 줄 때는 돈으로 주지 마라. ⑬ 사랑의 회초리는 필요하다. ⑭ 돈 쓰는 것보다 먼저 저축하는 습관을 가르쳐라. ⑮ 노인을 공경하게 하라. ⑯ 용서하는 법을 가르쳐라. ⑰ 추상적 사고는 하나님께 대한 생각에서 비롯된다. ⑱ 족보를 가르쳐라 등의 격언입니다. (권혁철 역, 《유태인의 천재교육》).

우리는 아기가 출생하여 만 1년이 되면, '돌잡이잔치'를 합니다. 한자로는 시주(試周), 시아(試兒), 시수(試晬)라고 합니다. 돌잡이 잔치에는 쌀, 과일, 떡, 책, 붓, 돈, 활, 실 따위를 큰 상에 차려 놓고, 돌을 맞는 아기에게 자기 마음대로 잡게 합니다. 그 집는 물건을 보고 아기가 장차 어떤 인물이 될 것이라고 예견해 보는 행사입니다.

집안에는 '삼희성(三喜聲)'이 있어야 한다고 했습니다. ① 어린아이 울음소리, ② 다듬이질하는 소리, ③ 글 읽는 소리가 그것이었습니다.

우리나라 사람들은 배우는데 있어서는 매우 적극적입니다. 얼마 전에는 미국의 3천 개의 대학에 등록된 한국인 유학생 수는 7만 5,065명에 이르고 있습니다. '웨스트포인트(미국 육군사관학교)' 생도 1,000명 중에 백인이 제일 많고, 그 다음이 흑인, 그 다음으로 한국인이 제일 많습니다. 음악의 명문 '줄리아드'의 학생 총수 621명 중 한국인 학생이 99명에 이르러 37%를 차지한 때도 있었습니다. 미국 10대 명문 사립고인 '필립스 아카데미 앤도버(Phillips Academy Andover)'와 '필립스 엑시터(Philips Exeter)' 등에 한국인 학생 수가 해마다 늘어나 한국 학생이 전교생의 20%가 넘고 있습니다.

영국의 일간지 '더 타임즈'에는 세계 185개국 중에서 한국인의 IQ가 세계 제일이라고 발표했습니다. 그런데 머리만 좋다고 잘사는 것은 아닙니다. 신앙과 인격, 도덕성과 이타심, 그리고 맑은 영성과 아름다운 감정이 풍부해야 합니다.

"예수님은 키가 자라매 지혜도 자라고 하나님과 사람들에게 더욱 사랑스러워 가시더라."

〈오홍석 목사〉

■ 智: 지혜 지 / ■ 齡: 나이 령 / ■ 日: 날 일 / ■ 增: 더할 증

진신풍

眞神風

하나님의 참 바람

"진리의 성령이 오시면 그가 장래 일을 너희에게 알리리라."
〈요한복음 16:13〉

성부(聖父) 하나님의 칭호는 '여호와'이고, 세상에 오신 하나님은 '예수'이고, 영으로 역사하시는 성령의 이름은 '보혜사'입니다. 오늘날 우리가 사용하고 있는 '개정개역판' 성경의 〈요한복음〉에서는 '보혜사 성령'이라고 칭했습니다. 오래된 한문성경인 《신유조서(新遺詔書)》(1853년)에서는 이 말을 '진신풍(眞神風)'이라고 했습니다.

'보혜사(保惠師)'는 희랍어로 '파라클레토스(Paracletos)'라고 합니다. 이 말은 적당한 용어가 없어서 성경마다 여러 가지로 번역하였습니다. 영어성경의 경우에 'Comforter'(KJV), 'Counsellor'(RSV), 'Advocator'(NEB), 'Helper'(NAB), 'Friend' 등, 번역본마다 여러 가지 단어를 사용했습니다.

우리말 성경이나 한문성경에는 '진신풍(眞神風)'(新遺詔書, 1837년), '보혜사'(대표본, 대영성경공회, 1852년), '안위(安慰)하는 자'(로스·서상륜 역), '보위자(保慰者)'(한문성경, 미국성경회, 上海, 1912년), '협조자'(공동번역, 1992) 등으로 번역했습니다.

'보혜사'는 '보호해 주시고 은혜를 베푸시는 분'이라는 뜻입니다.

"또 다른 보혜사를 너희에게 주사 영원토록 너희와 함께 있게 하리니(요한복음 14:16)."
"내가 너희를 고아와 같이 버려두지 아니하고 너희에게 오리라(요한복음 14:18)."

'보혜사 성령'은 우리와 함께 계십니다.
'보혜사'로 오신 주님은 지금도 나 자신보다 더 내게 가까이 계시며 활동하십니다.

──────────────────────────────────

- 示: 보일 시 / ■ 爾: 너 이 / ■ 將: 장수 장, 장차 장 / ■ 到: 이를 도
- 至: 이를 지 / ■ 聖: 거룩 성 / ■ 靈: 신령 령

처세육연

處世六然

처세의 여섯 가지 자세

"우리가 모든 경건과 단정함으로 고요하고 평안한 생활을 하려 함이라."
〈디모데전서 2:2〉

유대인들은 사람을 판단하는 기준으로 '키스·코스·카스' 이 세 가지를 꼽았습니다.

① '키스'는 '돈주머니'입니다. 감리교의 창시자인 '요한 웨슬리'는 "사람이 진정 거듭났는가를 보려면 지갑을 보아야 한다"고 말했습니다. 자기만을 위한 돈지갑이 아니라, 이웃을 향해 열려 있는가를 보아야 한다는 것입니다.

② '코스'는 술잔입니다. 정신이 말짱할 때는 음흉한 마음속이 드러나 보이지 않지만 술에 잔뜩 취하면 그 사람의 본색이 드러나기 때문입니다.

③ '카스'는 '분노'입니다. 《명심보감》에는 '사람이 순간의 분노를 참으면 백일 동안의 근심을 면하게 된다(忍一時之忿인일시지분이면 免百日之憂면백일지우니라)'고 했습니다.

법률가요 정치인으로 활동했던 '애산(愛山) 이인(李仁)'은 '처세육연(處世六然)'을 말했습니다. 이 처세훈은 명나라 말기의 '최선(崔銑)'이 '왕양명'에게

준 글입니다. 그 내용은 이렇습니다.
① 대인애연(對人靄然) ; 사람을 대할 때는 온화한 얼굴로 대하라.
② 자처초연(自處超然) ; 홀로 있을 때는 초연하게 지내라.
③ 무사징연(無事澄然) ; 일이 없을 때는 명경지수(明鏡止水)처럼 마음을 맑게 하라.
④ 유사감연(有事敢然) ; 일이 있을 때는 담대하게 처리하라.
⑤ 득의담연(得意淡然) ; 뜻을 얻었을 때에는 우쭐대지 말고 담담한 태도를 유지하라.
⑥ 실의태연(失意泰然) ; 실망하거나 실패했을 때는 태연한 자세를 가져라.

유연한 대처는 삶을 넘어지지 않게 합니다.

....
■ 處: 곳 처, 처치할 처 / ■ 世: 세상 세 / ■ 然: 그럴 연.

처세훈

處世訓

|

이 한 몸 처신하기를 천금보다 중히 여기라

"아무 일에든지 다툼이나 허영으로 하지 말고, 오직 겸손한 마음으로
각각 자기보다 남을 낫게 여기고"

〈빌립보 2:3〉

부천 오정동에 있던 한학자 목사인 '고(故) 백운당 목사'의 목사관에는 백운당의 친필 휘호 족자가 걸려 있었습니다. 족자에는 누가 지은 것인지 명확하게 밝혀지지 않은 '처세훈'이 담겨 있었습니다.

'백운당'은 이 처세훈을 세상 살아가는 '잠언'으로 삼았습니다.

    一身收拾重千金 (일신수습중천금)
    頃刻安危有處臨 (경각안위유처림)
    多有曲岐橫易入 (다유곡기횡이입)
    非無坦路正難尋 (비무탄로정난심)
    奇珍落地陋泥土 (기진낙지누니토)
    仙鶴離巢野鵠侵 (선학리소야곡침)
    行止莫輕跬步內 (행지막경규보내)
    出門氷薄又淵深 (출문빙박우연심)

이 한 몸 처신하기를 천금보다 중히 여기라
가는 곳마다 위험이 경각간에 있으니
구불구불 길 잘못 들기가 쉽고
평탄한 길 없으니 바로 가기가 어렵다
진기한 보배도 땅에 묻히기 쉽고
선학(仙鶴)도 둥지 떠나면 '들 따오기'가 침입한다.
한 발자국도 경솔히 말라
문을 나서면 살얼음판, 또 깊은 연못이니라.

'다산'의 생가에 걸려 있는 편액인 '여유당(與猶堂)'처럼 "삼가 조심하고 또 조심하며 살라"는 잠언입니다.

....

- 白: 흰 백 / ■ 雲: 구름 운 / ■ 堂: 집 당 / ■ 處: 곳 처, 처치할 처
- 世: 세상 세 / ■ 訓: 가르칠 훈, 교훈 훈

천국이림이의

天國已臨爾矣

|

천국은 이미 너희에게 임하였느니라

"하나님의 나라는 이미 너희에게 임하였느니라."
〈마태복음 12:28〉

"불신지옥! 예수천당!"

10여 년 전까지만 해도 길거리 전도꾼들이 외치던 구호였습니다. '마키아벨리'는 "천국으로 인도하려면 먼저 지옥을 알아야 한다"고 했습니다.

'불가(佛家)'에서는 "사람이 죽은 자를 위하여 부처에게 공양하고 불경을 읽으면 비록 묵은 세상의 죄업(罪業)이 있더라도 천당에서 생을 얻는다"라고 하였습니다.

조선중기의 학자 '지봉(芝峰) 이수광'은 "천방국(天方國)의 옛 이름이 천당이다. 불교에서 말하는 '천당'이 아마도 이것인 듯하다(天方國천방국, 舊名天堂구명천당, 佛氏所云불씨소운, 疑此也의차야)"(《松南雜識송남잡지》) 라고 하였습니다.

17~18세기에 중국을 통해 들어온 가톨릭의 '한역서학서(漢譯西學書)'의 영향으로 우리나라에도 '천당·지옥사상'이 널리 유포되었습니다. '성호(星湖) 이익(李瀷)'은 '서학(西學)의 천당지옥설은 불교의 천당지옥설에서 영향을 받은 것'이라며 부정하였습니다.

1968년 판 《합동 찬송가》에도 '하늘나라의 전당'이라는 뜻의 '천당'이라는 용어를 사용하였으나, 점차 신학용어가 정리되어 가면서, 성경이나 교리서 등의 번역에서 요즘에는 '영혼불멸'은 '영생'으로 대체되고, '천당'은 '하늘나라', '천국', '하나님의 나라' 등으로 정리되어 사용되고 있습니다.

'세례 요한'은 예수의 출현에 대해 "천국이 가까이 왔다(마태복음 3:2)"고 외쳤고, 제자들은 예수께 "하나님을 보여 주십시오. 그러면 족하겠나이다(요한복음 14:8)"라고 질문했습니다. 예수는 제자들에게 "하나님의 나라는 이미 너희에게 임하였느니라(마태복음 12:28)"고 하셨습니다. 이어서 "나를 본 자는 아버지를 보았거늘, 어찌하여 하늘 아버지를 보이라 하느냐?(요한복음 14:9)"며 제자들에게 핀잔을 주었습니다.

'김지하 시인'이 지금은 고인(故人)이 된 '김수환 추기경'에게 "하느님이 어디 계십니까?"라고 물었습니다. 추기경은 손가락을 들어 하늘을 가리키지 않고, "여기!"라고하며 자기 가슴을 가리켰습니다.

'단테'의 《신곡》에는 단테가 '버질'의 인도를 받으며 '연옥(煉獄)'을 구경하는 장면이 있습니다. 그가 한 계단 한 계단 천국으로 올라가려 애를 쓰는데 계단은 높고 몸은 무거워 도저히 올라갈 수가 없었습니다. 그 순간, 천사가 날아와 단테의 이마에 붙어 있는 '교만'이라는 표식을 날개 치며 휙~ 지워 버렸습니다. 이 일로 인하여 단테는 크게 회개했습니다. 그러자 발이 가벼워지면서 윗계단으로 거뜬히 올라갈 수 있었습니다. 그때 천사들이 찬송하는 소리가 들려왔습니다. "마음 가난한 이에게 복이 있나니, 천국이 저희의 것임이요."

"예수를 본 자는 아버지를 보았거늘, 어찌하여 하늘 아버지를 보이라 하느냐? 하나님의 나라는 이미 너희에게 임하였느니라."

- 國: 나라 국 / ■ 已: 이미 이 / ■ 臨: 임할 림
- 爾: 너 이 / ■ 矣: 어조사 의

천행건

天行建

|

하나님은 건강하시다

"아버지께서 이제까지 일하시니 나도 일한다."
〈요한복음 5:17〉

자고로 궁극적 절대자에 대한 여러 가지 표현이 있습니다. '아리스토텔레스'는 '피동(被動)하지 않는 동자(動者, Unmoved Mover)'라 하였고, '스피노자'는 '제1의 원인', '최초의 원인'으로 표현하였고, '폴 틸리히'는 '존재 그 자체(Being itself)'라고 말했습니다. '프리드리히 니체'는 '하나님의 죽음'을 외쳤고, '라이나 마리아 릴케'는 '하나님의 외출'을 읊었으며, '버밍햄대학교'의 신약교수 'M. 고울더(Michael D. Goulder)'는 21세기의 신(神)을 '실직하신 하나님(unemployed Deity)'으로 표현했습니다.

구약성경 〈출애굽기〉 3장 14절에서 '모세'가 하나님에게 "당신은 누구십니까?"라고 질문했습니다. 하나님은 즉각 응수하기를 "나는 나다(에흐예 아쉘 에흐예 eyh-yeh eshel eyehey)"라고 응답했습니다. 이를 영어성경에는 'I Am That I Am'(KJV), 'I am that I am'(RSV), 'I become that I become'(NAB) 등으로 번역하였습니다. 그 밖에도 '나는 존재 자체니라'(70인역 성경), '영원자존자'(구역성경), '나는 스스로 있는 자'(개역성경), '나는 나다'(공동번역) 등 여러 가지로 번역되어 있습니다.

여기서 신명(神名)으로 나오는 '에흐에'는 '명사'가 아니라 '동사'로 쓰였다고 봅니다. 동사를 고유명사인 하나님의 이름으로 사용한 것입니다. 곧 이 한 마디에는 '하나님의 본체'와 '하나님의 활약'의 뜻이 모두 들어 있다는 뜻입니다.

동사로 쓰이는 '에흐예'는 세 가지의 중요한 의미가 있습니다.

① '하야(haya)'는 '미완료'로 쓰입니다. '나는 과거로부터 지금까지, 또 나아가 미래에 이르기까지 존재한다'는 뜻입니다.

② 또 하나는 '사역적' 의미입니다. 하나님은 '존재케 하는 존재'라는 뜻입니다. 하나님은 고정된 대상으로서의 하나님이 아니라, 누구에게나 각기 경험되어지는 각각의 하나님으로 표현합니다.

③ 그리고, '함께 하시는 하나님'입니다. 동양학의 용어인 '역(易)'으로 풀어 말한다면, '생생지위역(生生之謂易)' 곧 '생(生)하고 생(生)하는 존재'로 풀이할 수도 있습니다.

한때 유럽에서는 '하나님은 서른 살 미만이시다'라는 말이 유행했습니다. 하나님은 살아계셔서 지금도 '내게 나 자신보다도 더 가까이 계시면서(nearer to me than I am to my own self)' 활약하십니다.

"천행건(天行健)하니 자강불식(自彊不息)하시오!"

- 天: 하늘 천 / ■ 健: 건강할 건 / ■ 行: ① 다닐 행. ② 항렬 항. ③ 점포 항.

청나라 황제의
'십자가' 한시(漢詩)
|
천지도 침통하고 짐의 마음도 놀라도다

"그들이 하나님을 시인하나 행위로는 부인하니 가증한 자요"
〈디도서 1:16〉

   청나라 황제가 '십자가'라는 제목으로 한시를 지었다니 잘 믿어지지 않는 경이로운 일입니다.
   청나라 4대 황제 '강희제(1655-1722년)'는 '조선 왕조'의 '현종, 숙종, 경종' 연간에 중국을 통치한 황제입니다. 일곱 살 어린나이에 황제의 위에 올라, 61년간 재위하며 수많은 치적을 쌓아 중국에서는 명군으로 칭송되는 황제입니다. 그는 검소하고 근면하여 호의호식을 멀리했습니다. 천문, 지리, 산술, 역법, 음률, 기계 등의 분야에 재능이 있는 인재를 찾아 등용하였고, 탐관오리를 척결했습니다. 그의 시대에 '백과사전'과 《강희자전(康熙字典)》도 간행하여 청조(淸朝)의 문화를 꽃피웠습니다. 기하, 지도제작, 음악에도 일가견이 있었고, 천문학에 조예가 깊었습니다. 선교사 '거빌롱'은 '황제는 유럽인들에게 반 년 동안 가르쳐도 이해하지 못하는 문제를 단 한 달 만에 터득하는 실력자'라는 찬사를 보내기도 했습니다.
   '마테오 리치[利瑪竇]'는 강희제 치세기간에 중국에서 활약했습니다. 마테오 리치가 황제를 처음 만나러 갈 때, '자명종(시계)'을 가지고 갔습니다. 강희제는 너무도 좋아하며 마테오 리치를 궁으로 자주 불렀습니다. 마테오 리치 후의 '페르디난드 페르비스트(Ferdinand Verbist, 南懷仁)'도 대궐을 자주 드나들었습니다. 페르비스트는 특히 천문학에 해박하여, 수학적 두뇌가 뛰어난 강희제는 페르비스트를 신뢰하고 총애했습니다. 강희제는 페르비스트의 건의를 받아들여 그동안 사용해 왔던 '이슬람력[回回曆]'을 폐하고 '서양력'을 채택했으며, 선교사들로부터 '유클리드 기하학', '아르키메데스 원리', 의학, 철학과 예술 등의 서양지식을 적극적으로 배웠습니다. 그는 '한역서학서(漢譯西學書)'를 열심히 읽었으며, 황태자들에게도 '페드리니[德理格]'와 '페레이라[徐日昇]'에게서 '하프시코드'와 '8음계의 구조'와 음악이론, 그 밖에도 구체(球體), 정육면체, 원뿔의 무게와 부피계산법, 거리측정법, 제방의 각도 재는 법, 위도설정법 등을 열심히 배우게 했습니다.

선교사들은 강희제에게 세례를 받고 기독교로 개종하기를 여러 차례 주청했지만 그는 단호히 거절했습니다. 오히려 유교전례와 조상제사를 방해하는 선교사는 추방한 일도 있었고, '황(皇)'자는 중국 황제만 쓸 수 있는 용어라고 강조하며, 로마의 '교황(敎皇)'을 '교왕(敎王)'으로 낮춰 부르도록 했습니다. 그는 서양문물을 배우면서도 수학의 원리는 주역(周易)에서 온 것이고, 북극의 각도를 재는 과학도 주자(朱子)가 격물(格物)을 논하면서 이미 도달했던 것이라고 주장했습니다. '중체서용(中體西用)'의 철학에 근거한 것이었습니다.

강희제는 그리스도교(기독교)의 사상을 정확히 이해하고, '십자가', '생명의 보화' 등, 그리스도교 한시 몇 수를 지었습니다. '강희제'의 한시 '십자가'의 내용은 이렇습니다.

> 십자가의 공로로 흘린 피, 물결을 이루어
> 은혜의 물결이 서방으로부터 수 만 겹 굽이쳐 흘러 왔네
> 하루에도 몇 번 씩 고초를 당하셨고

제자는 닭 두 번 울기 전, 세 차례나 배반했네
모진 채찍으로 살점이 찢어지고
여섯 자 육신은 두 도적과 함께 매달리셨네
천지도 침통하고 짐의 마음도 놀라도다
일곱 마디 말씀 마치시니 만령(萬靈)이 흐느낀다.

功救十架血成溪 (공구십가혈성계)
百丈恩流分自西 (백장은류분자서)
身列四衛半夜路 (신렬사위반야로)
徒方三背兩番鷄 (도방삼배양번계)
五千鞭撻寸膚烈 (오천편달촌부렬)
六尺懸垂二盜齊 (육척현수이도제)
慘慟八垓驚九品 (참통팔해경구품)
七言一畢萬靈啼 (칠언일필만영제).

강희제의 이 시는 '기독교 신앙시'로써 손색이 없는 수준 높은 한시입니다. 그렇지만, 그리스도인의 신앙은 이론이 아닙니다. 예수를 주로 영접하는 믿음에 있습니다.

가시면류관을 쓰고 십자가에 고난당하신 주님의 고난을 기억하며 십자가의 삶을 살아야 합니다.

청호무성

聽乎無聲

|

소리 없는 소리가 들리는가

"언어도 없고 말씀도 없으며 들리는 소리도 없으나, 그의 소리가
온 땅에 통하고 그의 말씀이 세상 끝까지 이르도다."
〈시편 19:3~4〉

목소리 큰 사람이 이기는 세상이라고 합니다. 교회에도 성능 좋은 확성기가 자리 잡고 있고, 찬양 예배 때는 볼륨이 큰 마이크를 사용해야 은혜가 된다고 합니다.

《귀곡자》라는 책에는 '불건전한 말' 다섯 가지를 열거했습니다. ① 투덜거리는 말. ② 징징거리는 말. ③ 핏대 올리고 큰소리로 떠드는 말. ④ 쓸데없이 낄낄거리며 수다 떠는 말. ⑤ 그리고 불건전한 병든 말을 조심해서 쓰자고 말했습니다. 오늘도 우리 귀에는 별의별 소리가 들리고 있습니다.

'엘리야'가 폭군 '아합'과 '이세벨' 왕후의 체포명령으로 쫓겨 다니다 '호렙산' 굴속에 숨어들었고, 거기서 하나님의 임재를 체험한 일이 있습니다. 그때 나타나신 하나님은 산을 가르고 바위를 부수는 크고 강한 바람 가운데도 있지 않았고, 지진과 불 가운데도 계시지 아니했는데, 세미한 음성 가운데 나타나셨습니다(열왕기상 19:11~12). '장자(莊子)'는 '소리 없는 소리를 들으라(聽無聲청무성)' 했고, 《문선(文選)》에는 '울리지 않는 소리를 들으라(聽無響청무향)'고 했습니다.

오라토리오 〈천지창조〉를 작곡한 '하이든'은 그의 친구에게 이런 고백을

했습니다. "나는 천지창조를 작곡하는 동안 하나님에 대한 확신이 너무도 넘쳐서, 피아노에 앉기 전에 조용히, 그리고 신뢰하는 마음으로, 하나님을 찬양하기에 필요한 영감과 재능을 달라는 기도를 드렸습니다." 그리고 그는 작곡을 마칠 때마다 각 작품의 끝에다 '라우스 데오(Laus Deo, 하나님께 영광)'라고 적었습니다. 그의 '천지창조 14곡'은 〈시편〉 19편 3절, 4절에 근거한 곡입니다. "들리는 소리 없어도, 그 뜻을 알 수 없어도 온 세상에 밝히 울리는 말씀"이 귀 있는 자의 심금을 감동시킵니다.

삼필재(三筆齋) 서당에서 오세종 훈장님이 필자에게 '설하성(雪下聲)'이라는 호를 명호(命號)하셨습니다. '눈 내리는 소리'라는 뜻입니다. 눈이 펑펑 내리는 날 악기를 연주하는 모습을 보고, 훈장님께서 명호한 별호입니다. 그 명호(命號) 해설문에는 '누가 눈 내리는 소리를 들었는가?'라고 해설을 붙여 주셨습니다.

다산 정약용은 연꽃이 필 무렵이면 이른 새벽 동트기 전 서대문 밖 서연지(西蓮池)로 나아가 눈을 감고 숨을 죽이고는 연꽃이 피어나는 소리를 듣곤 했습니다. 이를 '청연화성(聽蓮花聲)', 또는 '청개화성(聽開花聲)'이라고 합니다.

옛 어른들은 '농사를 지으려면, 자연의 소리를 들을 수 있어야 한다'고 하셨습니다.

"귀 기울여 주의 음성을 들어라. 언어도 없고, 말씀도 없으며, 들리는 소리도 없으나 그의 소리가 온 땅에 통하고, 그의 말씀이 세상 끝까지 이르도다."

'무공적자(無孔笛子)', '구멍이 없는 피리'도 같은 맥락의 표현입니다.

....

- 聽: 들을 청 / ■ 乎: 어조사 호 / ■ 無: 없을 무 / ■ 聲: 소리 성

체득야심

體得耶心

예수님의 마음을 품자

"너희 안에 이 마음을 품으라. 곧 그리스도 예수의 마음이니"
〈빌립보서 2:5〉

'백범 김구' 선생은 청년시절 임진년 '경과'(1892년)에 응시했다가 낙방하고 '나라를 살리려면 인물을 잘 만나야 한다'고 마음먹고 '마의상법(麻衣相法)' 공부에 몰두했습니다. '심상(心相) 편'에서 '상호불여신호(相好不如身好) 요 신호불여심호(身好不如心好)나라'는 구절을 읽고 '마음공부'하는 곳을 찾아 '진남포감리교회'로 갔습니다. 그곳에서 예수를 영접하고 '엡윗청년회' 회장을 역임하며 독립운동에 투신하였습니다. '얼굴 상(相)이 아무리 좋아도 신체가 좋은 것만 못하고, 신체가 아무리 좋아도 심상(心相)이 좋은 것만 못하다.' '만상(萬相)이 불여심상(不如心相)'입니다. 관상이 아무리 좋아도 '심상(心相)'이 바르지 않으면 소용없습니다.

백범은 광복 후 '상해임시정부'에서 귀국하여 이미 세상을 떠나신 은사 '전덕기' 목사님 비석을 어루만지며 흐느껴 울었습니다.

신약성경에는 "너희 안에 이 마음을 품으라. 곧 그리스도 예수의 마음이니(빌립보서 2:5)"라는 말씀이 있습니다. 이 말씀은 《문리역 한문성경》에서는 '체득야심(體得耶心)'이라 했습니다. 예수님의 마음을 '체득'하라는 말씀입니다. '토마스 아 켐피스'는 '그리스도를 본받으라'고 하였습니다.

동양학에는 '체득(體得)'이니, 체찰(體察), '체인(體認, 몸으로 체험하여 인식한다)', '체현(體現)' 등의 용어를 사용합니다.

한없는 사랑, 무한한 용서, 원수도 사랑하는 그 크신 은총, 말구유에 탄생하시어 인간이 되신 하나님, 십자가의 사유하심, 남을 위해 사신 분, 바로 예수 그리스도입니다. 지극히 겸비로 마음으로 예수님의 마음을 체득하십시오.

감리교희는 체험신앙을 강조하고 있습니다.

....

- 體: 몸 체, 체득할 체 / ■ 得: 얻을 득 / ■ 耶: 아버지 야 / ■ 心: 마음 심

추고조금

推古釣今

|

옛 것을 추고하여 오늘을 낚는다

"옛날을 기억하라. 역대의 연대를 생각하라. 네 아비에게 물으라."
〈신명기 32:7〉

'옛 것을 기본으로 새 것을 창조한다'는 '법고창신(法古創新)'은 조선의 실학자 '연암 박지원'의 《초정집서(草亭集序)》에 나오는 말입니다. 원문은 "옛 것을 익히되 변함을 알고, 새 것을 만들되 옛 것에 능해야 한다(法古而知變법고이지변 創新而能典창신이능전)"로 되어 있습니다. 그 해설은 이렇게 설명했습니다. "옛 것을 본받는 자는 자취에 얽매이는 것이 병통이 되고, 새 것을 창조하는 자는 법도에 근거하지 않음이 걱정거리다(法古者법고자 病泥跡병니적 創新者창신자 患不經환불경)."

옛 것을 배움은 미래로 나아가고자 함이지, 옛 것에 머무르려함이 아닙니다. 유사한 말들이 있습니다. ① 입고출신(入古出新). ② 구본신창(舊本新創). ③ 온고지신(溫故知新). ④ 박고통금(博古通今, 옛 일을 널리 알고 현재를 통달함). ⑤ 변례창신(變例創新, 기준을 변혁하여 새 것을 창조하라). ⑥ 법고창신(法古創新, 옛 것을 근본 삼아 새 것을 창조하라). ⑦ 장왕고래(章往考來. 과거를 밝혀서 미래를 고찰하라)(《춘추좌씨》) 등이 그것입니다.

근래에 '한맹(漢盲)' 시대가 도래했습니다. 우리의 주변에는 가족의 성명은 물론 본인의 이름조차도 한자(漢字)로 제대로 쓰지 못하는 사람이 허다합니다. '국제'를 한자로 쓰지 못하는 대학생이 태반(殆半)이고, 대한민국을

'大車民國(대차민국)'이라고 쓴 답안도 있었습니다. 지명표기도 '소요산(逍遙山)'을 '소요산(消遙山)'으로 잘못 기재하고, '도드람산'으로 알려진 이천의 '저명산(猪鳴山)' 한자 표기도 '저명산(諸鳴山)'이라 잘못 기록하여 필자가 지적한 일이 있습니다. 또, 중국인 여행객들이 많이 드나드는 서울의 중구 남대문 지하보도 안내 표지판에도 '서울시청(市廳)'을 '서울시청(視聽)'이라고 쓰고 있었습니다.(《동아일보》, 2019년 1월 30일자). 뿐만 아니라 고등학교 국정 '국어 교과서'와 '문학 교과서'에도 엉터리 한자가 기재된 일이 있습니다. '탁주(濁酒)'를 '독주(獨酒)'로, '의관(衣冠)'을 '의관(依冠)'으로 썼습니다. 심지어 어떤 《국어사전》에는 무려 3천여 개의 오류가 발견되었습니다. '지고지순(至高至純→至高至順)', '금시초문(今始初聞→今時初聞)', '부정부패(不正腐敗→不淨腐敗)' 등이 그것입니다. 한맹 시대에 한자의 혼란함이 이 지경에 이르렀으니 그 누구를 탓하고 누구를 원망해야 할지 모를 일입니다.

  우리에게 한자는 외국어가 아니라 유사 이래 우리민족이 사용해 온 우리의 국자(國字)입니다. 《우리말 큰 사전》의 140,464의 어휘 중 81,362 어휘가 한자로 되어있습니다. 우리말의 58%가 한자어인 것입니다. 한자를 전혀 모르면 우리말의 상당 부분을 제대로 이해하지 못할 수밖에 없는 이유입니다.

  필자의 한문서당은 재생들 대부분이 그리스도교의 목회자들입니다. 2001년에 창설하여 지금도 공부하고 있으니, 20년의 학력(學歷)을 지니고 있습니다. 서양문물의 에이전트처럼 여겨져 온 그리스도교의 목회자들이 한시를 지어 읊는 일은 그야말로 '법고창신(法古創新)'의 역사라 할 수 있습니다.

"옛 것을 근본으로 새 것을 창조하자!"

....

- 推: 옮을 추, 받들 추 / ■ 古: 옛 고 / ■ 釣: 낚시 조 / ■ 今: 이제 금

출이반이

出爾反爾

|

부메랑

"개가 그 토하였던 것에 돌아가고 돼지가 씻었다가 더러운 구덩이에
도로 누웠다 하는 말이 그들에게 응하였느니라."
〈베드로후서 2:22〉

'출이반이(出爾反爾)'는 《맹자》·〈양혜왕장구 下〉에 나오는 '出乎爾者反乎爾(출호이자반호이)'의 줄임말로써, '너에게서 나온 것은 너에게로 되돌아간다'는 말입니다.

전국시대에 추(鄒)나라와 노(魯)나라에 전쟁이 있었다. 추나라에서는 백성들이 임금에게 불만이 많아서 전쟁에 협력하지 않았습니다. 결국 전쟁은 노나라의 승리로 끝났습니다.

추나라 '목공'이 '맹자'에게 물었습니다. "지난 번 전쟁에서 우리의 장수와 관원이 33명이나 죽었는데도 백성들은 보고만 있었습니다. 백성들을 처벌해야 할지 그냥 내버려 두어야 할지, 어떻게 처리하면 좋겠습니까?" 이에 맹자가 답했습니다. "백성들은 처참한 형편에 처해있는데, 관원들은 그 누구도 백성들의 사정을 생각하지 않으니, '증자(曾子)'가 말한 대로 '너에게서 나온 것은 너에게도 되돌아간다(出乎爾者출호이자 反乎爾者也반호이자야)'라고 한 그대로입니다."

'부메랑(Bumerang)'은 '오스트레일리아'의 '뉴사우스윌즈'에서 살아온 원주민이 사용하던 장난감을 이르는 말로서 무기로 사용되던 것입니다. 부메랑은

나무를 재료로 프로펠러와 같은 모양으로 만들어서 그것을 앞으로 던져 목표물에 맞지 않으면 나선을 그리며 되돌아오게 되어 있는데, 새를 맞혀 떨어뜨리는데 사용하기도 합니다. 90도에서 120도 정도의 각으로 '니은(ㄴ) 자'를 약간 펼쳐놓은 듯한 모습으로 굽어 있습니다. 한쪽 면은 평평하게 깎았고, 반대편은 둥글게 되어 있으며, 30미터~50미터를 날아갔다가 커브를 그리며 던진 사람의 손으로 돌아오게 됩니다.

손가락 하나로 남을 지탄할 때 나머지 네 개의 손가락은 자기 쪽을 향하여 가리키고 있습니다.

가는 말이 고와야 오는 말도 곱습니다.

- 出: 날 출 / ■ 爾: ① 너 이, ② 뿐 이
- 反: 도리어 반, 돌아갈 반. 반대할 반.

충즉진명

忠則盡命

|

죽도록 충성하라

"네가 죽도록 충성하라. 그리하면, 내가 생명의 면류관을 네게 주리라."
〈요한계시록 2:10〉

"충즉진명(忠則盡命)"은 주흥사 《천자문》에 나오는 명구(名句)입니다.

"이 몸이 죽고 죽어 일백 번 고쳐 죽어(此身死了死了차신사료사료 一百番更死了일백번갱사료) / 백골이 진토되어 넋이라도 있고 없고(白骨爲塵土백골위진토 魂魄有耶無耶혼백유야무야) / 임 향한 일편단심이야 가실 줄이 있으랴(向主一片丹心향주일편단심 寧有改理也歟녕유개리야여)."

이 시조는 우리 국민 누구나 외우고 있는 포은 정몽주의 단심가입니다.

1871년 '신미양요' 당시에, 미국 해병대 1369명이 '콜로라도 호' 등 5척의 군함을 이끌고 와서 강화도를 침공했습니다. 그 전투로 조선군은 350명이 죽었고, 미군은 전사자 3명, 부상자 10여명밖에 없었습니다. 그 때 미군이 빼앗아간 전리품들이 '애나폴리스'에 있는 '미 해군사관학교' 박물관에 진열되어 있습니다. 그 중 '일심선(一心扇)'이라는 조그만 부채가 눈길을 끕니다. 그 당시 강화도의 병사들이 전투에 임박하여, 부챗살에다 '우리는 나라를 위해 죽기를 맹서한다'는 맹세 내용을 거기에 적고, 자기 이름을 써놓은 그런 부채입니다. 미 해병대가 대포를 쏘며 달려드니까, 어떤

기독교 명심보감 313

사람은 자결하고, 혹은 강물로 뛰어 들고, 어떤 사람은 '싸우는 이 자리서 죽겠다'는 표시로, 자기 자신을 포신에 묶고 싸우다 죽은 이도 있었습니다. 단 한 명도 순순히 항복하거나, 손을 들고 항복하러 나선 사람이 없었습니다. 그래서 당시 미군측 종군 기록에는 '조선의 군인들은 아예 항복 같은 것은 모르는 사람들'이라고 감탄했습니다.

'주기철' 목사님(1897-1944년)은 경남 창원 웅천에서 출생하여, 1916년에 민족학교인 평북 정주의 '오산학교'를 졸업하고, 잠시 '연희전문'에서 공부하였으며 1926년에는 '평양신학교'를 졸업했습니다. 부산의 '초량교회'와 마산의 '문장교회'를 거쳐 1936년 평양 '산정현교회'를 담임하였습니다. 1938년 일제의 신사참배를 거부하다가 체포되어 10년 형을 선고받고 복역 중인 1944년 4월, 조국의 광복을 보지 못하고 49세로 별세했습니다. 그는 체포되기 직전 마지막 설교에서 이렇게 외쳤습니다.

"주님은 나를 위해 십자가의 고초를 당하시고 십자가를 지고 돌아가셨는데 내 어찌 죽음을 두려워하며 주님을 모른 체하리이까? 일사각오가 있을 뿐입니다. 소나무는 죽기 전에 찍어야 시퍼렇고, 백합화는 시들기 전에 떨어져야 향기롭습니다. 이 몸도 시들기 전에 주님 제단에 드려지기를 바랄 뿐입니다."

변절은 인간관계에서 매우 좋지 않은 낙인입니다.
'일제강점기'와 '6·25전란'을 거치면서, 처음의 충정을 끝까지 변개치 않고 그 숱한 고난을 이겨낸 이들이 있습니다.
주여, 나의 믿음을 붙드소서!
〈김두영 목사〉

■ 忠: 충성 충 / ■ 則: 곧 즉, 법칙 칙 / ■ 盡: 다할 진 / ■ 命: 목숨 명.

칠궐팔기

七蹶八起

|

일곱 번 넘어져도 여덟 번 일어난다

"대저 의인은 일곱 번 넘어질지라도 다시 일어나려니와
악인은 재앙으로 말미암아 엎드러지느니라."
〈잠언 24:16〉

  십수 년 전, 권투선수 '홍수환'이 세계챔피언전에 도전하여 당시 KO 전승을 달리던 철권 '카라스키야'와 대전할 때, 네 번을 계속 다운을 당하고도 휘청거리며 일어나고 또 일어나 최후의 반격으로 승리를 거둔 일이 있었습니다. 이후 한 동안 '사전오기(四顚五起)'라는 말이 유행하였습니다.
  '세계 2차 대전' 당시, 히틀러가 독일의 과학자들을 불러 모아서 '로켓을 만들라!'는 명령을 내렸습니다. 그런데 '로켓'이라는 것이 하루아침에 장난감 만들 듯이 뚝딱해서 만들어 내는 것이 아니니, 과학자들이 쉽게 만들어 내지 못하자 그들을 모두 처형했습니다. 그들은 로켓 제작과정에서 무려 6만 2천 121번을 실패했습니다. 약속한 기일 내에 만들지 못하면 처형될 수밖에 없었기에, '폰 브라운(W. von Braun)' 등 몇몇 과학자들이 자유로운 미국으로 망명을 했습니다. 그리고 그들이 미국에서 사람을 달나라까지 쏘아 올릴 수 있는 로켓, 곧 '유인 우주선'을 만드는데 성공하였습니다.
  세계 최초의 화학요법제인 항생제 '606호'(살바르산606, 아르스페나민)는 '매독'과 '바일병(Weil病)'의 치료제입니다. 그 약을 개발할 때 605번을 실패한 후 성공했다하여, 그 이름을 '606호'라 명명했습니다.

 1920년대 후반부터 우리나라에 노다지 붐이 일어났을 때, 경상도 울산 사람 '이종만 씨'가 혜성처럼 나타났습니다. 그는 여러 가지 사업에 손을 댔으나 모두 실패하여 망하고 또 망했는데, 무려 스물일곱 번이나 사업에서 실패했습니다. 그는 실패한 지난날을 회고하며, '27번 망했으니, 27원을 꾸어서 사업을 다시 또 해보자!'고 마음을 먹고, 쉰 살 되던 해, 단돈 27원으로 금광에 손을 댔는데, 함경도 장진금광에서 금덩어리가 쏟아져 나와 희대의 거부가 되었습니다. 그는 '영평금광'을 처분한 뒤에 전액을 사회사업과 농촌계몽사업, 농민학교 설립 등에 희사하고, 고향 발전기금으로도 거금을 내놓는 등 좋은 일을 많이 하다가 세상을 떠났습니다. 스물일곱 번의 실패, 스물여덟 번째 성공! 한두 번 실패했다고 낙망하면 안 됩니다.

 전라북도 완주에 사는 '차사순' 할머니는 전주시장 어귀에서 푸성귀를 파는 일을 했습니다. 할머니는 집과 시장을 다니는데 운전면허가 필요해서 학과시험에 도전했습니다. 그런데 칠전팔기 정도가 아니라 무려 950번 째 시험에서야 합격하였습니다. 당시 그의 나이가 고희를 바라보는 예순 여덟이었습니다. 무려 1천 번의 낙방을 극복한 대단한 끈기였습니다.

 '아람'의 군대장관 '나아만'이 '한센병'에 걸려 선지자 '엘리사'를 찾아올 때, 말들과 병거들을 거느리고 '엘리사'의 집문 앞에 이르러 고했습니다. 이때, 엘리사는 다른 치료를 하지 않고, 사자를 그에게 보내어 '너는 가서 요단강에 몸을 일곱 번 씻으라. 네 살이 회복되어 깨끗해지리라'고 했습니다. 그런데, 나아만은 다른 불평이나 이의를 제기하지 않고, 요단강에 일곱 번 몸을 들락날락 담그고 치유되었습니다.

 "매사에 쉽게 낙망하고 쉽게 포기하지 않게 하옵소서."

....

■ 七: 일곱 칠 / ■ 顚: 넘어질 전 / ■ 八: 여덟 팔 / ■ 起: 일어날 기

칠죄칠극

七罪七克

그레고리 7대죄와 극복의 길 7가지

"네 악이 제하여 졌고, 네 죄가 사하여졌느니라."
〈이사야 6:7〉

    그리스도교에는 '그레고리 일곱 가지 대죄(大罪)', 곧 '칠죄종(七罪宗)'이라는 것이 있습니다. 교황 '그레고리(재위 590-604년)' 당시에 수도원에서 기도하며 회개하던 계율의 7가지 조목입니다. ① 교오(驕傲, vainglory, 교만). ② 간린(慳吝, avarice, 인색함). ③ 투기(妬忌). ④ 탐향(貪饗, gluttony, 탐욕). ⑤ 분노. ⑥ 호색(好色, 음란). ⑦ 해태(懈怠, acedia, 게으름) 등입니다.

    '판토하'는 이러한 칠죄종(七罪宗)을 극복하는 일곱 가지 덕목인 '칠극(七克)'을 설명했습니다. ① 복오(伏傲). 겸양으로 교만을 이겨내고, ② 평투(平妬). 어질게 대함으로 질투를 이겨내며, ③ 해탐(解貪), 재물을 적게 하여 탐욕을 풀어내고, ④ 식분(熄忿), 참음으로 분노를 가라앉히며, ⑤ 색향(塞饗), 집착을 버림으로 탐식을 막아내며, ⑥ 방음(坊淫), 욕망을 끊어서 음란을 막아내고, ⑦ 책태(策怠), 하나님을 부지런히 섬김으로 게으름을 채찍질하라는 말씀입니다.

    인간은 모두가 다 죄인입니다. 모든 죄의 근원인 '원죄'에 대해 '어거스틴'은 '죄를 짓지 않을 수 없는 것(non posse non pecarre)'이라고 했습니다. 성경은 죄의 기원을 이렇게 말했습니다. "한 사람(아담)으로 말미암아 죄가 세상에 들어오고 죄로 말미암아 사망이 왔습니다. 이와 같이 모든 사람이 죄를 지었으므로 사망이 모든 사람에게 이르렀습니다(로마 2:12)."

원죄를 지닌 모든 인간은 숙명적·유전적·생득적(生得的, 날 때부터 지니고 태어남)인 죄를 지니고 태어납니다. 원죄는 한 개인의 특수한 문제라기보다 인간의 공통적인 근성입니다. 원죄는 인간의 어떤 부분이 타락한 것이라기보다 기본적 인간성 그 자체를 가리키는 것입니다.

바울은 인간을 구원받은 자와 구원받지 못한 자로 분별하여, 구원받지 못한 인간을 가리켜 '옛사람'이라 부릅니다(로마서 6:6 ; 에베소서 4:22 ; 골로새서 3:7). 죄에서 자유함을 얻는 길은 도덕적 수행이나 교리적 수도로 되는 것이 아닙니다. 대속의 은혜를 간구하여 구주를 믿어 영접하면 죄에서 사유함을 받습니다.

《채근담(菜根譚)》에는 성경 구절과 비슷한 내용이 나옵니다. 물론 구원의 언어는 아닙니다. "하늘을 덮을 만한 공로도 '자랑 긍(矜) 자' 하나를 당해 내지 못하고, 하늘에 가득 찬 죄과라도 '회개할 회(悔) 자' 하나를 당해 내지 못한다(蓋世功勞개세공로 當不得一個矜字당부득일개긍자, 彌天罪過미천죄과 當不得一個悔字당부득일개회자)."

'존 웨슬리'는 "태산 같이 많은 죄도 그리스도의 은총으로 먼지처럼 가벼워진다"고 했습니다.

"주를 믿는 자는 이미 영생을 얻었고, 심판을 받지 아니 하며, 사망에서 영생으로 옮겼느니라(요한복음 5:24)."

그래서 죄의 용서는 '믿음'에서 옵니다.

그리스도의 은혜는 죄악을 무력(無力)하게 합니다.

....

- 罪: 허물 죄 / ■ 克: 이길 극, 능할 극

침잠완색

沈潛玩索

|

푹 잠겨 즐기며 탐색하여 체득하라!

"주의 말씀의 맛이 내게 어찌 그리 단지요."
〈시편 119:103〉

서양철학을 공부한 사람들이 가끔 '동양학에도 공부하는 방법론이 있느냐?'고 묻는 경우가 있습니다. 물론 동양학 공부에도 예부터 내려오는 전통 공부방법론이 있습니다. 그 내용을 되도록 쉽게 설명해 보겠습니다.

'동양학 공부법'은 '침잠완색법(沈潛玩索法)'입니다. '침잠(沈潛)'이란 '물속에 푹 잠긴다'는 말이고, '완색(玩索)'이란 '즐기면서 탐구한다'는 말입니다. 탐구하는 대상 속에 푹 빠져 깊이 공부하되, 즐기며 공부하는 학습법입니다. '주객이원화(主客二元化)'가 아니라 '주객일원화(主客一元化)'의 경지를 말합니다. 구체적으로 말하면, 이는 '즉물관(卽物觀)'의 방법입니다. 여기서 '즉(卽)'이란 '① 좇고[從종], ② 친해지고[尼니], ③ 가까이 하고[近근], ④ 도달하기까지 나아가고[就취], ⑤ 이르러서[至지], ⑥ 함께 머문다[숨새]'는 뜻입니다. 그래서 동양학의 학문용어에는 '체득(體得)', '체찰(體察)', '체인(體認, 몸으로 체험하여 인식함)', '체현(體現)' 등의 용어가 많이 쓰입니다. 마치 물개가 물가에서 유영하듯이 물속에 푹 들어가서 한참을 수영하다, 또 유유히 물 밖으로 나와서 바위 위에 걸터앉아 무심히 햇볕을 쐬며 일광욕을 하고, 또 다시 물속을 들락날락 하는 그런 유유자적하는 경지입니다. 곧, '우유함영

기독교 명심보감 319

법(優游涵泳法, 물속에서 헤엄치듯 논다)'입니다. 물론, '물개'와 '물[水]'은 다른 개체입니다. 그렇지만, 물에서 즐기며 노는 물개를 보면 물개가 물인지, 물이 물개인지 구별하기 어려운 그런 경지를 보게 됩니다. 그런 자세로 공부하는 것입니다. '물아일체(物我一體, 사물과 내가 일체)', '주객일체(主客一體, 주체와 사물이 일체)'의 공부법입니다. '침잠완색'의 목적은 '융회관흡(融會貫洽)'에 있습니다. '융회'는 모르는 것이 전혀 없는 상태에 이르는 것이고, '관흡'은 하나로 관통하여 속속들이 흡족히 젖어드는 상태를 말합니다.

《논어》에는 "예에 푹 빠져 헤엄치듯 익히라(游於藝유어예)"고 말했고, '율곡' 선생도 독서하는 자는 '깊이 생각하고 강물에 푹 잠겨 헤엄치라(精思涵泳정사함영)'고 말했습니다. 물에 몸을 풍덩 담그고, 푹 젖어서 공부해야 합니다. 푹 젖지 않으면 책은 책대로, 읽는 사람은 읽는 사람대로 따로따로 놀게 됩니다. 푹 젖어야 책과 내가 하나로 녹아져서 그 사상이 내 속에서 살아 움직이듯 빛을 발하게 됩니다. 그래서 옛 서당에서는 수천 수백 번 소리 내어 있는 읽는 독송(讀誦)법으로 공부했습니다. 주자는 "모름지기 맹자가 가슴 속에 들어앉도록 수백 수천 번을 읽으면 저절로 정통(精通)해 진다"고 했으며, '오건'은 '중용'을 1만 번 넘게 읽어서 문리가 통달하여 붓만 잡으면 글이 저절로 이루어졌다고 합니다. 필자의 한학 스승들도 하나같이 사서삼경을 암송했습니다.

'길선주 목사님'은 요한계시록을 1만 번 이상 읽고, 삼일독립만세운동에 33인 민족대표가 되어 일제에 빼앗긴 나라를 구하려 역사의 현장에 뛰어들었고, 전국을 매주 밟듯 돌아다니며 복음을 전하여 수많은 영혼을 주께로 인도했습니다.

말씀에 푹 젖어서 즐기며 '침잠완색'하여 그리스도의 진리를 체득하고 과감히 실행하는 것이 제대로 된 공부입니다.

....

■ 沈: 잠길 침 / ■ 潛: 잠길 잠 / ■ 玩: 즐길 완 / ■ 索: 찾을 색.

타입침공

駝入針孔

|

낙타가 바늘귀로 들어가는 일

"낙타가 바늘귀로 들어가는 것이 부자가 하나님의 나라에
들어가는 것보다 쉬우니라."
〈누가복음 18:25〉

　신약성경 〈누가복음〉에 있는 "낙타가 바늘귀로 들어간다(누가복음 18:15)"는 구절에서 '바늘귀'는 희랍어로 '트레마(trema)'입니다. 이것을 '흠정역 영어성경(King James Version)'은 '바늘눈(eye of needle)'로 번역했습니다. 가장 오래된 한문성경인 《신천청서(神天聖書)》(1823년)에서도 '침안(針眼, 바늘 눈)'이라고 번역하였습니다. 그런데 우리말 성경은 '바늘눈'이라고 하지 않고 '바늘귀'라고 썼습니다.
　필자의 할머니께서는 바느질을 하실 때, 어린 손자에게 "얘야, 눈이 침침해서 잘 보이지 않는구나. 바늘귀에 실 좀 꿰어다오!"라고 말씀하시곤 했습니다. 우리말에서 '바늘에 실을 꿰는 곳'은 '바늘눈'이 아니라 '바늘귀'인 것입니다.

　1882년 만주에서 '로스' 선교사와 '서상륜', '이응찬' 등이 우리말로 성경을 처음 번역할 때 선교사들은 글자 그대로 번역하는 '축자적(逐字的)' 직역 원칙으로 성경을 번역하였기에, 이 말을 '바늘눈'으로 번역하려고 하였습니다. 그 내용을 선교사가 그림까지 그려가면서 설명할 때, 한국인 번역 동참자들은 이구동성으로

기독교 명심보감　321

'바늘눈'이 아니라, 그건 '바늘귀'라고 주장하여 '바늘귀'로 번역을 했습니다.

여기서 우리가 주목해야 할 대목은 '눈'이냐? '귀'냐? 하는 시빗거리가 아니라, 서양과 한국의 서로 다른 문화적 전통의 차이를 볼 수 있다는 것입니다.

'트래마(trema)'가 서양에서는 '눈'이 되었고, 한국에 와서는 '귀'가 된 것입니다. 복음의 토착화가 바로 여기서부터 시작된 대표적인 사례라 하겠습니다.

〈누가복음〉은 '바늘눈'이든 '바늘귀'든 인색한 졸부들은 하늘나라에 들어가기가 매우 지난하다는 것을 준엄하게 일깨워줍니다.

우리 주변에는 여전히 굶주린 이들이 많이 있습니다. 전 세계적으로 8억 4천만 명 이상이 기아에 허덕이고 있다고 합니다. 하루에 굶어 죽는 사람이 10만 명, 5살 이전에 굶어 죽는 아이가 1년에 6백만 명에 이른다고 합니다.

어느 재벌의 총수가 한 말이 기억에 남습니다. "재벌이라고 해서 하루 밥 네 끼니를 먹고 사는 거 아닙니다."

인색함은 빈곤한 이웃에 대한 무감각과 더 나아가 현실적인 부정축재와 사기 등의 죄를 수반하게 됩니다.

- 駝: 낙타 낙 / ■ 針: 바늘 침 / ■ 孔: 구멍 공

탁도족장

濯徒足掌

|

제자들의 발을 씻기셨다

"저녁 잡수시던 자리에서 일어나 겉옷을 벗고 수건을 가져다가
허리에 두르시고, 이에 대야에 물을 떠서 제자들의
발을 씻으시고, 그 두르신 수건으로 닦기 시작하여"
〈요한복음 13:4~5〉

'조주'라는 구도자가 도(道)를 구하러 스승을 찾아갔습니다. '뭐 하러 왔노?' 스승의 질문에 조주는 크게 깨닫고 자기 신발을 벗어서 머리에 이고 문밖으로 나갔습니다. 그가 다시 또 스승을 찾았을 때에도 '가서 설거지나 열심히 하라'고 권했습니다. 신발은 신체의 가장 밑바닥에서 육신을 이고 다니며, 온갖 지저분한 것을 다 밟고 다니는 흔하디흔한 하찮은 물건입니다. 조주의 이런 행태는 비천한 것을 존귀하게 섬기며 살겠다는 의지의 표시였습니다.

'도산 안창호'는 '나는 청소에는 왕이다'라 외치며 밑바닥 청소를 강조했습니다. '손정도' 목사는 '거지처럼 살자'고 했고, '박재봉' 목사는 '몸에 걸친 단벌옷이 내게 족하고'라는 찬송가를 지었습니다.

예수께서 십자가에 처형되시기 전, 예수는 겉옷을 벗고 수건을 가져다 허리에 두르고 대야에 물을 떠서 제자들의 발을 씻겨주시고 두르신 수건으

로 닦아주셨습니다. 종의 모습으로 사랑과 섬김의 본을 보이신 한 표본입니다.

예수는 두 개의 별명을 갖고 있습니다. 하나는 '섬기며 사신 분'이고, 또 하나는 '자신을 비우신 분'이십니다. 죄인을 구원하시기 위해 하늘 보좌까지 비우시고 이 세상에 오신 예수를 '비우신 그리스도'라고 부릅니다.

'박재훈' 목사는 2012년 봄, '창작 오페라 손양원'을 작곡하여 절찬리에 공연한 음악가입니다. 그가 90세가 넘는 노령에 그 오페라를 작곡한 동기는 이렇습니다. 박재훈 목사는 2004년에 여수의 '애향원'을 방문했는데, '손양원 목사 순교기념관'을 돌아보던 중 한센병자의 썩어 떨어진 발에 고인 고름을 '손양원' 목사가 입으로 빨아내는 것을 그린 벽화를 보는 순간, '참 사랑이다!' 전율을 느끼고, 곧바로 작곡을 시작했다고 합니다.

"크고자 하는 자는 마땅히 남을 섬기시오."

....
- 濯: 씻을 탁 / ■ 徒: 무리 도 / ■ 足: 발 족 / ■ 掌: 발바닥 장

탁사, 탁영탁족
濯斯, 濯纓濯足

|

"갓끈도 씻고 발바닥도 씻고,
이 것 저 것 모두 다 씻어내자"

"나는 비천에 처할 줄도 알고, 풍부에 처할 줄도 알아
일체의 비결을 배웠노라."
〈빌립보서 4:12〉

'아펜젤러' 목사에 이어 정동제일교회를 담임하며 한국 교회 초기 신앙의 초석을 놓았던 '탁사(濯斯) 최병헌' 목사는 서구의 신학을 그가 터득한 한학 실력으로 소화하여 전파한 한국 신학의 선구자입니다.

그는 탁사(濯斯)라는 호를 즐겨 썼습니다. 최병헌의 호 '탁사'는 초(楚)나라 대부인 '굴원(屈原, BC 343-277?)'의 〈어부사(漁父辭)〉에서 그 연원을 찾을 수 있습니다. 굴원은 고관대작 출신으로 꼬장꼬장한 성격 때문에 반대파들의 모함을 받고 외지로 쫓겨났습니다. 초췌한 모습으로 강변[湘江]을 거닐고 있는데, 한 어부[隱士]가 그에게 다가와서 "높으신 양반이 어인 일로 이런 곳까지 쫓겨 오셨소?"하고 물었습니다. 굴원이 입에 거품을 물고 "세상이 다 썩었어도 나 홀로 깨끗했고, 모두가 다 취했을 때도 나는 혼자는 깨어 있었소. 그래서 쫓겨난 것이요" 라고 응수했습니다.

굴원의 이 말에 어부는 "창랑의 물이 맑거든 갓끈을 씻고(滄浪之水淸兮창랑지수청혜 可以濯吾纓가이탁오영), 창랑의 물이 흐리거든 발을 씻으면 되는 겁니

다(滄浪之水濁兮창랑지수탁혜 可以濯吾足가이탁오족)"라고 중얼거리고 빙그레 웃으며 '창랑지수(滄浪之水)'를 콧노래로 부르며 유유히 떠나갔습니다.

'탁사(濯斯)'는 '이런 경우에는 이렇게 살고, 저런 경우에는 저렇게 살면 된다'는 뜻입니다.

다른 한편으로, '탁사(濯斯)'에는 '유교를 씻어냈다'는 뜻도 들어 있습니다. 조선왕조에서는 고종황제 때까지 '유교'라는 말이 없었습니다. 그때까지 유교를 지칭할 때 단지 '오유(吾儒)'니, '사문(斯文)'이니, '사도(斯道)', '오도(吾道)'니 하는 말을 써왔습니다. 따라서 '탁사(濯斯)'는 '유교(斯文)를 씻어냈다'는 뜻이라 할 수 있습니다. 그렇지만 '탁사'는 '사문'을 칼로 싹! 베어내듯 하지는 않았습니다. 그는 《황성신문》에 기고한 "기서(寄書)"(1903년)에서 "동양의 하늘이 곧 서양의 하늘이며(東洋之天則西洋之天동양지천즉서양지천), 천하를 보기를 한 현상으로 보며(以天下視同一이천하시동일), 사해(四海)는 가히 한 형제라 일컫는다"는 입장을 천명했습니다. 더 나아가 그는 《성산명경》에서 유학자인 '진도', 불승인 '원각', 도교의 '백운 도사'와 기독교의 '신천옹'이 흉금을 털어놓고 고담준론하는 벗으로 지내자며 〈유불선기(儒佛仙基) 사우시(四友詩)〉를 지어 읊었습니다.

    네 벗이 흉금을 털어놓고 담론하기 미처 마치지 못하여
    석양의 산 빛이 영대(靈臺)에 거꾸로 비춰온다.
    四友論襟猶未了(사우논금유미료)
    夕陽山色倒靈臺(석양산색도영대).

"서양의 하늘이 곧 동양의 하늘입니다!"

....

■ 濯: 씻을 탁 / ■ 纓: 갓끈 영 / ■ 足: 발 족 / ■ 斯: 이 사, 그 사

토고납신

吐故納新

|

묵은 기운은 토해 내고, 새 기운을 마시자

"너희는 이전 일을 기억하지 말며, 옛날 일을 생각하지 말라.
보라, 내가 새 일을 행하리니, 이제 나타날 것이라."
〈이사야 43:18~19〉

《채근담》에 이런 구절이 있습니다. "세월은 본래 긴 것인데, 마음 바쁜 이가 스스로 짧다 하는구나(歲月本長而忙者自促세월본장이망자자촉)"라는 명구입니다.

'시간'이란 무엇인가요?

'어거스틴'은 "어제는 '이미 지나 갔으니' 지금은 없는 것이고, 내일은 '아직 오지 않았으니' 그 또한 지금은 없는 것이다. 그렇다면, 있는 것이라고는 '현재' 만이라고 해야겠지만, '현재라는 것'도 우리가 '지금'이라고 말할 때에 그 '지금'은 항상 벌써 지나가 버리고 난 다음이다. 이렇게 보면, 과거 현재 미래란 것은 그 실재성이 없는 것 아닌가?" 라고 물었습니다.

이러한 물음에 대하여 그는 자답(自答)하기를 "과거는 '기억'속에, 미래는 '기대' 속에, '지금'은 '현재적 경험' 속에 있다"고 답했습니다. 신학적으로 말하면, 영원을 시간 속에 수용하는 순간, 그것은 '영원한 현재'입니다.

음력으로 섣달그믐은 한자로 '제야(除夜)' 또는 '제석(除夕)'이라고 부릅니다. '除(제)'자는 원래 '대궐의 섬돌(계단)'을 가리키는 말입니다. 대궐의 계단은 언제나 깨끗이 청소하기 때문에 '除'는 '청소하다' '손질하다' '없애다' '나누다'의 뜻으로 확대되었습니다. 따라서 '제야'는 '섣달그믐날 밤'을 가리키는 것으로, 다른 말로는 '제석(除夕)' 또는 '제세(除歲)'라고도 합니다.

'제야'에는 '제구포신(除舊布新)', 곧 '묵은 것을 쓸어내고 새 것을 펼치며', '토고납신(吐故納新)', 곧 '묵은 기운을 토해 내고 새 기운을 마시자'는 마음으로 지냅니다. '토고납신'은 《장자》·〈외편〉, "각의(刻意)"에 나오는 말입니다.

옛 선비들은 이 날 밤 모여서 운을 부르고 '제석시(除夕詩)'를 지어서 읊었습니다. '무불달 오세종 목사'가 운영하는 '목회자 한시인회 시사(詩社)'에서는 해마다 섣달그믐이 되면 시반(詩伴)들이 모여 '호운(呼韻)'하여 제석시를 지어 읊는 일을 하였습니다. 오세주 이동원 신광철 임점길 오홍석 한규준 김희영 등이 참예하여 의미를 더 했습니다.

일제강점기의 교육가요 신학자인 김교신은 섣달그믐밤에 다음과 같은 〈제야의 기도〉를 드렸습니다. (《성서조선》 제145호, 1941년 2월호에 실려 있습니다).

> '계시되 안 계신 것 같고, 보시되 안 보시는 것 같고, 알으시되 모르시는 듯 보이는 주 여호와여. 이 죄인(罪人)에게 만(萬) 입이 있으면 그 입 다가지고 찬송 하오리다.
> 주(主) 예수여. 당신이 이 사특하고 용렬한 죄인의 기도에도 응답해주셨으니, 지금 이 자리에서 성취(成就)된 소원의 하나하나를 생각할수록 "아, 분에 넘쳤도다"라는 결론밖에 없습니다. 과연 '나의 잔이 넘쳤나이다.' 지난 일년을 돌아볼수록 "어찌면 주(主) 예수께서는 그렇게도 귀 무르신고, 그다지도 눈 어두우셨던고…" 하면서 당신을 없수이 여길 지경이로소이다. 아아, 내가 무엇이관대 이처럼 후하게 관대하게 대접하셨던고. 분에 넘친다. 분에 넘친다.

그러나 주(主) 예수여, 내가 드려야할 금년도의 최대의 감사는 이미 성취된 기도를 위해서라기보다 '불성취(不成就)된 소원, 각하(却下)된 기도'를 위해서인 것을 당신은 잘 살피실줄 믿습니다. 성취된 기원을 위한 감사도 아세아대륙보다 적지 않습니다마는 불성취된 소원을 위한 것은 실로 태평양보다 더 큰 것이 있습니다.

오는 일 년도 기도의 응불응(應不應)을 논치 말게 하옵소서. 응답치 않는 듯이 보이는 기원이 최선으로 응답된 것을 보았기 때문이올시다. 그러나 인간이 무엇이어서 이렇게까지 관심하시나이까. 너머 큰사랑…….

〈제야의 영시(零時) 반(半)에〉

섣달그믐, 이 밤에 우리 모두 묵은 기운 툭툭 털어내고, 새 기운을 마시는 토고납신(吐故納新)을 기도하자!
"지난날의 나쁜 것은 토해내고 새 일을 선포하자!"

〈오흥석 목사〉

■ 吐: 토할 토 / ■ 故: 예 고 / ■ 納: 들일 납 / ■ 新: 새 신

투입화호

投入火湖

'불 못'에 던지리라

"누구든지 생명책에 기록되지 못한 자는 '불 못'에 던져지리라."
〈요한계시록 20:15〉

성경에는 '지옥'에 해당되는 두 가지 말이 있습니다.

'타아타로사스'(베드로후서 2:4)와 '기엔네이'(마태복음 10:28)가 그것입니다. '타아타로사스'는 일정한 장소에 일정기간 제한 상태의 지옥을 가리키며, '기엔네이'는 영원한 지옥, 곧 구원을 얻지 못한 죄인이 궁극적으로 가는 둘째 사망 곧 '불 못(火之湖)'을 말합니다. 구원을 얻지 못한 죄인은 사후(死後)에 음부에 투입되었다가(누가복음 16:23), 마지막 부활 때에 흰 보좌 앞에서 자기의 행위를 따라 책들에 기록된 대로 심판을 받고서 '불 못'으로 갑니다. '마귀(배도한 천사, 요한계시록 20:10, 14)'와 '적그리스도'와 '거짓 선지자'도 함께 '불과 유황 못'에 던져져 세세토록 고통을 받게 됩니다.

〈요한계시록〉 20장 15절의 '불 못'을 '요하네스 라싸르 역'(1822년)에서는 '화갱(火坑)'이라 하였고, 《신천성서(神天聖書)》(1823년)는 '화지호(火之湖)'라고 번역하였습니다.

'불가(佛家)'에서는 지옥을 '범어(梵語)' 'Niraka'를 '나락가(那落迦)'로, 'Niraya'를 '니리(泥犁)'라 음역하고, 이를 뜻으로 번역하여 '불락(不樂)', '가

염(可厭)', '고구(苦具)', '고기(苦器)', '무행처(無幸處, 행복이 없는 곳)', '무유(無有)'라 합니다. 이것은 '삼도(三途)'의 하나요, '삼악도(三惡道)'의 하나요, '육취(六趣)'의 하나로서, 자기가 지은 죄업으로 말미암아 가게 되는 곳인데, 그 의처(依處)가 지하에 있기 때문에 '지옥(地獄)'이라 하였습니다.

'남섬부주(南贍浮洲)'의 아래로 2만 유순(由旬)의 거리를 지나면 거기에 '무간지옥(無間地獄)'이 있습니다. 불가에는 도합 136개 처의 지옥이 있다고 말합니다.

'무간지옥'은 그 받는 고통이 끝이 없다고 해서 그렇게 부르는 것입니다. '오역죄(五逆罪)'를 범하거나, 인과를 무시하고 절이나 탑을 무너뜨리거나 성중(聖衆)을 비방하고 공연히 시주 물건을 훔쳐 먹는 자는 무간지옥으로 떨어집니다. 그곳에서의 형벌은 커다란 쇠꼬챙이로 아래로부터 몸을 꿰어 불에 굽는 고통을 받습니다. 또 옥졸이 죄인을 붙들고 가죽을 벗기며, 그 벗겨진 가죽으로 죄인의 몸을 묶어 불수레에 싣고 훨훨 타는 불 속에 죄인을 넣어 몸을 태우며, 야차(夜叉)들이 큰 쇠창을 달구어 죄인의 몸을 꿰거나 또는 입, 코, 배 등을 꿰어 공중에 던지는 고통을 가합니다. 또 '쇠매[鐵鷹철응]'가 죄인의 눈을 파먹기도 합니다.

성경에는 지옥은 19번, 천국에 대해서 67번 기록되어 있습니다.
그리스도교(기독교)의 사상에는 지옥에 관한 내용보다 천국사상이 발달되어 있고, 불교는 지옥사상이 퍽 번다하게 발달되어 있습니다.
지옥이 무서워서가 아니라, 예수님이 좋아서 천국을 사모해야 할 것입니다.

■ 投: 던질 투 / ■ 湖: 호수 호

포공영 선생
蒲公英 先生
|
민들레 선생님

"랍비여 어디 계시오니까? 하니"
〈요한복음 1:38〉

　옛 전통 서당에서는 서당 훈장을 일컬어, 일명 '민들레 선생', '포공(蒲公) 선생'이라고 불렀습니다. '포공 선생'이란, 훈장이 주석(主席)하는 서당 뜰에 민들레를 심고 가꾸었기 때문입니다. '포공 선생'이란 민들레를 한자로 '포공영(蒲公英)'이라 부르는데서 유래한 명칭입니다. (이규태,《5분 지식-이규태 선생님이 얘기로 들려주는 참 지식》, 우리두리, 78).

　서당의 앞뜰에는 왜 민들레를 심었을까요?
　예로부터 민들레에게는 5덕(五德)이 있다고 해서 그리 했습니다.
① 첫째, 민들레는 아무 곳에서든지 발굽에 짓밟혀도 억척스레 잘도 자랍니다. 그래서 '참을 인(忍)'자를 붙여 제1덕(一德)이라 했고,
② 둘째, 뿌리를 잘라 심거나 말려 심어도, 또 뿌리를 내리는 억셈, 곧 '굳셀 견(堅)'이 제2덕이며,
③ 셋째, 한 꽃대에서 한 꽃이 피어나는데, 그 꽃이 져야 차례를 지켜 다음의 꽃이 피어나니, 그 '예도 예(禮)'가 제3덕이고,
④ 넷째, 그 꿀로 벌들을 불러 모으니, '뜻 정(情)'이 제4덕이며,

⑤ 다섯째, 씨앗이 바람을 타고 멀리 날아가 굳세게 살아나니, '용감할 용(勇)'이 제5덕이라고 했습니다.

이와 같은 "인(忍), 견(堅), 예(禮), 정(情), 용(勇)"이 '민들레의 5덕'입니다.

경기도 양평 원덕역 부근 언덕 위에는 문화운동가로 '예배 토착화운동'을 벌이고 있는 '서무(墅舞) 이정훈 목사'가 시무하는 '성실교회'가 있습니다. 이 교회에서는 지금은 '둥굴레 음악회'라고 이름을 바꾼 '민들레 음악회'가 열렸습니다. 이 음악회는 2006년 4월에 처음으로 시작하여 퍽 오랫동안 지속되었습니다.

민들레 음악회에는 다양한 이들이 출연하였습니다. 대한민국에서 알아주는 특급의 공연예술가도 오고, 아무도 모르는 무명 밴드도 출연했습니다. 때로는 마술사도 오고, 오케스트라도 오고, 동요 전문가도 오고, 클래식 연주자들도 왔습니다. 록 밴드, 판소리꾼, 풍물꾼도 오고, 1인극 모노드라마와 합창단도 왔습니다. 그밖에도 조용하고 담백한 시조 가수도 오고, 시끌벅적한 트로트 가수도 출연한 음악회입니다. 이 음악회는 광고도 하지 않고, 출연료도 없고, 물론 관람료도 없습니다.

음악회는 그 주관도 개인이 하지 않고 몇몇 민들레 지킴이들이 기획하고 연출했습니다. 미풍에 조용하게 번지는 민들레 홀씨처럼 민들레 음악회는 소리 없이 번져나갔습니다.

필자는 민들레 음악회의 단골 관객이었습니다. 민들레 음악회가 60회 환갑(?)을 맞아 공연할 때 참예하여, 그 소감을 붓을 들어 일필휘지 농호(弄毫)하였습니다.

길가의 민들레는
말발굽에 짓밟히며

꽃향기도 시원찮고
모양도 화려하지 않은데
꽃말은 일편단심 절개
얼굴은 하느님 마음을 향해 피어 있다.

路邊蒲公英 (노변포공영)
每被馬踏傷 (매피마답상)
花蕊無芳香 (화예무방향)
容姿非華樣 (용자비화양)
名意節介花 (명의절개화)
面向天心中 (면향천심중).

....
- 蒲: 부둘 포 / ■ 公: 여러 공, 상대를 높이는 말 공 / ■ 英: 꽃부리 영
- 先: 먼저 선 / ■ 生: 날 생

필작어세

必作於細

|

작은 일에서 시작하라

"땅이 스스로 열매를 맺되 처음에는 싹이요 다음에는 이삭이요
그 다음에는 이삭에 충실한 곡식이라."
〈마가복음 4:28〉

세상의 모든 일은 작은 것에서 시작됩니다. '필작어세(必作於細)'는 원래 《도덕경》에 나오는 말입니다.

"천하의 어려운 일은 반드시 쉬운 것에서부터 시작되며, 천하의 큰 일은 반드시 미세한 것에서 시작됩니다(天下難事천하난사 必作於易필작어이, 天下大事천하대사 必作於細필작어세)."(《도덕경》 63장).

아프리카 북부 지중해 연안 튀니지 수도에서 과일노점상 '부아지지'가 분신을 하자, 그것이 불씨가 되어 '쟈스민[茉莉花말리화] 혁명'이 되었습니다. 그 불길이 이집트의 '무바라크' 정권을 퇴진시켰고, 리비아와 중동의 시리아, 예멘 등에도 붙어 나갔고, 드디어 사하라사막을 넘어 남쪽으로 들불처럼 번져나갔습니다. 알제리, 모리타니, 지부티, 수단, 가봉, 우간다, 앙골라, 짐바브웨, 스와질랜드로 민주화 물결이 번져 나가 세계사의 지축을 뒤흔들었습니다.

놀라운 대변혁의 불쏘시개였던 '부아지지'는 세살 때 아버지가 돌아가셔

서 고생고생을 하며 대학을 졸업하고 손수레에 물건을 싣고 길거리에서 노점상을 하며 근근이 살아갔습니다. 때로는 관리들로부터 '너 같은 거지가 무슨 장사냐?'고 침 뱉음을 당하며, 손수레가 뒤엎어지기도 했습니다. 이렇게 지속적인 멸시를 당하던 '부아지지'는 대통령궁 앞에서 분신을 하여 17일 만에 세상을 떠났습니다.

'부아지지'의 모친은 아들이 분신하여 죽자, 방안에 걸어놓은 아들의 사진 앞에서 이렇게 고백하였습니다. "아들아, 우리 아들 때문에 튀니지 벤 알리 대통령이 권좌에서 물러났고, 또 이집트의 무바라크 대통령도 물러났고, 리비아의 독재자가 흔들렸단다. 아들아, 너를 보면 행복하구나.'

길거리 포장마차 상인의 죽음이 세계사의 지축을 뒤흔들었습니다.

《한비자》는 "천 길 높은 둑은 개미나 땅강아지의 구멍으로 인해 무너지고(千丈之堤천자지제, 螻蟻之血潰누의지혈궤), 백 척 높이의 으리으리한 집은 아궁이 틈에서 나오는 조그만 불씨 때문에 타버린다(百尺之室백척지실, 以突隙之烟焚이돌극지연분)"고 했습니다.

일상에서 벗어난 주변의 현상에 대하여 세밀하게 주목해야 합니다.

- 必: 반드시 필 / ■ 作: 지을 작 / ■ 於: 어조사 어 (에, 에게, 에서, 을, 를)
- 細: 가늘 세

하준약법

何遵約法

|

간략한 법률 3장

"그런즉, 네 하나님 여호와를 사랑하여 그가 주신
책무와 법도와 규례와 명령을 항상 지키라."
〈신명기 11:1〉

"하준약법(何遵約法) 한폐번형(韓弊煩刑)!" 이 말은 주흥사 《천자문》에 나오는 구절입니다. 한(漢)나라의 '소하(簫何)'는 복잡한 법들을 간략하게 3장(章)으로 요약했고, '한비자'는 번거로운 법으로 인해서 죽임을 당했다는 말입니다. 그 배경을 설명하면 이렇습니다. '소하'는 한(漢)나라 고조 '유방'을 도와서 건국에 공을 세운 이로 '한신', '장량'과 더불어 영웅으로 꼽히는 1등공신입니다. 한 고조 유방이 함곡관에 들어가 진(秦)나라를 멸망시키고 소하의 도움을 받아서 진나라 때 시행되던 복잡한 법률들을 모두 폐지하고 세 가지 법, 곧 '법률삼장(法律三章)'만을 제정하였습니다. 이후에 몇 가지 조항을 더 첨가하기는 했지만 이 간략한 법으로 한 나라의 400년 역사를 다스렸습니다.

한편, '한비자'는 전국시대 말기의 큰 법률가입니다. 그는 법으로 다스리는 길만이 나라를 살리는 길이라는 사상을 강조했습니다. 그는 '진시황'을 설득하여 10만 자(字)에 이르는 법률서적을 써서 가혹한 형벌을 세밀하게 제정했습니다. 그런데 복잡다단한 법률은 오히려 숱한 폐단을 낳았고, 마침내 그 법률로 다스리던 진나라는 천년은커녕 백년도 못되는 2대 만에 멸망하고 말았습니다. 한비자 자신도 '이사(李斯)'의 시기를 받고 그 법에 의해 형벌을 받아 죽고 말았습니다.

구약시대의 '율법'에는 613개의 실천 조목이 있습니다. 율법은 인간이 지은 죄를 드러내는 역할을 합니다. 그 번다한 율법은 '십계명'으로 요약되었고, 예수님의 계명은 '산상수훈'으로 요약되어 있습니다. 그래서 산상수훈을 '천국의 대헌장(마그나 카르타)'이라고 말합니다.

감리교회의 초대 총리사인 '양주삼 목사'가 글씨를 쓰고 찍은 수인 낙관에는 이런 글이 새겨져 있습니다.

"반드시 진심으로 만유의 천부(天父)를 경외하고, 마땅히 성의를 다해 온 세상의 형제를 사랑하라(必以眞心필이진심 敬萬有之天父경만유지천부, 應盡誠意응진성의 愛四海之兄弟애사해지형제)."

"마음을 다하고 목숨을 다하고 뜻을 다하여 주 너의 하나님을 사랑하고, 네 이웃을 네 몸과 같이 사랑하라(마태복음 22:37~39)"는 말씀을 한문으로 성구한 것입니다.

'저 사람 예수의 계명으로 살아가는 사람'이라는 칭송을 들을 만한 사람들이 사는 세상이 되었으면 좋겠습니다.

'하(何)는 준약법(遵約法)하고, 한(韓)은 폐번형(弊煩刑)하며!'
제헌절을 맞아 코흘리개 어린 시절 철모르고 성독하던 천자문 한 구절이 오늘따라 더욱 애절하게 부딪쳐옵니다.

....
■ 何: 어찌 하 / ■ 遵: 지킬 준 / ■ 約: 약속할 약 / ■ 法: 법 법

학이불염

學而不厭

|

배우고 또 배워도 싫증나지 않는다

"부지런하여 게으르지 말고 열심을 품고 주를 섬기라."
〈로마서 12:11〉

《논어》·〈술이편〉에 "묵이식지(默而識之)하고 학이불염(學而不厭)하며 회인불권(誨人不倦)하라"는 구절이 있습니다. "묵묵히 깊이 깨닫고, 배우기에 싫증나지 않으며, 남을 깨우치기를 게을리 말라"는 말입니다.

어느 날 '자공'이 '공자'에게 "선생님, 선생님을 따라다닌 지 오래 되어서 공부에 권태가 좀 생겼습니다. 이젠, 돌아가 좀 쉬고 싶습니다"라고 하자, 공자가 "어디로 가서 쉬려고 그러느냐?"고 물었습니다. 자공이 "대궐에서 임금님을 섬기면서 쉬었으면 합니다." 대답을 하니, 공자가 "임금을 모시는 일이 그리 쉬운 줄 아느냐?" 답했습니다.

자공은 다시 말했습니다. "그러면, 집으로 돌아가 부모님을 모시면서 쉬겠습니다." 그러자 공자는 "부모 모시기가 그리 쉬운 줄 아느냐? 쉽지 않을 거다."라고 답했습니다.

자공이 다시 "그러면, 친척들과 같이 지내며 쉬려고 합니다." 라고 말하자, 공자는 "집안일은 늘 더 어려울 것이다"라고 응수했습니다.

자공은 쉬지 않고 또 말했습니다. "그러면 친구들과 지내는 것은 어떻습니까?" 그러자 공자는 "그것도 간단하지 않아, 친구 관계도 매우 복잡한 거야!"라고 답했습니다.

  자공이 끝까지 말했습니다. "그러면, 농사 밖에 할 일이 없겠네요"라고 하자, 공자는 연이어 이렇게 말했습니다. "쌀 한 톨 구하는데, 농부의 땀이 얼마나 흘려야 하는지 아느냐? 농사는 아무나 짓는 게 아니다!" 라고 받아쳤습니다. 이에 자공이 "그러면, 제가 어떻게 해야 합니까?"라고 되물었더니, 공자가 "관 뚜껑을 덮어야, 그때 가서 푹 쉴 수 있는 것이다." 라고 결말지었습니다.

  요즘 필자가 운영하는 '삼필재서당'에서는 어렵기가 그지없는 '탈초(脫草)' 공부를 하고 있습니다.

  초서는 급히 쓰려는 필요성에 의해서 형성되었습니다. 그 필요성에 의해서 쓰기 시작한 초서가 예술화된 시기를 '동한(東漢)'·'위진(魏晋)' 시대로 봅니다. 그 당시 중국학자들이 초서를 써 보니까, 그 회화성, 꾸불꾸불하는 일필휘지(一筆揮之) 생동감에 짜릿한 황홀감까지 느끼며, 거기에다 리듬을 타는 민첩한 생동성에 푹 빠져서 글을 쓰곤 했습니다. 당시 '조일(趙壹)'이라는 대가는 그 경지를 《비초서(非草書)》라는 글에서 이렇게 표현했습니다. "내가 광초(狂草) 쓰기에 몰두했을 때는 해가 서산으로 기우는 것도 잊고, 밥 먹기도 잊었었다. 글씨에 몰두하니 열흘에 붓 한 자루씩 녹아 내렸고, 한 달이 지나면 먹(墨)이 다 달아서 없어졌고, 종이가 없을 때는 손가락으로 땅에다 쓰고, 담벼락에도 연습을 하였다. 마침내 손톱이 부러지고, 살갗도 찢어지고, 출혈까지 멈추지 않을 지경이었다"고 했습니다. (조한호,《초서입문》).

  "학이불염!" 미치면[狂광] 미치게[及급] 됩니다.

....

- 學: 배울 학 / ■ 而: 어조사 이 / ■ 不: 아니 불 / ■ 厭: 싫을 염, 만족할 염

한역서학서

漢譯西學書

조선의 학자들이 읽은 한역서학서

"아덴 사람들아. 너희를 보니 범사에 종교심이 많도다."
〈사도행전 17:22〉

    17세기 초, 1601년 가톨릭 '예수회(Jesuit Order)' 소속 선교사들인 '루지에리(Michele Pompilio Ruggieri, 羅明堅, 1579년)', '마테오 리치(Matteo Ricci, 利瑪竇, 1583년)'가 중국에 와서, 중국학자들의 도움을 받아 《천주실의(天主實義)》, 《교우론(交友論)》 등을 한문으로 번역해냈습니다. 그들은 170여 년에 걸쳐 600여 권의 '한역서학서'를 번역했는데, 이 한역서학서는 동양사상 전반은 물론 조선에도 크게 영향을 미쳤습니다.

    조선후기 조선의 지식인들도 이러한 한역서학서들을 은밀히 독서했습니다. 1603년에는 '이광정'이 '마테오 리치'가 제작한 세계지도를 도입했으며, 이수광은 《천주실의》와 《교우론》을 독서하였고, '허균'은 중국에서 4종의 한역서학서를 가져왔습니다. 당시 조선의 지식인들은 선교사들이 만든 〈곤여만국전도〉 등 세계지도와 천체도를 보고 감탄하기도 했습니다. 청나라에 볼모로 가 있던 '소현세자' 일행이 귀국할 때도 서양의 과학기기와 한역서학서들을 가져왔음은 잘 알려진 사실입니다.

    《정조실록》 등에 기록된 조선의 지식인들이 접한 한역서학서 중 몇 가지만 간추리면 이렇습니다.

① 《천주실의》는 이수광, 유몽인, 이익, 신후담, 안정복, 채제공, 이벽, 이승훈, 이가환, 등이 독서했고, ② 《교우론》(이수광 유몽인), ③ 《칠극》(이익 안정복) ④ 《영언려작》(신후담), ⑤ 《직방외기》(이익 신후담 정두원), ⑥ 《만물진원(萬物眞原)》(홍정하 안정복), ⑦ 《기하원본》(이승훈), ⑧ 《천문략(天問略)》(이영준 이익 정두원), ⑨ 《방성도(方星圖)》(이익), ⑩ 《율려정의(律呂正義)》(안국빈), ⑪ 《태서인신개설(泰西人身槪說)》, ⑫ 《동유교육(童幼敎育)》, ⑬ 《영혼도체설(靈魂道體說)》, ⑭ 《만국전도(萬國全圖)》, ⑮ 《기인십편(畸人十篇)》, 등 그 밖에도 허다했습니다.

　1855년 3월, '수운 최제우'가 경상도 울산 원유곡 여시바윗골에서 지낼 때, 용모가 청아하고 풍채가 의젓한 선승 하나가 찾아와, 자기는 금강산 유점사의 중인데 백일정진을 마치는 날 탑 아래서 우연히 잠이 들었는데, 깨어나 보니 이상한 책이 놓여 있어 아무리 읽어보아도 해석이 난감하던 차, 여시바윗골에 박식한 생원이 있다 하여 찾아왔노라 하며, 이서(異書) 한 권을 주고 갔습니다. 이를 '을묘천서(乙卯天書)'라고 부르는데, 이 을묘천서를 '도올'은 '마테오 리치'의 '천주실의'로 확신하였습니다.(김용옥, 《도올심득, 동경대전(1)》). 심지어 동학의 경전인 《동경대전(東經大典)》도 그 영향으로 보고 있습니다.

　한역서학서의 조선 전래로 조선에는 실학이 꽃을 피웠고, 그로 인해 엄청난 사상적 변화가 일어났습니다. 한역서학서의 이러한 영향에 대해 가톨릭 측에서는 다소의 연구가 있으나, 개신교 방면에서는 무지하며 전혀 무관심한 상태에 있습니다. 이제부터라도 한역서학서에 대해 적극적으로 읽어내야 합니다. 그리하여야, 조선 후기의 사상사와 그리스도교(기독교)의 뿌리를 제대로 밝혀 낼 수 있습니다.

....

■ 漢: 한나라 한, 클 한, 도둑 한 / ■ 譯: 번역할 역 / ■ 西: 서녘 서
■ 學: 배울 학 / ■ 書: 글 서

항룡유회

亢龍有悔

|

높이 오른 용은 후회하게 된다

"선 줄로 생각하는 자는 넘어질까 조심하라."
〈고린도전서 10:12〉

'태극기'의 네 모서리에는 《주역》의 '건(乾)·이(離)·감(坎)·곤(坤)' 4괘가 그려져 있습니다. 그 4개의 괘(卦) 중에서 '한 일(一)'자 비슷하게 생긴 작대기(?) 3개가 겹쳐진 모양의 괘(☰)가 '건괘(乾卦)'이고, 6개가 겹쳐 있는 모양의 괘(䷀)를 '중천건괘(重天乾卦)'라고 합니다. 그 '중천건괘'에서 맨 위에 있는 육효(六爻)의 효사(爻辭)는 '항룡유회(亢龍有悔)'라고 칭합니다. '맨 꼭대기까지 높이 올라간 용은 후회하게 된다'는 뜻입니다.

《주역》·〈뇌화풍괘(雷火豊卦)〉에도 "해는 중천에 뜨면 기울고, 달은 차면 이지러진다(日中則昃일중즉측, 月盈則衰월영즉쇠)"고 했고, 《명심보감》에도 "가득 차면 손해를 불러들인다(滿招損만초손)"고 했습니다. 극에 이르면 쇠퇴하는 것이 자연적인 이치입니다(極盛則衰극성즉쇠). 정점에 오르면, 그 다음은 추락하는 과정만 남아있습니다. 이 경우에 날개가 있어도 추락하지만, 혹 날개 없이도 추락하게 되니 늘 근신하지 않으면 안 됩니다. 기업경영인들 사이에서 유행하는 '높이 올라가면, 내려가는 길 밖에 없다'는 말도 같은 말입니다.

그런데 문제는 과연 어느 시점이 정점에 해당되는지를 분별하는 일입니다. 때를 분별하지 못하는 경우를 '철부지[不知]'라고 합니다. 하산하는 적절한 시점을 놓치면 후회하게 됩니다. 그러니, 더 나아갈 데가 없을 때에 미련을 버려야 합니다.

건괘의 육효(六爻)는 단계마다 이런 처신에 대한 교훈이 있습니다.
① 1단계 잠룡(潛龍)의 뜻은 첨벙대며 나서지 말고 때를 대비하여 부단히 노력하는 단계임을 뜻하고, ② 2단계 현룡(見龍)은 자신을 돌아보며 좋은 멘토를 만나야 빛을 발할 수 있는 단계이며, ③ 3단계는 주야로 건건(乾乾)하고 노력하는 단계이고, ④ 4단계는 훌쩍 뛰어 도약하는 단계이며, ⑤ 5단계 비룡재천(飛龍在天)의 단계는 천하를 마음껏 휘젓고 다니는 힘의 정점에 이른 단계입니다, ⑥ 그 다음의 맨 위에 있는 상효(上爻)는 더 올라갈 데가 없어 후회하는 단계로 처세의 교훈을 설명합니다.

백제가 멸망 할 즈음, 시중에는 "백제는 보름달과 같고(百濟如望月백제여망월), 신라는 반달과 같다(新羅如半月신라여반월)"는 동요가 떠돌았습니다. 달이 차면 기울고, 사물이 왕성하면 쇠하게 됩니다. 이 경우에 이르렀을 때는 버림, 비움, 나눔, 섬김의 실천의 결단이 후회를 면케 합니다. 박수칠 때 미적거리지 말고 떠나는 지혜가 필요합니다.

우리 인생의 극성점(極盛點)의 '자리'에서 '항룡유회(亢龍有悔)'가 되지 않도록 깨어 기도하며 물러설 때를 잘 관찰하고 결행해야겠습니다.

....
▪ 亢: 올라갈 항 / ▪ 龍: 용 룡 / ▪ 有: 있을 유 / ▪ 悔: 뉘우칠 회

허심자 복의

虛心者 福矣

|

심령이 가난한 자는 복이 있나니

"심령이 가난한 자는 복이 있나니 천국의 그들의 것임이요."
〈마태복음 5:3〉

필자가 그리스도교 미션스쿨에서 강의하고 '산상수훈의 팔복'에 대한 시험문제를 출제한 적이 있습니다. 시험 답안을 채점하다가 짐짓 놀랐습니다. 한 답안지에 '심령이 가난한 자는 복이 있나니'라는 정답을, "십년(十年)이 가난한 자는 복이 있나니"라고 또박또박 쓰여 있었습니다.

개척교회를 하며 악전고투하고 있는 교역자들이 모인 자리에서 필자가 그 이야기를 간증했더니, 한 전도자가 "십년만 고생한다면야 견디지 못할 게 뭐있겠소!" 그날 그는 집에 가서 아내에게 할 말이 생겼다며 나갔습니다. "여보! 십년이 가난한 자는 복이 있대!"라고 말하며 웃었답니다.

이스라엘 베들레헴 성전에 들어가는 출입문은 그 문의 크기가 너무 낮아 허리높이 정도밖에 되지 않습니다. 대문을 그처럼 낮게 설계한 것은 천하의 누구도 예수님 앞으로 나가려는 자는 허리를 굽혀야 겨우 들어갈 수 있다는 뜻에서 그랬다고 합니다. '산동반도' '곡부'의 '공자묘'의 비석도 허리를 굽혀야만 글자를 읽을 수 있도록 설계해 놓았습니다. 베들레헴이나 산동의 곡부에서나 같은 정신에서 그리한 것입니다.

문리역 《한문성경》에는 이 구절이 '허심자(虛心者) 복의(福矣)'라고 되어 있습니다. '마음을 비운 자가 복이 있다'는 말입니다. 마음속에 욕심이 가득한 사람은 천국에 들어갈 수 없습니다.

예수 그리스도에게는 두 개의 별명이 있습니다. 하나는 '남을 위해 사신 분'이고, 또 하나는 '자신을 비우신 분'입니다. 예수님은 죄인을 구원하시기 위해 하늘 보좌까지 비우시고 말구유에 태어나셨습니다. 그래서 그리스도를 표현할 때 '당신을 비워내신 분', 자신을 다 비우고 하늘 보좌까지 떠나서 죄인을 찾아오신 '비워내신 그리스도', '케노틱 크라이스트'라고 부릅니다.

그러면, 어떻게 해야 마음을 비울 수 있을까요? 먼저 교만을 버려야 합니다. '토마스 아퀴나스'는 '교만은 모든 죄의 어미'라고 정의했습니다. 마음을 낮추는 것을 하심(下心)이라고 합니다. 다음으로, 긍휼히 여기는 마음을 가져야 합니다. '아씨시(Assisi)'의 성인(聖人) '프란시스'가 어느 날 말을 타고 전도하러 나가다가 길 한 귀퉁이에서 떨고 있는 한센병자를 보았습니다. 프란시스는 가던 길을 멈추고 말에서 내려 자신의 외투를 벗어 그에게 입혀 주고, 볼을 비비며 주께 기도하고 눈을 떠보니, 그 거지는 온데간데없고 그 자리에 예수님이 서 계셨습니다.

또한 마음을 비우려면 두 가지를 실행해야 합니다. 하나는 '나눔'이고, 또 하나는 '버림'입니다. '생텍쥐페리'의 '어린 왕자'는 "완성이란, 있는 것 위에 덕지덕지 덧씌우는 것이 아니라, 붙어있는 겉치레들을 내려놓는 것이라"고 했습니다. 얻음이 아니라 덜어냄을, 취할 것이 아니라 버릴 것은 무엇인가를 살펴보아야 합니다.

"고요하면 텅 비고(靜則虛정즉허), 텅 비면 밝아지고(虛則明허즉명), 밝아지면 신령하게 됩니다(明則神명즉신)." (정민, 《성대중 처세어록》).

덜어내고, 버리고, 비우고, 나누게 하소서!

....
■ 虛: 빌 허 / ■ 心: 마음 심 / ■ 者: 사람 자 / ■ 福 :복 복 / ■ 矣 어조사 의

허지우허

虛之又虛

|

헛되고 또 헛되다

- 허사가(虛事歌) -

"전도자가 이르되, 헛되고 헛되며, 헛되고 또 헛되니,
모든 것이 헛되도다."

〈전도서 1:2〉

　지금은 목회 일선에서 퇴은하신 감리교의 '벽해(碧海) 오세주 목사'는 어려서 중병을 앓은 적이 있습니다. 벽해가 초등학교 4학년 되던 해, 큰 병에 걸려 '경기도립 인천병원'에 입원했을 때, 인천 '내리교회' '박완규(朴完圭) 장로'가 거의 매일 병실을 찾아와 '허사가(虛事歌)'를 불러 달라고 하셨습니다. "세주야, 나는 네가 부르는 〈허사가〉가 그렇게 좋을 수가 없단다"고 하시며, 끝 절까지 다 불러달라고 하셨습니다.

　벽해는 숨이 턱밑까지 차면서도 16절이나 되는 긴 가사를 마지막 구절까지 완송(完頌)했는데, 벽해는 그 찬송을 부르면서 서서히 기력을 회복하고 마침내 완치되었습니다.

　누가 작사한 가사인지에 대해서는 명확히 밝혀지지 않은 이 '허사가' 노래는 1960년대 중반까지 그리스도인들에게 널리 알려졌습니다.

　〈허사가〉의 노랫말은 다음과 같습니다.

1. 세상만사(世上萬事) 살피니 참 헛되구나
   부귀공명(富貴功名) 장수(長壽)는 무엇하리요
   고대광실(高臺廣室) 높은 집 문전옥답(門前沃畓)도
   우리 한번 죽으면 일장(一場)의 춘몽(春夢)

2. 인생(人生) 일귀(一歸) 북망산(北邙山) 불귀객(不歸客)되니
   일부황토(一抔黃土) 가련(可憐)코 가이 없구나.
   솔로몬의 큰 영광(榮光) 옛 말이 되니
   부귀영화(富貴榮華) 어디가 자랑해 볼까?

3. 추초(秋草) 중(中)에 만월대(滿月臺) 영웅(英雄)의 자취
   석양천(夕陽天)에 지낸 객(客) 회고(懷古)의 눈물
   반월산성(半月山城) 무너져 여우 집 되고
   자고(鷓鴣)새가 울 줄을 뉘 알았으랴.

4. 여류광음(如流光陰) 덧없어 보행군(步行軍)같고
   왔다 갔다 베틀에 북보다 빨라
   동원춘산(東園春山) 백합화 아름다운 향(香)
   서풍추천(西風秋天) 누른 잎 애석(哀惜)하구나

5. 인생백년(人生百年) 산대도 슬픈 탄식(歎息)뿐
   우리 생명(生命) 무언가 운무(雲霧)로구나
   묘소칠척(渺少七尺) 짧은 몸 창해일속(滄海一粟)은
   조생모사(朝生暮死) 부유(蜉蝣)의 생애(生涯)로구나

6. 이 세상(世上)은 역려(逆旅)요 우리는 과객(過客)
   우리 생명(生命) 신속(迅速)함 날아감 같고
   그 헛됨은 그림자 지냄 같으니
   부생낭사(浮生浪死) 헛되고 또 헛되구나.

7. 홍안소년(紅顔少年) 미인(美人)들아 자랑치 말고
   영웅호걸(英雄豪傑) 열사(烈士)들아 뽐내지 마라
   유수(流水)같은 세월(歲月)은 널 재촉하고
   저 적막(寂寞)한 공동묘지(共同墓地) 널 기다린다.

8. 나인성(城) 동문(東門)밖 누누중총(累累衆冢) 중(中)
   영웅호걸(英雄豪傑) 미인(美人)들 그 수(數) 얼만가
   일관장개(一棺長盖) 포한귀(抱恨歸) 원망(怨望)의 눈물
   천추만고(千秋萬古) 송풍성(松風聲) 쓸쓸하구나.

9. 서강월색(西江月色) 좋다고 놀던 왕손(王孫)과
   당시(當時) 일대(一代) 가인(佳人)들 가고 못 오니
   지금(只今) 있는 서강월(西江月) 여전(如前)하건만
   물환성이(物換星移) 그 동안 어디 있는가

10. 한강수(漢江水)는 늘 흘러 쉬지 않건만
    무정(無情)하다 이 인생(人生) 가면 못 오네.
    서시(西施)라도 고소대(姑蘇臺) 한번 간 후(後)에
    소식(消息)조차 망연(茫然)해 물거품이라.

11. 연연춘색(年年春色) 오건만 어이타 인생(人生)
    한번 가면 못 오나 한(恨)이로구나
    금일(今日) 향원(香園) 노든객(客) 내일(來日) 아침에
    청산(靑山) 매골(埋骨) 마른 뼈 한심(寒心)하구나

12. 요단강 물 거스릴 용사(勇士)있으며
    서산낙일(西山落日) 지는 해 막을 자(者)있나
    홍안소년(紅顔少年) 늙는 것 뉘 물리치며
    백발노인(白髮老人) 갱소년(更少年) 시킬 수 있나

기독교 명심보감 349

13. 토지(土地) 많아 무엇해 나 죽은 후(後)에
    삼척광중(三尺壙中) 일장지(一葬地) 넉넉하오며
    의복(衣服) 많아 무엇해 나 떠나갈 때
    수의(壽衣) 한 벌 관(棺) 한 개 족(足)지 않으랴

14. 땀 흘리고 애를 써서 모아 논 재물(財物)
    안고 가나 지고 가나 헛수고(虛受苦)로다
    적신(赤身)으로 왔으니 또한 그 같이
    빈 손들고 갈 것이 명백(明白)하구나

15. 모든 육체(肉體) 풀같이 썩어 버리고
    그의 영광(榮光)꽃같이 쇠잔(衰殘)하리라.
    모든 학문(學問) 지혜(智慧)도 그러 하리니
    인간(人間) 일생(一生) 경영(經營)도 바람잡이 뿐

16. 우리 희망(希望) 무엔고 뜬세상(世上) 영화(榮華)
    분토(糞土)같이 버리고 주(主)를 따라가
    천국(天國) 낙원(樂園) 영광(榮光) 중(中) 평화(平和)의 생애(生涯)
    영원무궁(永遠無窮) 하도록 누리리로다.

- 虛: 빌 허 / ■ 之: 갈지, 대명사 지 / ■ 又: 또 우

호규득천

號叫得泉

부르짖으니 샘물이 솟아올랐다

"하나님이 레히에서 한 우묵한 곳을 터뜨리시니 거기서 물이 솟아나오는지라 삼손이 그것을 마시고 정신이 회복되어 소생하니 그러므로 그 샘 이름을 엔학고레라 불렀으며 그 샘이 오늘까지 레히에 있더라."
〈사사기 15:19〉

'삼손'이 '레히'에서 나귀의 턱뼈 하나를 가지고 그것으로 1천 명을 무찌르고 난 뒤에 심신이 지쳐있을 때, 목이 너무 갈하여 주께 부르짖었습니다. 주께서 삼손의 이 부르짖음을 들으시고, '레히' 땅 푹 패여 있는 지점에서 물이 솟아나게 하셨습니다. 삼손은 그 물을 마시고 정신이 회복되어 다시 살아났습니다. 그리하여 그 샘 이름을 '엔학고레'라 하였는데, 그 뜻은 '부르짖는 자의 샘'이라는 뜻입니다.

수 년 전, 젊은 신학생들이 기도회 모임을 결성하고, 그 이름을 '엔학고레'라 하였습니다. 고 백운당 오지섭 목사가 이 말을 '호규득천(號叫得泉)', 곧 "부르짖어 샘물을 얻었다"는 의미로 한역(漢譯)하여 적어 주었고, 그들은 이 말을 돌판에 새겨 평생의 교훈으로 삼고 살아간다고 합니다.

벽해 오세주 목사가 청년시절 부천의 약대교회에서 '하'씨 성을 가진 젊은이의 간증을 들었습니다. 그 청년은 어려서 모친을 사별하고 9살 때 누나도 세상을 떠났습니다. 그는 눈이 멀고, 벙어리에, 앉은뱅이, 태어날 때부터 머리끝에서 발끝까지 성한 데가 없는 중증장애인이었습니다. 때마침 그 동네에 당대 영계의 거성 '박재봉' 목사가 와서 부흥성회를 인도한다는 소문을 듣고 부친을 따라 그 성회에 참석하였습니다. 성회 마지막 날, 청년의 부친은 아들의 인적 사항과 병명을 적어서 강단에 올리고 고침받기를 간구했습니다. 박재봉 목사가 청년의 이름(하성철)을 부르며 기도하는 순간, 청년의 영안이 열리며 예수님이 나타나셔서 그가 앉아 있는 곳으로 다가오는 환상이 보였습니다. 그는 너무도 반가워서 주님 품에 안기고 싶은 마음이 들어 자리에서 벌떡 일어나며 팔을 쭉~ 내밀고 '주님!'하고 소리쳐 불렀습니다. 바로 그 순간, 실제로 청년의 두 팔은 쭉 펴졌으며 앉은 자리에서 벌떡 일어났습니다. 그와 동시에 말문이 열리며 주를 찬미했습니다.

"엔학고레!"
'엔학고레'의 역사는 지금도 계속되고 있습니다.

────────────────────────────
■ 號: 이름 호, 부르짖을 호 / ■ 叫: 부르짖을 규 / ■ 得: 얻을 득 / ■ 泉: 샘 천.

호리진상

毫釐盡償

|

호리라도 남김없이 다 갚으리라

"네가 한 푼(호리)이라도 남김없이 다 갚기 전에는
결코 거기서 나오지 못하리라."
〈마태복음 5:26〉

'애산(愛山) 김진호 목사'는 개화기와 일제강점기와 광복 이후에 걸쳐 민족의 수난기에 한국기독교 역사에 우뚝 섰던 애국지사입니다.

애산은 고종 10년(1873년) 경북 상주에서 출생, 26세까지 한문을 수학하고 상경했습니다. '을사늑약'이 체결되고 '민영환'의 충절사(忠節死)로 온 나라가 비통해할 때, 애산은 민족을 구원할 길을 교회에서 찾고자 상동교회의 '전덕기 목사'를 찾아갔습니다. 전덕기 목사로부터 "충정공 민영환은 충신이라"는 말을 듣고, 즉시 마음에 결심하고, 상동교회에 입적하여, 전덕기 목사로부터 세례를 받았습니다. 전덕기 목사 사택에 거하며, 공옥학교, 상동청년학원 교원으로 역사를 가르쳤습니다. 그때, 전덕기와 '이동녕'은 애산에게 비밀애국조직인 '신민회'에 가담할 것을 권하였습니다. 애산은 '양기탁'의 문답을 통과한 후 '이 몸은 내 몸이 아니오, 하나님께 바친 몸'이라 결심하고 신민회 회원으로 활약했습니다.

신민회는 소위 '상동파' 독립운동가로 불리는 '김구, 이동휘, 이동녕, 이승훈, 이준, 남궁억, 신채호, 이상설, 최남선, 양기탁, 주시경, 윤치호, 이회영, 이필주, 이승만, 김진호' 등이 그때의 주축 인물들이었습니다. 그들은 주로 남대문에 있는 상동교회 지하실에서 모였습니다. (오늘날 서울 남대문 근처에 위치한 '상동교회'에는 애국지사 전덕기 목사의 기념비문이 있습니다. 이 비문을 지은 이가 김진호 목사입니다.)

애산은 '신흥우'의 권유로 1916년부터 '배재학당'에서 성경, 한문, 조선역사를 가르쳤습니다. 배재학당 교원시절에는 '강매' 선생과 친형제처럼 지냈습니다. 3·1만세운동 때에는 만세를 부르다 서대문서에 구금되었고, 인천내리교회 담임시절에는 '애국부인회' 회장 '김마리아'를 상해로 탈주시키는 일을 도왔습니다.

한편, 이태원에 교회를 세웠고, 배재학당에서 19년 6개월을 복무하고, 궁정동교회, 삼청동교회를 담임하며 원동교회도 돌보면서 목회를 했습니다. 1940년에는 함북 청진으로 파송되어, 경성에서 목회하며 주을교회, 생기령교회, 어항교회 설립하고 여섯 곳의 교회를 돌보았습니다.

8·15광복이 되어 1947년 6월, 월남을 결심하고 해주를 거쳐 남하했습니다. 그해 9월부터 궁정교회로 다시 돌아가 시무하던 중, 6·25전쟁이 발발했습니다. 부산 가덕도 목사 수용소, 진해 등지로 피난하여 총리원의 보조로 근근이 지내다 종신했습니다. 1998년 뒤늦게 건국훈장 애족장이 추서되었습니다.

애산은 '무화과'(설교집), '매일일기', '병중쇄록', '빙어(氷語)', '임하춘추'(현대사) 등의 저술과 1000편이 넘는 순(純) 한문설교, 그리고, 각종 기록물을 남겼습니다. 현재 애산의 손자인 '여산(與山) 김주황 목사'(용인서지방 애산교회)가 보관하며 그 자료들을 정리하고 있습니다. 애산이 남긴 유고(遺稿)는 한국교회사는 물론, 한국 개화기 역사 연구에서 매우 귀중한 자료들입니다. 김주황 목사는 지금 애산을 소재로 하여 애산에 관한 박사학위 논문을 쓰고 있습니다.

'호리진상(毫釐盡償)'은 "호리라도 남김없이 다 갚으리라(마태복음 5:26)"는 뜻이며, 애산의 순(純) 한문 설교의 제목입니다.

《명심보감》에도 "하늘 그물은 넓고 넓어서, 성글어도 새 나갈 구멍이 없다(天網恢恢천망회회 疏而不漏소이불루)"고 했습니다.

하늘 무서운 줄 알고 행동하라는 교훈입니다.
하나님은 머리터럭까지 다 헤아리십니다.

- 毫: 터럭 호 / ■ 盡: 다할 진 / ■ 償: 갚을 상.
- 釐: ①털끝 리. ②이 리(分의 10분의1). ③의리 리. ④줄 리. ⑤다스릴 리. ⑥복 리.

호주위망

豪酒謂亡

|

술을 좋아하면 망(亡)이다

"술 취하지 말라. 이는 방탕한 것이니."
〈에베소서 5:18〉

최근 '보건복지부'의 조사에 따르면, 초등학교 1학년 때부터 담배를 피우기 시작한 어린이가 3.8%에 이른다고 합니다. 영국속담에 '주신(酒神)은 군신(軍神)보다 더 많은 사람을 죽인다(Bacchus kills more than Mars.)'고 했습니다.

옛 시인들은 술에게 여러 별명을 붙였습니다. 망우물(忘憂物), 복수(福水), 홍우(紅友, 周必大), 배중물(盃中物), 조시구(釣詩鉤) 등으로 부르며 흥취를 더 했습니다.

로마신화에 나오는 술의 신(神) '바카스'는 원래는 '디오니소스'라고 불렀습니다. 디오니소스는 '뉘사산'에서 포도를 발견하고 처음으로 포도주를 만들어냈습니다. 그가 '그리스'로 돌아왔을 때 '이차리오스'라는 사람이 그를 환대하자, 디오니소스는 그에게 포도주 만드는 법을 가르쳐 주었습니다. 근처의 목동들에게 한 잔씩 마시게 했더니 정신이 너무도 황홀하여 그들은 독약인 줄 알고 이카리오스를 죽여 버렸습니다. 이렇게 해서 포도주가 그리스에서 아시아까지 널리 퍼졌습니다.

개화기의 한 의학자는 술에 취할 때에 나타나는 네 가지 증세에 대해 말했습니다. 하나는 자극증(刺戟症)이라. 사람이 자극을 받아 격동함으로 많이 다투고 언쟁도 많이 하게 되는 것이고, 둘째는 육취증(肉醉症)이니, 근육도 취해서 자기 몸도 잘 간수하지 못하고 비틀거리게 되며, 셋째는 심취증(心醉症)이니, 마음이 취해서 기억력을 잃고 또 헛된 말을 하며, 넷째는 혼도증(昏倒症)이니, 대취하면 정신이 혼혼(昏昏, 혼돈스러움)한 가운데 아무것도 모르며 까무러치기까지 한다고 하였습니다.

한나라의 '이포(李布)'는 자신을 술집에 노예로 팔고 술을 실컷 마셨으며, 상(商)의 수(受, 주왕紂王)는 주색에 빠져서 나라가 망했고, '정충(丁沖)'은 술을 과도하게 마심으로 창자가 녹았으며, 이부상서(吏部尙書) '필탁(畢卓)'은 지체 높은 재상이었지만 남의 집 술독에서 술을 도적질하다가 망신을 당했으며, '진준(陳遵)'은 술친구를 만나 대문을 걸어 잠그고 술에 취해서 손님이 타고 온 수레의 바퀴를 우물에 던져서 가지 못하게 하였고, 친구가 죽은 것도 깨닫지 못하였으며, 술을 과도하게 마시는 바람에 언릉(鄢陵)의 전투에서 패망하였고, '이태백'은 술에 취하여 달을 잡으려다가 고기 뱃속에 장사(葬事)되었으며, '장익덕(張翼德, 장비)'은 특별한 장사로되 술이 취하여 코를 골며 자다가 '범강(范剛)'과 '장달(張達)'의 손에 죽었으며, '유현석(劉玄石)'은 천 날 동안 술을 마시고 오랜 시간 깨어나지 못하다가 죽었다고 하고, '원보병(阮步兵)'은 술로 인해 미치광이가 되어 곤궁함에 빠졌습니다. (최병헌, 〈금주의 필요를 논함〉, 《신학세계(神學世界)》, 제8권 제3호).

옛적에 '의적(儀狄)'이 술을 최초로 만들어서 우(禹) 임금에게 바쳤습니다. 임금이 통째로 다 마시고 술에서 깨어난 후 '장차 이것으로 인하여 나라가 망하게 되리라'하고 의적을 내쳤습니다.

'미켈란젤로'의 '천지창조' 작품에 그려진 술에 관한 그림에는 '양, 사자, 원숭이, 돼지'가 그려져 있습니다. 술은 조금 마시면 양처럼 온순하여지고,

많이 마시면 사자와 같이 용맹스러워지며, 좀 더 마시면 원숭이처럼 익살을 떨다가, 아주 많이 마시면 돼지와 같이 된다는 의미가 담겨 있습니다.

　심리학의 용어로 술에 취해서 발생하는 기억상실증을 '코르샤프 증후군'이라고 합니다. 한편 여성 음주 인구도 늘어, 여성 알코올 의존증 환자가 60만 명에 이른다고 합니다.

　조선후기에는 나라에 흉년이 들면 조정에서 '금주령'을 내린 일도 여러 번 있었습니다. '다산 정약용'은 "술을 마시면 나라가 망하고(飮酒亡國음주망국), 차를 마시면 나라가 흥한다(飮茶興國음다흥국)"고 했습니다.

　"호주위망(豪酒謂亡)"은 "술을 좋아하여 싫어할 줄 모르는 것을 '망(亡)'이라고 한다(樂酒無厭謂之亡요주무염위지망)"(《맹자》)는 말과 같은 류(類)의 말입니다.

　하루에 담배 10개비를 피우면, 피우지 않는 사람에 비해 사망률이 31%나 더 높다는 통계를 보았습니다. 담배 연기 속에는 16가지 이상의 발암물질이 함유되어 있다고 합니다. 한국인이 세계 최고의 골초라고 합니다. 지난해에는 강남의 술집사건 때문에 온 나라가 떠들썩했습니다.

　한국사회는 술독에 빠져 있습니다.

　"술 취하지 말라. 이는 방탕한 것이니."

- 豪: 호협할 호, 뛰어날 호 / ■ 酒: 술 주 / ■ 謂: 일컬을 위 / ■ 亡: 망할 망

홍로점설

紅爐點雪

|

시뻘건 화로불에 한 줌의 눈덩이

"불의 혀처럼 갈라지는 것들이 그들에게 보여
각 사람 위에 하나씩 임하였더니"
〈사도행전 2:3〉

  오순절 '마가'의 다락방에는 '불의 혀'같이 갈라지는 듯한 강력한 성령의 역사가 임재하여 놀라운 능력과 변화가 나타났습니다. 성냥불 하나로 온 산을 불태울 수 있듯이 하늘로부터 내려오는 불의 역사는 세계의 역사를 뒤바꿔 놓았습니다.
  1738년 5월 24일 저녁 8시 45분, 영국 런던의 '올더스게잇' 거리의 작은 모임에 참석했던 '존 웨슬리'가 홀연히 '이상하게 마음이 뜨거워짐을 느끼는(I felt my heart strangely warmed)' 체험을 했습니다. 그 후 6개월이 지난, 1739년 1월1일 새벽 3시, 웨슬리의 매부 '웨스틀리 홀'과 '찰스 킨친', '잉검', '휫필드', '허칭즈', '찰스 웨슬리' 등 60여 명이 모인 런던의 '페터 레인(Fetter Lane)' 집회에 성령의 매우 뜨거운 불이 강력하게 임재하여 그들은 모두 성령의 갖가지 은사를 체험했습니다. 웨슬리는 너무 뜨거워 땅바닥에 쓰러지기도 했고, 기도를 통해 숱한 불치병 환자들을 치유하는 기적도 체험했습니다. 웨슬리는 '올더스게잇'의 체험으로 중생의 확신을 얻었고, '페터 레인'의 체험으로 성령의 충만한 은사를 받았습니다.
  '무디'는 평생 동안 1억 명의 청중에게 복음을 전했다는 전도자입니다.

무디의 전도를 통해서 불신자 백만 명이 예수를 영접했다고 합니다. 무디는 어려서 집안이 가난하여 학교라고는 초등학교 문턱에도 가보지 못한 사람이었습니다. 17세 청소년기에 5달러를 손에 들고 돈을 벌려고 보스턴, 시카고 등지를 전전하며 신문배달을 하고, 양화점 구두가게 심부름꾼으로 들어가 열심히 일했습니다. "세상일보다 하나님의 일을 먼저 하라"는 어머니의 말씀을 늘 염두에 두고 지내던 차에, 주일학교 교사가 되고 싶어 했지만 학력 미달로 교사직이 거부되었습니다. 그러던 어느 날, '갬보루' 선생이 친필로 쓴 "영접하는 자 곧 그 이름을 믿는 자에게는 하나님의 자녀가 되는 권세를 주셨으니(요한복음 1:12)"라는 말씀을 붙들고 창고에 들어가 가슴치며 간절히 기도했습니다. 그때, 호박만한 불덩어리가 하늘로부터 내려와 무디의 가슴을 후려쳤습니다. 그는 성령의 불이 너무 뜨거워 떼굴떼굴 구르며 "주여, 이젠 그만, 그만!"을 외치며 일어섰습니다. 그는 이글이글 불타오르는 활화산 같은 뜨거운 불의 사람으로 변화되었습니다. 그는 18명의 아이들에게 전도하기 시작하여, 곧 100명, 그 다음에는 500명, 또 700명, 등 기하급수로 주일학교 숫자가 늘어나기 시작했습니다. 필라델피아에서 전도할 때는 9개월간 그의 설교를 듣고 무려 백만 명이 회개하며 주께로 돌아왔습니다.

이러한 성령의 불길은 1903년 우리나라 원산에도 임재하였습니다. 그 불이 서울로, 평양으로, 인천으로, 목포로 들불처럼 번져갔습니다. 이어 백만 명을 주께로 인도하자는 구령운동도 일어났으며, 이를 계기로 한국교회는 성장의 기틀을 잡아나갔습니다.

오늘날 식어진 민중의 가슴에 펄펄 끓는 화롯불과 같은 뜨거운 불의 역사가 또 다시 일어나기를 기도합니다.

....
- 紅: 붉을 홍 / ■ 爐: 화로 로 / ■ 點: 점 점 / ■ 雪: 눈 설

화복시린

禍福是隣

화(禍)와 복(福)은 이웃이다

"고난당하는 것이 오히려 내게 유익이라."
〈시편 119:71〉

'복(福)'자는 고전적으로 이렇게 해설해 왔습니다.

① 갑골문자에서는 '복(福)'자가 '신'을 나타내는 '시(示)'와 술동이를 나타내는 '畐(픽, 복)', 그리고 술동이를 떠받들고 있는 '두 손[廾]'으로 되어 있습니다. 술동이를 제단의 탁자에 올려놓는 사람의 모습을 상형한 글자입니다. 이는 복을 비는 행위이므로 복(福) 그 자체를 의미하게 되었고, 한편 '제단에 드리는 술(祭酒)'을 흠향한 신이 '행운'을 내려 준다는 뜻도 있습니다. 이 갑골문의 원형이 오늘날에 쓰이는 '福(복)'자가 되었습니다.

② 또 하나는, '보일 시(示)' + '꽉 찰 픽(畐)'자로 해석하는 것입니다. '시(示)'는 '神(신)'이나 제단의 뜻으로, 곧 제사를 의미하고, '픽(畐)'자는 제사에 참여한 사람들이 제사 후에 음복(飮福)하는 술을 담은 술병 모양을 나타냈습니다. 그러므로 '복(福)'의 자형적 의미는 '신의 복이 허락된 술'이라는 뜻이었습니다. '술'은 농작물이 풍성하게 수확되었을 때에 얻을 수 있는 것이기에 행복을 가져다주는 풍부한 물품입니다. 술은 신령과 조상신에게 바치며 신에게 복을 기원하는 뜻과 또 한편 신에게 보답하며 바친다는 뜻도 있습니다. 그래서 '畐'자 옆에는 '神(신)'이나 제단을 뜻하는 '示(시)'자가

붙어 있습니다.

③ 그 다음으로 '시(示)'가 '신'의 뜻으로, '畐'은 '一口田'을 회의(會意)문자로 풀이합니다. '一口(한입)'로 먹을 양식을 산출하는 밭[田]을 내려 주시는 신의 허락이 복이라는 뜻입니다. 또, 신이 '一口'로 田을 준다는 뜻이며, '禍(화)'는 '口不正(입이 바르지 않은 것)'한 데서 오는 것이라는 뜻이 있으며, '畐(핍, 복)'과 '福(복)'자를 '동원자(同源字)'로 보기도 합니다.

그래서 《석씨요람(釋氏要覽)》에는 "화는 입으로부터 나오는 것이므로 구설(口舌)은 몸을 찍는 도끼라"고 했고, 《주역》〈곤괘〉에도 "입을 닫아 두면 허물이 없다(括囊无咎无譽괄랑무구무예)"고 했습니다.

영국의 속담에 "불행은 혼자 오지 않는다"는 말이 있습니다. 우리의 옛 속담에도 '복은 쌍(雙)으로 오지 않고, 화는 홀로 오지 않는다.'고 했습니다. 그래서 '화(禍)와 복(福)은 동창생'이고, '이익와 해악은 이웃'입니다. '고통이 다 하면 달콤한 일도 생긴다(苦盡甘來고진감래)'는 것이 우리의 화복 사상입니다. '해로움에서 은혜가 나오고(恩生於害은생어해), 은혜에서 해로움이 생기는 것(害生於恩해생어은)'입니다. 간혹 원수가 은인이 되기도 하고, 은혜 받은 이가 해를 끼치는 수도 있습니다. 돈을 많이 벌면 만사가 형통할 줄로 알지만, 물질이 오히려 재앙이 될 때도 있습니다.

1920년대 노다지를 캐내 거부가 된 '최창학'의 집에는 도적떼들의 침입이 그치지 않아, 1924년 1년 한 해 동안에만 그의 집은 41차례나 도적을 맞았습니다.

구약학자 '김정준' 박사는 젊은 시절 엄지 손가락만한 피가 목구멍에서 쏟아져 나왔습니다. 목회를 중단하고 마산에 있는 국립요양원에 입원을 했는데, 오래 버티기 힘들겠다고 의사가 진단했습니다. 그는 요양원에서 기도하며 〈시편〉을 영어성경으로 읽기 시작하여, 몇 년이 지나자 하도 많이 읽어서 '시편 150편 전편(全篇)'을 암송할 수 있게 되었고, 요양 중 폐결핵은 완전히 치유되었습니다. 퇴원 후에는 스코틀랜드 '에딘버러 대학교'로 유학을 가서, 시편에 관한 논문으로 구약학 박사학위를 받았습니다. 귀국 후 한신대학교의 교수를 역임하며 구약신학계에 크게 공헌하였습니다. 그는 '시련도 때로는 은총이라'고 간증하였습니다.

진정한 행복은 검은 보자기에 쌓여있다는 말이 있습니다. 고통의 보자기, 고난의 보자기, 역경의 보자기를 벗겨내면 그 속에 담긴 귀중한 보물을 발견할 수 있습니다.
아무리 어려운 고난도, 그 고난은 하나님이 주신 은사요 선물입니다.

■ 禍: 재앙 화 / ■ 福: 복 복 / ■ 是: 이 시 / ■ 隣: 이웃 린

화평자 복의
和平者 福矣

|

화평케 하는 자가 복이 있나니

"화평케 하는 자가 복이 있나니, 장차 하나님의 아들이라
일컬음을 받으리라."
〈마태복음 5:9〉

　'십자군 전쟁'은 '이슬람교도'들에게 빼앗겼던 예루살렘 성지를 탈환하고자 했던 전쟁입니다. 오늘날에도 선교단체 가운데 'C. C. C.'는 자기 이름을 가지고 회교권 국가에 들어가지 못하고 있습니다. 'C. C. C.'는 'Campus Crusade for Christ(그리스도를 위한 캠퍼스 십자군)'의 머리글자를 딴 명칭인데, 단체 이름에 '십자군'이란 단어가 들어있기 때문입니다. 아울러 그 옛날 십자군 전쟁으로 회교권 국가에는 수많은 미망인과 고아가 생겼고, 수많은 가정과 유적이 파괴된 비극의 역사를 가지고 있기 때문입니다. 그 어두웠던 시절, '아씨시(Assisi)'의 성인 '프란시스'는 십자군 전쟁은 실패한다고 예언하고, "주여, 나를 평화의 도구로 써 주소서!" 라는 기도를 드렸습니다.

　세 쌍의 신혼부부 까치들이 각기 보금자리를 마련했습니다. 한 쌍은 어느 집 나무 위에, 다른 한 쌍은 전봇대 위에, 또 다른 한 쌍은 교회의 종탑 위에 둥지를 틀었습니다. 그러던 어느 날 나무의 집 주인이 새 집을 짓

겠다고 나무를 베어 버리는 바람에 까치 부부는 졸지에 집을 잃어버리고 슬피 울며 다른 데로 날아가 버렸습니다. 며칠 후, 전깃줄을 교체한다고 전봇대의 까치집을 통째로 헐어 땅에 던지는 바람에 다른 까치 한 쌍도 집과 새끼들을 다 잃어버리고 슬피 울며 다른 마을로 날아가 버렸습니다.

 이 모습을 본 교회 종탑 위에 나머지 까치 부부도 자기들의 보금자리가 어떻게 될까봐 초조하게 전전긍긍하고 있었습니다. 바로 그때 종탑 아래쪽에서 "목사님, 종탑 위의 까치집을 헐어버릴까요?"라고 묻는 남자의 목소리가 들려왔습니다. 그 소리를 들은 까치 부부는 까무러칠 듯이 놀라 새끼들을 끌어안고 숨을 죽인 채 와들와들 떨고 있었습니다. 그 와중에 목사님의 음성이 들려 왔습니다. "새들의 보금자리를 건드리지 말고, 그냥 그대로 놔두십시오." 그래서 까치 부부는 오래도록 그 교회의 종탑위에서 행복하게 살았습니다. (박무 목사의 《우화》에 나오는 이야기입니다.)

 보잘것없는 작은 미물에 대해서도 자상한 마음으로 보살피는 일은 인정이 메말라가는 오늘의 세태에서 매우 소중한 교훈입니다.

■ 福: 복 복 / ■ 將: 장차 장 / ■ 稱: 일컬을 칭 / ■ 帝: 임금 제

활연관통

豁然貫通

|

탁 트이고 시원하게 뚫리다

"갑자기 큰 지진이 나서 옥터가 움직이고 문이 곧 다 열리며"
〈사도행전 16:26〉

'활연(豁然)'이란 '막혀 있던 것이 시원하게 확 트인 상태'를 말합니다.

《중용(中庸)》에는 "도를 깨치면, 하루아침에 훤히 열리고 시원하게 활연관통(豁然貫通)한다"는 말이 있습니다.

백운당 목사님이 조어한 "일도벽천(一禱闢天)"이란 말이 있습니다. "간절히 기도할 때, 하늘문이 활짝 열린다"는 말입니다.

그런데 창문 없는 방처럼 아무리 발버둥 치며 기도해도 하늘문이 열리지 않는 때가 있습니다. 하늘을 거스르며 허영과 정욕으로 드리는 기도에는 하나님의 응답이 없습니다.

'셰익스피어'의 〈햄릿〉에는 '햄릿'이 자기 삼촌을 죽이려고 하는데, 그 때 마침 삼촌이 기도하고 있었기 때문에, 기도할 때 죽이면 그가 천당으로 직행할까 우려가 되어 살인을 하지 못하는 대목이 나옵니다.

예수님이 갈릴리 호수에 이르렀을 때, 귀 먹고 말 더듬는 자를 예수께로 데리고 나와 고쳐 주시기를 간구했습니다. 예수께서 그의 혀에 손을 대시며 '에바다(열리라!)' 하시니, 그 환자의 귀가 열리고 혀가 맺힌 곳이 풀려

말이 분명해지는 역사가 일어났습니다.(마가복음 7:31~37)

'오약산(吳若山)' 목사는 어렸을 적, 먼지가 가득한 운동장에서 운동을 하다가 기침이 멈추지 않는 질병에 시달렸습니다. 약산이 기도 중에 예수님을 만나는 은혜를 체험했습니다. 예수님이 어루만져주시는 은총을 입은 후 그 질병은 그 자리에서 사라졌습니다. '에바다'의 은혜입니다.

'에바다!' 이 이적사건에는 두 가지의 핵심내용이 담겨있습니다. 하나는, 주님은 이적사건을 통하여 하나님나라의 도래를 선포하셨으며, 또 하나는, 말 못하는 병자를 통해서도 그의 입을 열어주셔서. '예수가 구세주이심을 폭로케 하셨다는 것입니다.

"에바다!"
막혔던 것이 확 뚫리는 활연관통의 역사를 믿습니다.

- 豁: 뚫릴 활 / ■ 然: 그럴 연 / ■ 貫: 꿰 뚫을 관 / ■ 通: 통할 통

황색 십자군
黃色 十字軍
|
엘라 골짜기의 전투

"사울과 이스라엘 사람들이 모여서 엘라 골짜기에 진 치고
블레셋 사람들을 대하여 전열을 벌였으니"
〈사무엘상 17:2〉

이슬람세력이 중동에서 확장되자, 로마교회의 '우르반 2세'는 '십자군'을 동원하여 '예루살렘 성지 탈환작전'을 개시했습니다. 하지만 1187년 '힛틴 전투'에서 이슬람군에게 크게 패하여 예루살렘을 빼앗기고 말았습니다.

로마의 교황청이 이슬람에 의해 곤경에 처해있을 때, 유럽에는 멀리 동방에서 로마기독교를 지원하는 세력이 나타났다는 소문이 퍼졌습니다. '프레스비테르 요안네즈(사제 요한, Prester John)'가 나타나 십자군을 구원할 것이라는 것이었습니다. '프리스터 존'은 그 이름을 '다윗 왕'으로 대체하고 38만 7천 명의 군사를 이끌고 바그다드에서 그리 멀지 않은 곳까지 이르렀다는 소문이 교황청에까지 들렸습니다. 1221년, 제5차 십자군 발동시기였습니다.

1206년 '칭기스칸'은 2차 즉위식을 거행한 후 본격적으로 서방정벌에 나섰습니다. 그런데 칭기스칸이 죽고, 제2대 '우구데이칸'이 1236년 '우랄 강'을 건너 '볼가 강' 상류의 헝가리, 폴란드를 거쳐 러시아로 진격하였고,

'네바 강변'에서 '스웨덴 군'과 '독일 기사단'을 격퇴했으며, 1241년에는 유럽의 최강 군대인 '헝가리 군'을 격파했습니다. 다급해진 헝가리의 국왕은 로마교황 '그레고리 9세'에게 구원병을 요청했습니다.

이때 몽골군의 진격 목표는, 남쪽으로는 팔레스타인을 거쳐 이집트로 쳐들어가는 것이었습니다.

그 당시 유럽에서는 몽골군을 '황색십자군'이라 불렀습니다. 몽골은 이 예루살렘 탈환전투를 이란에 있는 '일칸국'의 '칸(황제)'인 '훌레구'에게 맡겼습니다. 훌레구의 아내 '도쿠즈 카툰'은 '케라이트 족' 출신의 '경교도(네스토리우스교도)'였습니다. '쿠빌라이'의 동생 '훌레구'의 선봉부대는 '시리아'를 거쳐 '팔레스타인'과 '이집트'를 공략하기 위해 출정했습니다.

1258년 2월, 황색십자군은 '바그다드'를 점령하고, 1259년 봄에 '팔레스타인'에 도달했습니다. 훌레구는 점령지의 그리스도인(기독교인)들에 대한 살육을 금지하라는 명령을 내렸습니다. 1260년 4월, '키트부카'는 기마병 1만 2천명을 이끌고 '다마스커스(다메섹)'을 함락한 후, 이집트 '맘룩 왕조'에게 항복을 권고했습니다.

이에 이집트 군은 북진하여 1260년 9월 3일, 팔레스타인의 '엘라 골짜기(삼상 17:2)'에서 몽골군과 전투했습니다. 이 전투에서 막강하던 몽골군은 대패하고 '키트부카'는 포로로 잡혀서 죽었습니다. 그 장소는 '바이산'과 '나블루스' 사이의 '골리앗의 샘(아랍어 '아인 잘루트')'으로 불리는 곳으로 바로 '다윗'이 '골리앗'을 쓰러뜨린 곳이었습니다. 팔레스타인이 잔인한 몽골군에 의해 초토화될 뻔한 일이었습니다.

그런데 1259년 가을, 몽골의 '훌레구'는 전장(戰場)에서 대칸 '몰케'가 죽었다는 소식을 접하였고, 또, 엘라골짜기 전투에서 크게 패하자 회군을 서둘렀습니다.

예루살렘 점령을 눈앞에 두었던 훌레구는 지휘관 카트부카의 군사 2만

명만을 남겨두고 팔레스타인에서 철수하여 이란으로 돌아갔습니다.

'쿠투즈'가 이끄는 이집트의 '맘루크' 군대는 예루살렘을 통과하여 갈릴리로 들어가 몽골군의 잔당을 대파하여 황색십자군은 분쇄되었습니다.

몽골군에 승리한 이집트의 쿠투즈는 다메섹으로 입성하여 그곳의 모든 그리스도인들을 모조리 살육했습니다.

몽골에게 당하였든 이집트에게 당하였든, 외세에 유린당하기는 마찬가지 아닌가요?

- 黃 누루 황/ 色 빛 색/ 字 글자 자/ 軍 군사 군

휼황경의 약하한지무극

恤怳驚疑 若河漢之無極

|

그 경이로움은 캄캄한 밤하늘의
은하수를 바라보는 것 같았다

"누구든지 주의 이름을 부르는 자는 구원을 받으리라."
〈사도행전 2:21〉

'다산 정약용'은 영조 38년(1762년) 현 경기도 남양주시 조안면 능내리(마재)에서 목사(牧使)인 '정재원(丁載遠)'과 해남 윤씨 모친 사이에서 4남으로 출생했습니다. 어머니 해남 윤씨는 화가 '윤두서'의 증손입니다. 본관은 나주, 아명은 귀농(歸農), 자(字)는 미용(美庸), 송보(頌甫). 호는 삼미자(三眉子), 다산 등 20여 개를 썼습니다. 세례명은 '요한(若望)'입니다.

다산은 4세 때부터 천자문을 배우기 시작하여, 9세 때 모친을 사별하자 첫 시집으로 '삼미집(三眉集)'을 저술했습니다. 22세에 생원이 되었고, 23세에 정조에게 《중용강의》를 바쳤습니다. 28세에 문과에 합격하여 예문관 검열이 되었으나, 이듬해에 천주교와 연관된 누명을 쓰고 충청도 해미로 귀양을 갔다가 10일 만에 풀려났습니다. 성균관 직강, 홍문관 수찬을 역임하며 '리처드 슈렉(Richard H. Schrek)'의 《기기도설(奇器圖說)》에 나오는 '거중기'로 '화성(華城)' 축조에 크게 기여하였고, 경기도 암행어사로도 활약했습니다. 그 후로도 병조참의, 우부승지로 복무하였고, '주문모 신부 사건'으로 금정찰방으로 좌천되고 유배생활을 했습니다. 36세에 곡산부사, 38

세에 병조참의, 형조참의가 되었습니다.

1800년 다산을 총애하던 '정조'가 붕어하자 그 이듬해에 '책롱(冊籠) 사건'으로 인해 둘째형 '정약전'은 '신지도'로, 정약용은 '장기'에 유배되었고, 셋째형 '정약종(영세명 아오스딩)'은 서소문 형장에서 처형되었습니다. 1801년, '황사영 배서(排書)사건'이 터지자 정약전은 흑산도로, 정약용은 전남 강진에서 귀양살이를 했습니다. 강진의 18년 유배생활을 마치고 고향으로 귀향하여 저술 활동을 계속하다가 1836년(헌종 2년) 마재(馬峴) 자택에서 종신했습니다. 다산은 평생 500권이 넘는 저술을 남겼습니다.

정조 8년(1784년) 4월 15일, 다산은 중형(仲兄) 정약전, 사돈 '이벽'과 함께 남양주 마재에서 배를 타고 큰형인 정약현의 부인인 맏형수(경주 이씨) 기일에 제사를 지내러 오고갈 때에 팔당댐 근처의 두미협(斗尾峽) 뱃길에서 이벽으로부터 "천지가 창조되는 그 시초(天地造化之始천지조화지시)와 육신과 정신이 죽고 사는 그 이치(形神死生之理형신사생지리)"에 대한 설명을 듣고 큰 충격을 받았습니다.

그때의 충격을 이렇게 표현했습니다.

"그 황홀함과 놀라움이 마치 끝없는 은하수를 보는 것 같았다(怵恍驚疑홀황경의 若河漢之無極약하한지무극)" (정약용, 〈先仲氏墓誌銘선중씨묘지명〉)

말년에는 '유방제(劉方濟) 빠치피꼬 신부'로부터 성사(聖事)를 받고(1835년) 선종(善終)했습니다. 서학을 처음 접했을 때의 다산의 그 황홀함은 마침내 실사구시의 학문으로 활짝 꽃을 피웠습니다.

....
- 怵: 두려워할 휼, 사랑할 휼, 불쌍히 여길 휼 / ■ 恍: 황홀할 황
- 驚: 놀랄 경 / ■ 疑: 의아할 의, 의심할 의 / ■ 若: 같을 약, 만약 약
- 河: 물 하 / ■ 漢: 한수 한, 클 한, 도둑 한 / ■ 極: 끝 극.

흥관군원

興觀群怨

|

시와 음악으로

"시와 찬미와 신령한 노래들로 서로 화답하며 너희의 마음으로 주께
노래하며 찬송하며 범사에 우리 주 예수 그리스도의 이름으로
항상 아버지 하나님께 감사하라."
〈에베소서 5:19~20〉

'공자'가 제자들에게 "그대들은 왜 시를 공부하지 않는가?"라고 물었습니다. 이어 그는 "시는 감흥을 돋우고, 시정(時政)을 관찰할 수 있게 하며, 대중과 어울리게 하며, 내심의 애원(哀怨)을 터뜨리게 하는 것이라 (詩시 可以興가이흥, 可以觀가이관, 可以羣가이군, 可以怨가이원)"고 설명했습니다.
여기서 말하는 '원(怨)'은 '원망하되 성내지 않는다'는 뜻입니다.

근래의 중국 그리스도교(기독교) 신학자인 '갈대위(葛大威)'는 이 구절을 '흥·관·군·원(興·觀·群·怨)' 4글자로 추려서 시가(詩歌)의 4대 기능으로 설명하며 교회음악에 적용했습니다. (문영걸, 〈천풍(天風)을 통한 중국 기독교 이슈 소개〉, 《기독교사상》, 2018년 7월호).
'갈대위'는 '흥(興)'을 신앙과 말씀에 대한 열정으로, '관(觀)'을 신학적 주제에 대한 통찰로, '군(羣)'을 공동체의 응집으로, '원(怨)'을 하나님의 영적 치유로 해석했습니다.

예배학자 '샐리어스(Don E. Saliers)'는 '찬양은 음악으로 부르는 신앙'이라고 했습니다. 따라서 예배에서는 무엇보다도 하나님 찬양이 우선입니다.

찬송가 작곡가인 '박재훈 목사'는 평생 동안 동요 150여곡, 어린이 찬송가 130여곡, 찬송가 500여곡, 오페라 4편을 작곡했습니다. 필자가 박재훈 목사에게 "목사님은 왜 가곡은 작곡하지 않으셨습니까?"라고 물었습니다. 그러자 그는 "나는 작곡을 처음 시작할 때 찬송가와 성가, 그리고 어린이 노래만을 작곡하기로 서원했습니다."라고 대답했습니다.

1943년, 박재훈 목사가 21세 때인 청년시절, 문학가 '늘봄 전영택 목사'를 만나 '어서 돌아오오' 가사를 전해 받고, 그 가사에 곡을 붙였습니다. 오늘날에도 이 땅의 수많은 그리스도인들이 애창하는 찬송가(527장)를 작곡한 것입니다.

    어서 돌아오오 어서 돌아만 오오
    지은 죄가 아무리 무겁고 크기로
    주 어찌 못 담당하고 못 받으시리요
    우리 주의 넓은 가슴은 하늘보다 넓고 넓어.

"내가 입으로 여호와께 크게 감사하며, 무리 중에서 주를 찬송하리이다." (시편 109:30).

──────────────────────

■ 興: 일어날 흥 / ■ 觀: 볼 관 / ■ 群: 무리 군 / ■ 怨: 원망할 원